V&R

Frank Matakas

Neue Psychiatrie

Integrative Behandlung:
psychoanalytisch und systemisch

Mit 15 Tabellen

Vandenhoeck & Ruprecht
in Göttingen

Die Deutsche Bibliothek – *CIP-Einheitsaufnahme*

Matakas, Frank
Neue Psychiatrie : integrative Behandlung: psychoanalytisch
und systemisch ; mit 15 Tabellen / Frank Matakas. –
Göttingen : Vandenhoeck & Ruprecht, 1992
ISBN 3-525-45735-9

Umschlagabbildung: Gabriele Tluk

© 1992 Vandenhoeck & Ruprecht, Göttingen
Printed in Germany. – Das Werk einschließlich aller seiner Teile
ist urheberrechtlich geschützt. Jede Verwertung außerhalb
der engen Grenzen des Urheberrechtsgesetzes ist ohne
Zustimmung des Verlages unzulässig und strafbar.
Das gilt insbesondere für Vervielfältigungen, Übersetzungen,
Mikroverfilmung und die Einspeicherung und Verarbeitung
in elektronischen Systemen.
Druck und Bindearbeit: Hubert & Co., Göttingen

Inhalt

Vorwort 7

Vorüberlegungen 9
Wem nützt das psychiatrische Krankenhaus? 9
Der systemische Kontext, in dem Krankenhausbehandlung
stattfindet 14
Das milieutherapeutische Dilemma 18
Die biologische, psychische und soziale Dimension
psychischer Prozesse 23
Ich-Funktion und soziale Systeme 29
Tageskliniken 34

Die Tagesklinik Alteburger Straße 37
Der organisatorische und formale Rahmen 37
Das therapeutische Konzept der Tagesklinik Alteburger
Straße 40
Das therapeutische Wochenprogramm 45

Die Patienten der Untersuchung 48
Alter, Geschlecht, Familienstand 48
Soziale Schicht 50
Beschäftigungssituation 56
Immigranten 56
Diagnosen, psychiatrische Karriere 57
Einweisende Instanzen 61

Selektion 63

Der therapeutische Prozeß 67
Aufnahmeprozedur 67

Problemkonstellationen der Patienten 75
Ziele der Therapie 80
Der Patient in seinen Systembezügen................. 91
Therapeutische Interventionen 96
Funktion der unterschiedlichen Berufsgruppen........... 99
Stationsreglement und Gruppenstruktur 102
Exkurs: Zur psychoanalytischen Behandlung schizophrener
Störungen 110
Eine Gruppensitzung: Die Arbeit an den
außerklinischen Systembezügen der Patienten
in der Gruppe.............................. 120
Patientengeschichte: Individuationsversuche im
Rahmen einer psychotischen Erkrankung 134
Tagesklinische Behandlung einer Depression 151
Dauer der Behandlung 159
Ergebnisse der Behandlung 161

Psychische Krankheit......................... 165

Was heißt psychisch krank?...................... 165
Behandlungssysteme 168
Sinn..................................... 170
Affekte 173
Reintegration 174
Das psychiatrische Krankenhaus als Abwehrinstanz 176
Kollektive Unruhe: Entwicklungsprobleme des
psychiatrischen Krankenhauses 178

Anhang.................................. 191

Methode der Untersuchung 191
Protokolle der Therapiebesprechungen zweier Patienten 197
Tabellen 203

Literatur 220

Vorwort

Dieses Buch ist aus der Beobachtung therapeutischen Handelns in einer psychiatrischen Klinik entstanden. Das Beobachtete wurde von mir als ärztlichem Leiter dieser Klinik interpretiert und hier dargestellt. Aber meine Funktion als ärztlicher Leiter ging natürlich vorgängig in das ein, was beobachtet wurde. Ich habe Einfluß auf die Regeln, die das therapeutische Handeln in der Klinik leiten. So scheint es also, daß ich schließlich das interpretiere, was ich selbst hergestellt habe. Aber das ist doch nur teilweise so. Ein Leiter kann die allgemeinen therapeutischen Grundsätze, die wissenschaftliche Orientierung einer psychiatrischen Klinik festlegen. Aber auf die reale therapeutische Beziehung, die sich zwischen Therapeuten und Patienten herstellt, hat er allenfalls einen geringen Einfluß. Es ist Sache der Urteilskraft des einzelnen Therapeuten, zu entscheiden, in welcher Weise eine wissenschaftliche Theorie auf die Beziehung zwischen Therapeuten und Patienten, die sich vor aller Theorie herstellt, anwendbar ist. Insofern sind es die Krankenschwestern, Krankenpfleger, Gestaltungstherapeuten, Sozialarbeiter, Ärzte und auch die Krankenhausverwaltung, die das therapeutische Konzept in seiner ausführbaren Form festlegen und über seinen Wert entscheiden.

Es geht also in diesem Buch darum, was aus einer wissenschaftlichen Theorie in der Praxis wurde. Eine Theorie verändert sich, wenn sie in soziale Praxis umgesetzt, wenn nach ihr die klinische Wirklichkeit gestaltet wird. Meine Aufgabe bestand darin, diese Praxis darzustellen. Durch meine intime Kenntnis der Arbeitsabläufe bin ich in der Lage, zu verstehen, was die Intention der Therapeuten bei ihrem Handeln ist. Aber natürlich ist damit der Nachteil verbunden, daß unsicher bleibt, wie groß meine Fähigkeit zu kritischer Distanz ist. Der Leser wird es beurteilen.

Es gibt einen weiteren Grund, der diese Form der Darstellung rechtfertigt. Beschreibungen der therapeutischen Praxis durch unabhängige Beobachter haben den Nachteil, daß sie sich oft unausgesprochen an Vorstellungen von Therapie orientieren, die nicht machbar sind. Während also Darstellungen durch Therapeuten leicht der Gefahr erliegen, Realitäten unkritisch therapeutisch zu legitimieren, neigen unabhängige Beobachter dazu, Realitäten nur an den Wünschen der Patienten zu messen, ohne zu berücksichtigen, daß in diesen Wünschen oft eine Verleugnung notwendiger Begrenzungen enthalten ist. Um aber dennoch eine gewisse Neutralität zu sichern, wurde die Felduntersuchung und deren tabellarische Auswertung, die diesem Buch zugrundeliegt, unter Verantwortung von Frau Dipl.-Soz. *Ursula Lemke*, in geringem Umfang anfangs unterstützt von Herrn Dipl.-Soz. *Dieter Fischer* und Frau Dipl.-Soz. *Ulrike Schierlitz,* durchgeführt. Diese Untersucher hatten keinerlei therapeutische Funktionen in der Klinik. - Für den Entwurf des Forschungsansatzes, die inhaltliche Auswertung des Materials, die Konzeption und Niederschrift des Buches bin ich allein verantwortlich.

Die Patientengeschichten, die in diesem Buch in größeren Stücken verwandt wurden, entstammen meiner ärztlichen Praxis in der Klinik. Die Patienten haben mir ihre Zustimmung dazu gegeben. Dafür danke ich ihnen. In einem Fall, von Frau F., habe ich die Zustimmung nicht erhalten, wollte aber aus inhaltlichen Gründen nicht darauf verzichten. Durch Weglassungen bzw. Änderungen habe ich diese Geschichte mehr als die anderen anonymisiert. Ich hoffe, daß mir das ohne Verzerrung der für das Unbewußte bedeutsamen Anteile gelungen ist.

Die statistischen Berechnungen wurden von Herrn Dipl.-Psych. *Holger Jünemann* durchgeführt. Für die aufmerksame und kluge Hilfe beim Schreiben des Manuskripts danke ich Frau *Yvette Riemenschneider* und auch Frau *Ulla Wrobel*.

Frank Matakas

Vorüberlegungen

Wem nützt das psychiatrische Krankenhaus?

Eine Behandlung legitimiert sich allein durch den Nutzen, den sie dem Patienten bringt. Das wenigste, was man darum erwarten darf, ist, daß die Nützlichkeit der hier beschriebenen therapeutischen Praxis und Methode plausibel erscheint. Nun ist aber die Beantwortung der Frage, ob und wie psychiatrische Krankenhäuser ihren Patienten nützen, generell ein großes Problem, weil wir zu wenig darüber wissen. Andererseits ist der Praktiker mit dieser Frage ständig konfrontiert. Der Arzt im Krankenhaus muß, um seinem Auftrag gerecht werden zu können, eine gewisse Sicherheit darüber haben, daß er den Patienten wirklich nützen kann - und zwar in anderer Weise, als daß er ihnen nur hilft, die Hospitalisierung mit möglichst geringen Schäden zu überstehen.[1] Darum ist es nötig, die Verzwicktheit des Problems etwas genauer nachzuzeichnen.
Erstens: Es ist nicht immer klar, wem psychiatrische Krankenhäuser wirklich nützen. Einerseits werden psychiatrische Krankenhäuser unterhalten, damit sie Menschen mit psychischen Krankheiten helfen, wenn möglich heilen. Aber zugleich haben sie eine ordnungspolitische Funktion. Sie sollen die Öffentlichkeit vor schwer ertragbaren Menschen, denen man eine psychische Krankheit attestiert, schützen; auch insofern sind psychiatrische Krankenhäuser nützlich. Aber der Nutzen für die Öffentlichkeit muß nicht identisch sein mit dem Nutzen für den Patienten. Wenn es wahr ist, was die Labeling-Theorie behauptet, daß psychische Devianz durch einen Prozeß sozialer Zuschreibung entsteht oder verstärkt wird (z.B. *Trojan* 1978), sind sie insofern für den Patienten schädlich, stigmatisieren ihn und bekräftigen damit den Zuschreibungsprozeß und damit auch seine Devianz. Schließlich nützt das Krankenhaus dem Personal, dem es Arbeitsplätze bietet und möglicherweise die Befriedigung verschafft, eigene seelische Konflikte durch die Behandlung von Menschen mit seelischen Konflikten zu lindern. *Haley* (1988) formuliert es lapidar

---

1 Diese unglückliche Ambivalenz wird immer dann sichtbar, wenn die ganze Wirklichkeit des Krankenhausalltags beschrieben wird (z.B. *Lange* u. *Voßberg* 1984).

so: "Wichtiger als Therapieergebnisse ist in jeder Klinik die Harmonie unter den Mitarbeitern" (S. 164).

Diese Schwierigkeit, eine Orientierung darüber zu finden, was an einem psychiatrischen Krankenhaus wem nützlich ist, setzt sich fort, wenn wir einzelne Behandlungsmaßnahmen betrachten. Zweifellos ist es nützlich, wenn ein an Schizophrenie erkrankter Patient in einem Angstanfall auf sein Verlangen ein neuroleptisches Medikament erhält und danach weniger Angst hat. In diesem klar umrissenen Kontext ist das eine eindeutige Sache. Wenn der Patient aber aggressiv ist und zur Einnahme eines Neuroleptikums gedrängt werden muß, damit die aggressive Erregung gedämpft wird, ist die Sache schon nicht mehr so eindeutig. Das Personal ist zwar beruhigt, wenn der Patient beruhigt ist, aber ist die Beruhigung des Patienten für ihn auch heilsam? Oft genug bekommen Patienten dämpfende Medikamente, weil die Menschen ihrer Umgebung die Aggressivität nicht aushalten können oder wollen (Beispiele bei *Fengler* u. *Fengler* 1980). Das mag zwar manchmal legitim sein, unter Umständen auch notwendig, aber daraus folgt noch nicht der Nutzen für den Patienten. Generell sind neuroleptische Medikamente bei schizophrener Erkrankung zwar meistens, aber nicht immer nützlich (z.B. *Möller* u.a. 1985). Psychiatrische Behandlungsmaßnahmen werden oft nicht getroffen, um den Patienten, sondern um der Familie (*Frey* u.a. 1987) oder dem Krankenhauspersonal zu helfen.

Zweitens: Es ist oft nicht klar, was überhaupt ein Nutzen für den Patienten ist. Neuroleptika sind meist nützlich, um gewisse psychopathologische Symptome verschwinden zu machen. Insofern können sie helfen, die Krankheitsdauer der Patienten abzukürzen oder Rückfälle zu vermeiden. Und auch wenn es nicht in allen Einzelfällen so ist (z.B. *Rappaport* u.a. 1978, *Schied* u.a. 1983), wird man wenigstens in der Regel den Patienten nützen, wenn man sie ihnen bei entsprechender Diagnose verschreibt. Aber im konkreten Einzelfall, der für den Arzt maßgeblich ist, ist das eben nicht sicher.[2]

---

2   Es gibt zahlreiche Untersuchungen zu der Frage, ob Neuroleptika bei einer Schizophrenie wirklich immer helfen, Rückfälle zu vermeiden (z.B. *Johnson* u.a. 1983). Doch ist dabei einmal das Problem die Randomisierung der Patienten in solche, die mit Neuroleptika nachbehandelt werden und solche, bei denen das nicht geschieht. Sie läßt sich methodisch nicht sauber durchführen. Wenn ein Patient die Neuroleptika absetzt und danach ein Rezidiv einer schizophrenen Störung bekommt, ist das Absetzen kein von der nachfolgenden Erkrankung unabhängiges Ereignis, sondern unter Umständen ein erstes Symptom der neu beginnenden Psychose. Der Patient setzt die Medikamente ab, vielleicht weil er psychotisch werden will (*van Putten* u.a. 1976). Daraus kann also geschlossen werden, daß einige Patienten in der postpsychotischen Phase die Neuroleptika nicht brauchen, solange sie sie nehmen. Ein zweites Problem

Das Problem des Nutzens ist in der Psychiatrie unter anderem so kompliziert, weil wir es dort mit den Dimensionen des Biologischen, des Psychischen und des Sozialen zu tun haben. Die Befindlichkeit eines Menschen in einer Dimension hängt von seiner Befindlichkeit in der anderen ab, und zwar in Wechselwirkung. Man ist depressiv, weil man an einem chronischen Hautausschlag leidet, aber der Hautausschlag ist auch psychogen mitbedingt. Überdies läßt sich der Zustand eines Menschens in seinen sozialen Systemen nicht nach den Kriterien "gesund" und "krank" beurteilen. Wir können uns vielleicht darauf einigen, was organische und psychische Gesundheit ist, aber soziale Gesundheit ließe sich wohl schwerlich definieren. Schließlich ist der Zusammenhang der Zustände eines Menschens in den verschiedenen Dimensionen nicht eindeutig. Manchmal wird eine körperliche Erkrankung schlimmer, wenn eine chronische Psychose sich bessert, aber manchmal laufen Besserung und Verschlimmerung parallel miteinander (z.B. *Ramsey* u.a. 1982). Häufiger scheint ein solcher Zusammenhang zwischen psychischen und familiären Faktoren zu bestehen. Die psychische Krankheit der Indexpatienten stabilisiert das Familiensystem (z.B. *Selvini Palazzoli* u.a. 1975).

Wir können also im günstigen Fall sagen, wie die Wirkung einer bestimmten Maßnahme in einer Dimension zu beurteilen ist. Sie nützt der körperlichen oder der psychischen Verfassung eines Menschen oder verbessert seine Funktion in einem sozialen System. Wir können vielleicht auch die Auswirkungen einer Maßnahme in den drei Dimensionen im Einzelfall in Beziehung zueinander setzen. Bei Herrn X führt die Besserung seiner organischen Gesundheit zu einer Verbesserung seiner Stimmung, wenn gewisse Randbedingungen erfüllt sind. Aber wir können solche Aussagen nicht verallgemeinern und darum auch im Einzelfall normalerweise nicht im voraus machen.

Drittens: Es ist schwierig, die Variablen zu isolieren, die therapeutisch nützlich sind. Die Wirksamkeit vieler therapeutischer Maßnahmen hängt auch von krankheitsunabhängigen Eigenschaften der Patienten ab, wie etwa Intelligenz, Ausbildung oder soziale Herkunft (z.B. *Matakas* u.a. 1978). Therapeutische Maßnahmen sind oft auch keine unabhängigen Variablen, wie die folgende Überlegung zeigt.

Wenn wir die Wirksamkeit einer Maßnahme A in Abhängigkeit von 2 Variablen x, y testen wollen, und 2 Ergebniswerte (z.B. 0, 1) möglich sind, sind

---

ist, daß Blindstudien mit Psychopharmaka zwar immer wieder gemacht werden (z.B. *Gaertner* 1983, *Langer* u. *Schönbeck* 1983), es aber schwer vorstellbar ist, wie ein Proband nicht merken sollte, daß er seine psychischen Funktionen beeinflussende Medikamente erhält. Vgl. dazu die Kritik von *Oxtoby* u.a. (1989).

4 Ergebniskombinationen möglich.³ Setzen wir zum Beispiel für A "Verordnung von Neuroleptika", für x "Familie mit high expressed emotions (HEE)", für y "Familie mit low expressed emotions (LEE)" und für 1 "weniger schizophrene Rezidive", für 0 "unveränderte Häufigkeit schizophrener Rezidive". Es wären also zur Überprüfung der These von *Brown* u.a. (1972), daß Neuroleptika nur in Familien, in denen die Mitglieder viel und häufig negative Emotionen ausdrücken, Rezidive vermindern können, 4 theoretisch mögliche Ergebnisse zu kontrollieren. - Nehmen wir nun an, daß die Anwendung der Maßnahme A, also die neuroleptische Behandlung, das Ausmaß der in der Familie ausgedrückten Emotionen auch beeinflußt, wozu es tatsächlich Hinweise gibt (*Reiss* u.a. 1984). Der neuroleptisch behandelte Patient verhält sich anders und induziert ein anderes Verhalten der Familienmitglieder. Aus der Familie mit HEE wird unter der neuroleptischen Behandlung des schizophrenen Familienmitglieds eine Familie mit LEE. Dabei wollen wir hier unterstellen, daß diese Wirkung das Intervall der ohne Behandlung auftretenden Rezidive erheblich überschreitet. Nach der Ausgangshypothese von *Brown* u.a. hätte nun die erneute Anwendung der Maßnahme A, die neuroleptische Behandlung, einen anderen Funktionswert, nämlich 0. Wenn wir annehmen, daß der Eingangswert (die Maßnahme A) den Zustand des Systems Familie-Patient verändern kann (A(x) -> y), so daß gleiche Eingangswerte verschiedene Ausgangswerte bewirken können, dann sind bei nur 2 möglichen Eingangswerten, A und non A, zwei möglichen Systemzuständen, x und y, und zwei möglichen Ausgangswerten, 0 und 1, theoretisch schon 216 Ergebniskonstellationen möglich.⁴

Mit diesem Beispiel ist etwas abstrakter formuliert, daß der spezifische Effekt einer Maßnahme unter anderem von der Erfahrung des Patienten abhängig ist. Die Verhältnisse mögen nicht immer ganz so kompliziert sein, aber schon die Frage, ob sie in einem bestimmten Fall so kompliziert sind, ist oft nicht zu beantworten.

Krankenhaustherapie ist eine Variable, die sich nicht operationalisieren läßt. Operationalisieren und damit objektiv überprüfen lassen sich bestimmte Korrelationen. Die Häufigkeit der Krankenhausaufnahme allein lebender Menschen mit psychiatrischen Erkrankungen wird durch Intensivierung ambulanter Behandlungsmöglichkeiten reduziert. Oder: Die Häufigkeit der Inanspruchnahme nichtklinischer Versorgungsinstitutionen ist mit der Ausprägung bestimmter psychopathologischer Symptome negativ korreliert (*an der Heiden* u.a. 1989). Es scheint darum wenig aussichtsreich, die Effizienz eines Krankenhauses und seine therapeutischen Strategien global einer empirischen Wirksamkeitskontrolle zu unterziehen. Die Variablen, die

---

3 Ax = 0, Ay = 0; Ax = 1, Ay = 1; Ax = 0, Ay = 1; Ax = 1, Ay = 0.
4 Nach *Foerster* (1988).

dabei isoliert werden müßten, sind zu zahlreich und im einzelnen zu wenig genau definierbar. Zu einem ähnlichen Schluß kommt man auch, wenn man die empirischen Outcome-Untersuchungen auf ihre Validität hin untersucht, wie das *Avison* und *Speechley* (1987) in einem Übersichtsartikel, der 33 Untersuchungen dieser Art bewertet, feststellen.

Die Validierung einer therapeutischen Maßnahme ist überdies kontextabhängig. Die Validität ergibt sich aus dem, was in dem System Patient-Behandler prozessiert wird. Wenn man zum Beispiel psychiatrische Patienten in eine geschlossene Station steckt, so ist diese Station ein entscheidender Kontext der Interaktion zwischen Behandler und Patienten. Prozessiert wird in diesem Fall das Thema der Freiheitsberaubung. Die Symptome, die der Patient bietet, sind auf dieses Thema bezogen. Die Symptome des Patienten mögen ihren Ursprung in einer kranken Psyche haben, verhandelt werden können sie nur im Hinblick auf den gegebenen institutionellen Rahmen. Untersuchungen über Behandlungsstrategien in diesem institutionellen Kontext können darum nicht die Notwendigkeit oder gar den Nutzen der geschlossenen Station selbst validieren, sondern nur Strategien in diesem Rahmen. Das gilt mutatis mutandis auch, wenn man zum Beispiel innerhalb eines ansonsten offenen Krankenhauses die Häufigkeit der Unterbringung von Patienten auf einer geschlossenen Station untersucht. Man kann daraus nicht auf deren absolute Notwendigkeit schließen.[5] So kann man eben auch nicht an Hand des Therapiegeschehens in psychiatrischen Krankenhäusern darüber entscheiden, ob Krankenhäuser notwendig sind. Ihre Existenz und der dadurch jederzeit mögliche Rückgriff auf sie legt im Vorhinein fest, wofür sie gebraucht werden und daß sie gebraucht werden.

Mit all dem soll nicht generell der Wert von Outcome-Untersuchungen bestritten werden. Doch legen gerade die Untersuchungen zu den Erfolgen (vgl. z.B. den Übersichtsartikel von *Erickson* 1975) nahe, daß es viele Möglichkeiten erfolgreicher psychiatrischer Behandlung gibt. Hypothetische Kausalfaktoren bei der Entwicklung therapeutischer Methoden zu konzipieren und zu testen ist darum zwar richtig und wohl auch notwendig, klärt aber nur einen Aspekt des Problems. Therapeutische Programme und Institutionen werden nicht nur im Hinblick auf die Kranken konzipiert, sondern auch auf die Gesunden. Es sind institutionalisierte Formen gesellschaftlicher Kommunikation über Ereignisse, die wir "verrückt" nennen. Behandlung und Behandlungsergebnisse sind auch so zu bewerten.

---

[5] Wie z.B. *Modestin* und *Lerch* (1987), anders dagegen z.B. *Degkwitz* (1986).

Aber unser Doktor im Krankenhaus, der handeln und helfen will, was macht er angesichts dieser ungeklärten Fragen? Nun, in der Komplexität der Sache, die einer empirischen Überprüfung so viel Widerstände entgegensetzt, liegt auch eine Chance. Wenn der Arzt auch nicht sicher wissen kann, welches Mittel welche Störungen beseitigt, so kann er doch mit seinen Patienten versuchen, gemeinsam einen Weg zu finden, der ihnen hilft. Das heißt nicht, den Patienten die Auswahl der therapeutischen Maßnahmen zu überlassen. Es soll heißen, daß die Unsicherheit über die Wirkung einzelner Maßnahmen, daß die sozialen Randbedingungen des Patienten und der Institution, die psychischen Implikationen der Störung und weitere Faktoren Teil der Behandlung sind. Ihre Erörterung mit den Patienten ermöglicht dem Arzt, einen Behandlungsweg einzuschlagen, der den Patienten durch Einsicht die Verantwortung für sich und sein Leben läßt. Dies im einzelnen zu zeigen, ist der Inhalt dieses Buches.

Der systemische Kontext, in dem Krankenhausbehandlung stattfindet

Das psychiatrische Krankenhaus ist ein soziales System, dessen Funktion einer Vielfalt von Bedingungen genügen muß. Therapeutische Strategien, wie sie die Ärzte im Auge haben, die ökonomischen Ziele, wie sie die Verwaltung durchsetzt, die Arbeitsplatzsicherung, wie es sich der Betriebsrat auf die Fahne schreibt, oder das Prestige, das vielleicht für den Krankenhausträger Priorität hat, sind verschiedene Aufgaben dieses Systems, das nur dann funktioniert, wenn alle diese Gesichtspunkte ein ihnen angemessenes Gewicht erhalten. Dabei ist der alles leitende Gesichtspunkt der, daß das System bestehen und sich entwickeln kann. Das Krankenhaus regelt seine therapeutische Aktivität, seine ökonomischen Grundlagen, seine inneren hierarchischen Strukturen so, daß es funktioniert und stabil ist. Dabei spielen natürlich begrenzende Bedingungen der äußeren und inneren Umwelt eine Rolle und können die Selbstreproduktion befördern oder behindern.

Die Patienten ihrerseits haben psychische Probleme, mit denen sie ins Krankenhaus kommen. Diese Probleme sind immer auch Ausdruck ihrer konflikthaften Beziehungen in der Familie, am Arbeitsplatz und so weiter. Es spielt keine Rolle, ob wir diesen sozialen Komplikationen ätiologische Bedeutung geben oder als bloße Folgeprobleme der primären psychischen Krankheit betrachten. Für die Patienten sind sie unlösbar mit ihrer seelischen Befindlichkeit verknüpft.

Wenn wir als Beispiel das Familiensystem herausgreifen, so ist der

Behandlungsprozeß eines Patienten im Krankenhaus die Interaktion zweier Systeme: Krankenhaus und Familie. Durch ihre Interaktion schaffen sie gemeinsam einen neuen systemischen Kontext höherer Ebene. Dieses neue System, nennen wir es Behandlungssystem, prozessiert die "Pathologie" des Familiensystems und die "therapeutischen" Antworten des Krankenhauses. Die Familie konfrontiert die Therapeuten des Krankenhauses mit ihren familiären Interaktionsmustern, wovon die Symptomatik des Patienten ein Teil ist. Die Therapeuten reagieren irgendwie darauf. Dieser Prozeß muß integriert werden, das heißt, beide Seiten agieren stets so, daß sie das Behandlungssystem als Prozeß unterhalten. Der Patient droht aggressiv zu werden, weil ihn sein Vater gekränkt hat, die Station ergreift Maßnahmen dagegen: Das ist Therapie.

Die Familie, die ihren störrischen schizophrenen Sohn ins Krankenhaus schickt, wählt damit ein Mittel, um als Familie mit dem Verhalten des Sohnes besser klar zu kommen. Die Interaktion der Familie mit dem Krankenhaus ist ein Modus, das Verhalten des Sohnes in das Familiensystem zu integrieren. Man fürchtet nun nicht mehr seine Gewalttätigkeit, sondern besucht ihn im Krankenhaus. Aus der Sicht des behandelnden Arztes sieht das so aus, daß die Familie das Verhalten des Sohnes nicht mit eigenen Mitteln in den familiären Kontext integrieren kann. Das Krankenhaus, seine diagnostischen Kategorien und therapeutischen Maßnahmen bieten neue Integrationsstrategien. Der Sohn ist nicht ungezogen, sondern eben krank.

Wir haben es mit 3 Systemen zu tun: die Organisation Krankenhaus, das soziale System des Patienten und das Behandlungssystem. In diesem Buch sind die Prozesse im System Krankenhaus Gegenstand der Untersuchung, zum Teil werden auch Behandlungssysteme betrachtet. Prozessiert werden in diesen Systemen die "Probleme" der Patienten. Sie werden in der Regel nicht so verhandelt, daß die Therapeuten aus einem Repertoire von therapeutischen Einzelmaßnahmen diejenigen auswählen, die sie für geeignet halten, die Probleme des Patienten zu lösen. Der Patient wird vielmehr Mitglied eines neuen sozialen Systems, nämlich der Patientengruppe, und kommuniziert in diesem neuen Systemkontext mit dem System Krankenhaus bzw. dessen Repräsentanten. Die therapeutischen Einzelmaßnahmen werden nun so gewählt, daß die Stabilität und Kontinuität der Behandlungssysteme gesichert wird. Zwischen Patient und Arzt können nur die Dinge verhandelt werden, die den Patienten in seinem aktuellen sozialen Kontext der Station beunruhigen. Das schließt nicht aus, daß es Probleme sind, die er schon mitgebracht hat, die seine Beziehung in der Familie betreffen. Aber nur so weit solche Problemkonstellationen im aktuellen Kontext des Behandlungssystems praktische Relevanz erhalten, sind sie verhandlungsfähig. Im Krankenhaus können also um so mehr Probleme des Patienten, die er in seiner natürlichen sozialen Situation hat, verhandelt werden, je mehr von diesen Problemen auch in der sozialen Situation des Krankenhauses reproduziert werden. Es ist daher eine Frage der therapeutischen Strategie des Krankenhauses, ob solche extramuralen Problemkonstellationen Eingang in den Behandlungskontext finden oder nicht.

Das therapeutische Personal wird in seinem Handeln von den Systemprozessen der Organisation Krankenhaus gesteuert. Aber damit die Therapie effizient sein kann, müssen ausreichend komplexe Sachverhalte der Patienten, die sich extramural ereignen, in den Systemprozessen des Krankenhauses reproduziert werden können. Wenn Probleme auftauchen, die in den systeminternen Prozeß des Krankenhauses nicht passen, konstatiert das therapeutische Personal einen Widerspruch, den es aber normalerweise dazu nutzen wird, die systeminternen Prozesse so zu verändern, daß der Widerspruch nicht mehr auftritt. Wenn der Patient also ein Medikament braucht, das die Krankenhausapotheke nicht vorhält, wird der Arzt darauf drängen, daß dies Medikament in Zukunft von der Krankenhausapotheke geliefert wird. Er kann auch auf seine Sonderwünsche verzichten, aber keinesfalls wird er das Problem in ein anderes System verlagern, also dem Patienten vorschlagen, es sich anderswo zu besorgen oder auf eigene Kosten Medikamente einkaufen.

Nun brauchen die Therapeuten aber auch eine Orientierung, wie sie die Probleme ihrer Patienten verhandeln sollen. Sie brauchen eine wissenschaftlich legitimierte Reduktionsebene. Zum Beispiel benutzen sie normalerweise nicht die juristische Betrachtungsweise, um Konflikte, die ein Patient mit seiner Familie hat, zu verstehen. Sie können sich etwa einer biologischen Sichtweise verschreiben. In diesem Fall werden psychopathologische Symptome kuriert. Sozialpsychiatrie könnte man dagegen so verstehen, daß es ihr darauf ankommt, den Patienten eine Reintegration in außerklinische Systeme zu ermöglichen. Das therapeutische Instrumentarium wären in diesem Fall alle Formen der Sozialtechnik. Schließlich gibt es die psychologische Dimension: Ein psychologisches Behandlungskonzept fragt nach den bewußten und unbewußten psychischen Faktoren, die seelisches Leiden, abweichendes Verhalten und als Folge davon Systemungleichgewichte bedingen.

Nun ist es aber nicht in das Belieben der Ärzte gestellt, auf welche Dimension sie sich einlassen und auf welche nicht. Biologische Faktoren bei psychischen Störungen und ihrer Behandlung lassen sich, wenn sie denn existieren, nicht ignorieren. Auch das mit psychischer

Krankheit verbundene seelische Erleben erfordert eine Reaktion. Selbst hilfloses Auf-die-Schultern-Klopfen ist im Rahmen der Krankenhausbehandlung eine auf die psychische Verfassung zielende Maßnahme. Und die sozialen Implikationen schafft das psychiatrische Krankenhaus teilweise selbst. So gibt es in der Tat immer in allen drei Dimensionen eine Antwort (*Matakas* 1987).

Das Problem für die Therapeuten ist also die Integration dieser drei Dimensionen des Biologischen, Psychischen und Sozialen. Wie das geschehen kann, sei vorab kurz skizziert. Die Einzelschritte sollen im Verlauf des Buches dargestellt werden. Die Integration muß nach wissenschaftlichen Kriterien erfolgen. Eine wissenschaftliche Orientierung wäre es, nach dem offenen und verborgenen Sinn der Interaktionen zu suchen; denn das Maß für die Integration psychischer Systeme ist Sinn.[6] Wo Integration nicht gelingt, ist Sinnlosigkeit (vgl. *Luhmann* 1984). Gerade die komplexe Situation, in der sich der Arzt befindet, daß er unablässig eine Fülle von Einzelmaßnahmen ergreift oder gerade nicht ergreift, daß er ständig kontingente Entscheidungen trifft, schafft die Möglichkeit, dem Verhalten des Patienten in der Interaktion mit ihm einen neuen Sinn zu geben oder den darin verborgenen Sinn zu entdecken. Dazu reichen freilich systemtheoretische Theorien nicht aus. Es braucht eine psychologische Theorie, die den Raum erschließt, wo der Patient autonom entscheidet, was für ihn Sinn hat. Letztlich ist es dazu notwendig, den Menschen als ein triebbestimmtes Wesen zu begreifen, das durch die Befriedigung und Abwehr seiner Triebwünsche Autonomie und auch soziale Integration erlangen kann.[7] Insofern ist es eine sehr umfassende Theorie von Psychiatrie, die diesem Buch zugrunde liegt. Aber die psychologische Dimension, wie sollte es anders sein, ist dabei die leitende. Sucht man nach Vorbildern, ist es *Sullivan* (1953), dessen Konzeptualisierung einer psychiatrischen Wissenschaft das im folgenden entwickelte Konzept relativ nahe kommt.

Die Aufgabe des therapeutischen Personals im Krankenhaus ist es also, die Aktionen und Informationen der Patienten so zu prozessieren, daß die Systemprozesse im Krankenhaus selbst Sinn haben. Das hört sich abstrakt und allgemein an, ist aber eine konkrete Handlungsanweisung mit einem anspruchsvollen Ziel. Es bedeutet, daß uneingeschränkt alles, was der Patient im Krankenhaus an Informationen liefert, was und wie er agiert, welche Reaktionen des therapeutischen Personals er auslöst - psychische, therapeutische, administrative -, Fa-

---

6 Zu diesem Begriff vergleiche S. 170f.
7 Zu dem Zusammenhang von Trieb und Autonomie vergleiche die grundlegende Darstellung von *David Rapaport* (1958).

cetten des Patienten sind, der als die Persönlichkeit dahinter erkannt sein will. Diese Integrationsleistung des therapeutischen Personals, und nichts anderes, wäre - so verstanden - die Therapie. Praktisch mag das kaum je vollkommen realisierbar sein, aber es kann doch die leitende Idee sein.

Das milieutherapeutische Dilemma

Als *Pinel* 1794 den Geisteskranken in *Bicêtre* die Ketten abnahm, sagte er dem Jacobiner *George Couthon*, der gekommen war, um zu überprüfen, ob man in *Bicêtre* politisch Verdächtige verbarg: "Bürger, ich bin der Überzeugung, daß diese Geisteskranken nur deshalb so unzugänglich sind, weil man sie der Luft und der Freiheit beraubt".[8] Aber Pinel hat seine Kranken dann nicht nach Hause geschickt, sondern sie im Asyl behalten. In dieser Haltung *Pinels* liegt das Problem der Anstaltspsychiatrie schon offen zutage. *Pinel* hatte erkannt, daß die Ketten, die zur Verhinderung von Gewalttätigkeit der Insassen dienen sollten, diese erst erzeugten. Aber er blieb doch dabei, daß es Kranke waren.

Die Tat *Pinels* markiert zugleich den Zeitraum, in dem unsere psychiatrischen Krankenhäuser entstehen. Drei Faktoren sind es, die ihren Charakter bis heute bestimmen. Erstens sind es nun Ärzte, die das Kommando der psychiatrischen Anstalten übernehmen. Die Medizin hatte das Feld der Psychiatrie abgesteckt und in Beschlag genommen (vgl. *Dörner* 1969). Zweitens wurde Behandlung mit einem ausgefeilten Anstaltsreglement gleichgesetzt. Das Leben der Kranken in der Anstalt war die Therapie, seit dem Retreat von *Tuke*. Die Funktion der Anstaltsärzte war darum drittens von Beginn an ungleich mehr als in anderen medizinischen Einrichtungen eine administrative. Bis heute hat sich daran nichts verändert. Dem Psychiater, der eigentlich nur der Experte für Diagnose und Therapie psychischer Krankheiten ist, wird zugleich der größte Einfluß auf die Administration der Organisation eingeräumt (*Parsons* 1957). So ist psychiatrische Therapie die Manipulation der sozialen Beziehungen des Kranken.[9] Natürlich ist sie nicht das allein. Neben dieser Aufgabe, die wir als Sozialisation der Kranken bezeichnen können, gehören Versorgung, Schutz und Therapie im engeren Sinne zu den vier Aufgaben des psychiatrischen Krankenhauses (*Parsons* 1957).

---

8 Zit. nach *Foucault* (1969) S. 483.
9 Die Konzeptualisierung einer biologischen Psychiatrie war wohl auch der Versuch, aus dieser Position herauszukommen, ohne Erfolg, wie man weiß. (Sehr eindrucksvoll z.B. *Kisker* 1960.)

In der Praxis stehen einer klaren Differenzierung der Aufgaben des psychiatrischen Krankenhauses in die vier von *Parsons* genannten Funktionen zwei Faktoren entgegen: die Art der psychischen Störungen der Patienten und die Probleme, die daraus für das Personal entstehen. Oft ist es eine vorrangige Aufgabe des Personals, das Verhalten der Patienten zu kontrollieren. Die Patienten sind zurückgezogen, verletzen sich selbst oder sind aggressiv, so daß das Personal Maßnahmen ergreifen muß, um die Patienten vor sich selbst oder andere vor ihnen zu schützen. Diese reglementierende Funktion beschwört aber das alte Problem wieder herauf. Die Symptome, die durch das Reglement unter Kontrolle gebracht werden sollen, werden unter Umständen durch eben dieses Reglement unterhalten oder gar erzeugt. *Ozarin* konstatierte 1954, nachdem er 35 psychiatrische Krankenhäuser der USA in Augenschein genommen hatte, daß die Psychopathologie der Patienten mehr durch die Anstalten als durch ihre Krankheit bedingt war. Dieses Problem ist bis heute bedeutsam (*Frey* u.a. 1987).

Die vorerst letzte Antwort auf diese Zustände war im Prinzip die gleiche wie die von *Pinel* und *Tuke*, jetzt aber im Rückgriff auf wissenschaftliche Methoden und Ergebnisse. Es galt herauszufinden, wie ein therapeutisch wirksames soziales Milieu beschaffen sein sollte. So entstand der Begriff der Milieutherapie. Was bei *Pinel* noch "Luft" und "Freiheit" hieß, hieß nun "Autonomie" und "Spontaneität" der Patienten, "praktische Orientierung", "Klarheit der Regeln" und so weiter. Neben *Ullmann* (1967) war es vor allem *Moos* (1974), der die Bedeutung dieser Faktoren an 196 Stationen von 22 psychiatrischen Krankenhäusern getestet hat.

Die Untersuchungen zur Milieutherapie wurden von zwei Motiven bestimmt. Einerseits ging es einfach darum, die Krankenhäuser menschlicher zu gestalten. Das hieß vor allem, die intramuralen sozialen Strukturen den extramuralen Standards anzupassen. Sofern dies gelang, auch ohne explizite therapeutische Modelle, führte das zu einer Situation, die es Patienten wie Personal erlaubte, konfliktfreier miteinander umzugehen. Die Patienten wurden symptomfreier. *Perrow* (1966) nannte es treffend das "human care model". Obwohl es erst nach dem 2. Weltkrieg bedeutsam geworden ist, gibt es nennenswerte Vorläufer, zum Beispiel *Simon* (1929) in Deutschland. Andererseits ging es darum, therapeutische Modelle, die außerhalb des Krankenhauses entwickelt worden waren, etwa psychoanalytische oder verhaltenstherapeutische, in ein Anstaltsreglement zu integrieren (z.B. *Maxmen* u.a. 1974, *Oldham* u. *Russakoff* 1987). Doch haben sich die letztgenannten Versuche bislang nicht allgemein durchsetzen können. Gesichert erscheint lediglich, daß das Stationsmilieu erheblichen Einfluß auf die Psychopathologie der Patienten hat und daß man, je nach Verfassung der Patienten, das Milieu auch differenziert gestalten soll. Zum Beispiel brauchen aufgeregte Patienten, die Schwierigkeiten haben, sich zu kontrollieren, eher ein reizarmes, Patienten mit einer Minussymptomatik eher ein anregendes Milieu (*Heim* 1985).

Die Überlegungen zur Milieutherapie werden aber durch einen Faktor kompliziert, auf den erstmals *Stanton* und *Schwartz* (1954) aufmerksam gemacht haben. Die Symptome der Patienten sind nicht nur ihre Antwort auf das Krankenhausmilieu, sondern haben auch die Funktion, Ängste des Personals unter Kontrolle zu bringen. Die Symptome der Patienten lösen auf diese Weise auch ein Problem der Anstalt. Das bedeutet aber, daß die Strukturen eines Krankenhauses und seine therapeutischen Strategien von dem Zweck bestimmt sein können, Ängste des Personals im Umgang mit dem Patienten abzuwehren (*Menzies* 1970, *Miller* u. *Gwynne* 1972, *Leuschner* 1985; *Jürgens-Becker* 1987).[10] Man muß also in Betracht ziehen, daß das Personal gegebenenfalls ein unbewußtes Interesse an der Fortdauer psychopathologischer Symptome seiner Patienten hat (vgl. *Belknap* 1956).

Ein Ausweg aus diesem Dilemma schien die therapeutische Gemeinschaft (*Main* 1946, *Jones* 1953) zu bieten. Das darin enthaltende demokratische Element schien eine Sicherheit zu bieten, daß Strukturen der Anstalt nach den Bedürfnissen der Patienten und nicht des Personals gebildet werden. Aber die demokratischen Prinzipien der therapeutischen Gemeinschaft schlossen ihre Anwendbarkeit auf die Patienten der klassischen psychiatrischen Krankenhäuser aus. Psychotischen Menschen die Gestaltung ihrer sozialen Umwelt selbst zu überlassen, führt zur Bedrohung der psychischen Stabilität des Personals (*Leuschner* 1985). Vorgegebene Strukturen der sozialen Interaktion sind notwendig zum Schutz des Personals, um das Psychotische abzuwehren. Es ist nicht so sehr der äußere Dreck, in dem die Station versinkt, wenn es kein festes Anstaltsreglement gibt (*Cooper* 1967), als vielmehr das innere Chaos, das sich im Personal breit macht und bedrohlich erscheint. Das ist auch der Grund, warum es so schwer ist, das Reglement psychiatrischer Anstalten zu verändern. Das Reglement dient der Abwehr; Abwehrmechanismen lassen sich nicht leicht aufgeben. Sie lassen sich auch nicht leicht gegen andere, im Prinzip

---

10 Eine Anwendung des "Theorems" von *Stanton* und *Schwartz* auf Innovationsprozesse in psychiatrischen Krankenhäusern findet sich bei *Denber* (1987). Beispiele für die Isomorphie der Dynamik von Patienten und Personal unter dem Aspekt, wie das therapeutisch genutzt werden kann, bei *Amini* u.a. (1978), *Harty* (1979), ein negativer Befund bei *Wallace* und *Rashkys* (1959), die freilich die Möglichkeit unbewußt bleibender Prozesse nicht berücksichtigen.

gleich wirksame, eintauschen. Innovationen und Reformen der psychiatrischen Anstalten haben es darum vor allem damit zu tun, den Widerstand des Personals zu überwinden (vgl. *Rubenstein* u. *Lasswell* 1966, *Veltin* 1987).

Doch scheint es ja so, daß die inzwischen gut ausgearbeiteten Prinzipien der Milieutherapie (vgl. *Gunderson* u.a. 1983, *Heim* 1985) wenigstens in einem gewissen Rahmen sicherstellen können, daß die psychopathologischen Symptome der Patienten nicht so sehr durch das Krankenhaus induziert werden. Durch die Literatur[11] zu diesem Thema zieht sich als ein roter Faden die Idee, daß das soziale Milieu des Krankenhauses in seiner Basisstruktur der normalen Gesellschaft möglichst gleichen soll. Insofern ist in der Tat nicht davon auszugehen, daß ein solches Milieu mehr an Verrücktheit erzeugt als der Patient auch außerhalb der Anstalt entwickeln würde.

Das "richtige" therapeutische Milieu schafft also möglichst "Normalität" beim Personal und auch bei den Patienten. Milieutherapeutische Regeln, so verstanden, fordern zum Beispiel, daß der Patient über die Wirkung der ihm verschriebenen Medikamente informiert wird. Das Mittagessen soll in einem einigermaßen kultivierten Rahmen eingenommen werden. Patienten und Team sollen sich zu gemeinsamen Aussprachen treffen. Therapie erhält so die Bedeutung, daß es darum geht, normale Regeln menschlichen Miteinanders durchzusetzen. Darum sagte *Jones* (1978), Psychiatrie ist "soziales Lernen". *Foudraine* (1971) nannte seine Station in Chestnut Lodge "Lebensschule" und *Bettelheim* (1974) sein Krankenhaus "orthogenic school". Behandlung wird so zur Unterrichtung. Im Grunde sind wir damit wieder bei *Pinel* und *Tuke* angelangt. Der psychisch Kranke soll in

---

11 Die wichtigsten Monographien zum Thema Milieugestaltung im psychiatrischen Krankenhaus aus dem englischen und deutschen Sprachraum seien hier einmal aufgelistet. Soziologische Untersuchungen der psychiatrischen Anstalt: *Belknap* (1956), *Caudill* (1958), *Goffman* (1961), *Fengler* u. *Fengler* (1980); Evaluation des therapeutischen Milieus in psychiatrischen Krankenhäusern: *Ullmann* (1967), *Moos* (1974), *Smith* u. *King* (1975); therapeutische Gemeinschaft: *Jones* (1952), *Rapoport* (1960), *Hinshelwood* u. *Manning* (1979), *Gunderson* u.a. (1983); psychotherapeutische Kliniken für Neurotiker u.a.: *Beese* (1978), *Hilpert* (1981), *Janssen* (1987), *Lohmer* (1988), *Schepank* u. *Tress* (1988), *Hellwig* u. *Schoof* (1990); psychoanalytisch arbeitende Kliniken auch für psychotische Patienten: *Stanton* u. *Schwartz* (1954), *Bettelheim* (1974); Beschreibung und Evaluation eines milieutherapeutischen bzw. psychotherapeutischen Programms psychiatrischer Krankenhäuser: *Artiss* (1962), *Maxmen* u.a. (1974), *Oldham* u. *Russakoff* (1987), *Lennard* u. *Gralnick* (1986); die Innovation milieutherapeutischer Prinzipien in Krankenhäusern mit kustodialem Stil: *Rubenstein* u. *Lasswell* (1966); Milieutherapie allgemein und theoretisch: *Cumming* u. *Cumming* (1962), *Heim* (1985).

einer durch Vernunft, Achtung und vielleicht auch Liebe geprägten Umgebung lernen, seinen Wahnsinn zu beherrschen und vernünftig zu sein wie alle anderen auch. Der Patient soll nicht Allmacht halluzinieren, nicht fressen wie das Vieh und sich nicht frei fühlen von den Regeln der sozialen Anpassung. Normalität, zuerst als Befreiung von Zwang gedacht, wird zum Anpassungsdruck für die Patienten. Medikamente sind nicht nur ein Angebot, sich von Ängsten zu befreien, sondern schnell ein Muß, um absonderliches Verhalten zu unterdrücken. Das Mittagessen ist auch eine Veranstaltung, in der der Patient lernen soll, mit Anstand seine Triebe zu beherrschen. Die Besprechungen zwischen Personal und Patienten etablieren Regeln der Interaktion, in denen vorgegeben wird, was als normal zu gelten hat. "Befreiung der Irren, Beseitigung der Zwänge, Errichtung eines menschlichen Milieus - dies sind nur Rechtfertigungen. Die wirklichen Vorgänge sind anders gewesen. Tatsächlich hat *Tuke* ein Asyl geschaffen, in dem er den vom Wahnsinn freien Schrecken durch die geschlossene Angst der Verantwortlichkeit ersetzt hat" (*Foucault* 1969, S. 506).

So entsteht ein neues Dilemma. Wo bleibt der Wahnsinn? Wo kann sich die Pathologie entfalten? In der von *Main* (1946) konzipierten therapeutischen Gemeinschaft ist dem Grundsatz nach ein analytisches Moment noch enthalten. Die soziale Regression des einzelnen ist nicht nur Pathologie, sondern Möglichkeit für das Durcharbeiten. Aber diese Haltung setzt voraus, daß die sozialen Strukturen der Gemeinschaft frei sind für die Gestaltungskräfte der Patienten. Eine solche Haltung scheint aber im Umgang mit schwerer gestörten, wie etwa psychotischen Patienten nicht möglich. Nicht der Unordnung wegen, die entstünde, sondern weil die Angst, die freigesetzt würde, unbeherrschbar erscheint.

An diesem Dilemma wird grundsätzlich auch nichts geändert, wenn das therapeutische Milieu zwar fest strukturiert ist, aber mit Veranstaltungen durchsetzt wird, in denen die Patienten die psychischen Implikationen, die für sie in der Anstaltswelt entstehen, "durcharbeiten" können. Auch solche Veranstaltungen können allenfalls eine edukative Bedeutung haben; denn die Pathologie der Patienten, zu der das szenische Arrangement, das Agieren, gehört, hat keinen Raum zur Entfaltung (vgl. *Matakas* 1988).

Die biologische, psychische und soziale Dimension
psychischer Prozesse

Die wissenschaftliche Grundlage der Psychiatrie, die in diesem Buch vorgestellt wird, ist die Psychoanalyse. Psychische Störungen werden als innere Konflikte verstanden zwischen Triebbedürfnissen, Ich-Funktionen und verinnerlichten Normen. Diese Konflikte entstehen aus Verzerrungen der psychischen Organisation, die sich in der Regel während der Kindheit gebildet haben. Die Organisation des psychischen Apparates wird wesentlich durch Mechanismen der Triebabwehr, die auf unbewußten Strukturen und Prozessen basiert, gekennzeichnet. In dieser allgemeinen Formulierung gilt dies für alle psychischen Störungen. Was das Verständnis der Psychosen betrifft, sind neben den einschlägigen Arbeiten *Freuds* (1911, 1915b, 1922, 1924a, 1924b) besonders die Arbeiten von *Federn* (1952), *Sullivan* (1953), *Fromm-Reichmann* (1959), *Hartmann* (1964), *Searles* (1965), *Rosenfeld* (1965), *Jacobson* (1967), *Racamier* (1980) und *Spotnitz* (1985) zu erwähnen.

Andererseits ist die Frage, ob den sogenannten endogenen Psychosen organische Störungen zugrunde liegen, nach wie vor nicht entschieden. Es scheint sehr wohl möglich (z.B. *Matussek* u. *Holsboer* 1987). Das gleiche gilt für die Frage der Heredität (vgl. *Bertelsen* 1985). Es ist darum ein klärendes Wort darüber nötig, warum und mit welcher Berechtigung psychologische Theorien zum Verständnis dieser Störungen herangezogen werden. Darin enthalten ist auch die Frage nach der Möglichkeit einer Psychotherapie der Psychosen.

Allen psychischen Phänomenen liegen organische Prozesse des Gehirns zugrunde. Handlungen, begriffliche Vorstellungen, Wahrnehmungen und Gefühle, sie alle sind ausnahmslos nur möglich durch korrespondierende physiologische Prozesse in den neuronalen Netzwerken des Gehirns. Die Physiologie der Nervenzellen folgt ihren eigenen Gesetzen, deren Aufklärung und Erforschung Sache der Naturwissenschaften ist.

Die Psychologie hat es mit Phänomenen des Bewußtseins zu tun, mit Vorstellungen und ihren Verknüpfungen. Die Inhalte des Bewußtseins sind selbstreferentiell. Das heißt, die Koexistenz und Folge beliebiger Vorstellungen meines Bewußtseins folgt eigenen Begründungszusammenhängen. Die Psyche ist ein selbstreferentielles System, das "... die Elemente, aus denen es besteht, als Funktionseinheiten selbst konstituiert ..." (*Luhmann* 1984, S. 59). Element ist das, was als unauflösbare Einheit im System fungiert. Natürlich sind die Elemente, zum Beispiel eine bestimmte Wahrnehmungseinheit, komplex Zusammengesetztes in einem anderen Systemkontext, etwa dem physiologischen. Wenn man daher "... auf eine neurophysiologische Analyse von Handlungen abzielt, muß man ... die System/Umwelt-Differenz, die für das System selbst gilt, aufheben und auf andere Ebenen der Systembildung überwechseln" (zum Beispiel die Physiologie) (*Luhmann* 1984, S. 43). In den Begriffen *Luhmanns* heißt dies, daß für das System Psyche die System/Umwelt-Differenz Vorstellung/ Realität gilt. In meinem Bewußtsein kommt Realität nur als Vorstellung vor. Für die Neurophysiologie dagegen könnte die System/ Umwelt-Differenz neuronales Netzwerk/Reizinput heißen. Somit sind die neurophysiologischen Gesetzmäßigkeiten unserer Hirntätigkeit Teil der Umwelt unseres Bewußtseins.

Diese Sicht *Luhmanns* ist so neu nicht, was die Differenz zwischen Bewußtsein und Welt betrifft. Sie findet sich zum Beispiel schon bei *Kant*. Die Anwendung systemtheoretischer Begriffe erleichtert es jedoch, den Zusammenhang von psychischen Prozessen mit ihren organischen Grundlagen zu formulieren. Wenn wir beispielsweise unterstellen, daß ein krankhafter organischer Prozeß, etwa eine progressive Paralyse, Auswirkungen auf das psychische System hat, so wird damit doch nicht der selbstreferentielle Charakter des psychischen Systems berührt. Die progressive Paralyse ist zwar der Prozeß, ohne den das Auftauchen von Größenwahn nicht geschehen wäre. Aber die Größenphantasien sind dennoch nicht notwendig, sondern kontingent; Größenwahn kann nicht obligat für jede progressive Paralyse sein. Er ist für den Patienten eine im Hinblick auf seine Lebensgeschichte und aktuelle Situation bedeutsame Vorstellung.

Um diesen Zusammenhang durch ein Beispiel zu illustrieren, wollen wir die Bewegungsabläufe eines menschlichen Körpers bei der Fortbewegung als ein System betrachten. Das System enthält als Elemente die räumlichen Relationen aller Körperteile zueinander. Wenn der Mensch geht, dann bringt er die Körperteile in eine Abfolge bestimmter räumlicher Relationen zueinander, die, unter Berücksichtigung der Schwerkraft, das Gehen beschreiben. Die einzelnen Bewegungsabläufe sind nicht eindeutig festgelegt, sondern kontingent. Man kann sich tanzend fortbewegen. Denken wir uns nun ein Bein gelähmt, so werden die Bewegungsabläufe dadurch verändert. Dennoch haben zu jedem Zeitpunkt alle Körperteile eine räumliche Beziehung zueinander, die sinnvoll ist im Hinblick auf die Fortbewegung; auch wenn es vielleicht nur ein Kriechen ist. Die Elemente des Systems, die Relationen, werden vom System konstituiert. Das System kann zusammenbrechen, wenn Fortbewegung nicht mehr möglich ist. Es können bestimmte Elemente fehlen, wenn ein Glied völlig gelähmt ist. Aber solange das System existiert, also Fortbewegung möglich ist, sind die Elemente des Systems, also die Folge der Relationen der

Körperteile zueinander in einem räumlichen Koordinationssystem, "sinnvolle" Relationen im Hinblick auf die Fortbewegung. Ein paralytischer Arm, der beim Gehen hin und her pendelt, erzeugt kompensatorische, das Gleichgewicht herstellende Haltungen des Körpers. Im systemischen Kontext ist das schlaffe Herabhängen des Armes aber ebenso eine Antwort auf die entsprechende Haltung des Körpers. Eine Analyse der Bewegungsabläufe allein würde keinen Aufschluß darüber bringen, was primär ist, Armhaltung oder Körperhaltung. Will man entscheiden, ob die Parese nur funktionell oder organisch bedingt ist, muß man die Systemebene Körperbewegung verlassen. Man bemerkt eine Muskelatrophie oder ein pathologisches Kontraktionsmuster oder erfährt von dem Patienten, daß er das Glied bewegen will, aber nicht kann.

Es ist also keine Frage, daß organische Erkrankung als Ursache psychischer Störungen die Möglichkeit psychologischer Erklärungen nicht berührt. Es ist auch keine Frage, daß die Patienten ein Bedürfnis nach psychologischem Verstehen haben. Die Angst mag von einem Hirntumor verursacht sein, sie verlangt nach Verständnis und Beruhigung. In diesem Sinn ist Psychotherapie - hier einmal sehr weit gefaßt - nur psychologisch zu legitimieren. Ob also die Schizophrenie durch eine organische Krankheit verursacht wird oder nicht, kann nicht entscheidend dafür sein, ob sie psychotherapeutisch behandelt werden soll.

Eine andere Frage ist dagegen, welche Art Heilung durch Psychotherapie möglich ist. Wenn eine organische Grundlage vorliegt, kann das bedeuten, daß gewisse psychische Defekte vorhanden sind, die nicht zu beheben sind. Um es noch einmal mit dem Beispiel der Körperbewegung zu sagen: Ob eine krankengymnastische Behandlung bei einer Parese sinnvoll ist, kann man nicht allein auf der Basis der Diagnose Parese und der Kenntnis ihrer Ursache entscheiden. Man muß durch Beobachtung der faktischen Bewegungsabläufe entscheiden, ob eine sinnvollere Koordination der Bewegungsabläufe möglich ist. Liegt der Parese ein organischer Defekt zugrunde, ist allerdings zu prüfen, ob dies dem Bemühen mehr oder weniger enge Grenzen setzt. Was die Psychotherapie der Psychosen an funktionellen Veränderungen bewirken kann, läßt sich nur durch Anwendung der Psychotherapie herausfinden. Die Frage andererseits, ob den endogenen Psychosen ein krankhafter organischer Prozeß zugrunde liegt, läßt sich nur durch naturwissenschaftliche empirische Untersuchungen beantworten. Sollte dieser Nachweis irgendwann positiv gelingen, sagt das noch nichts über die funktionelle Wirkung von Psychotherapie. Man darf allenfalls vermuten, daß die Möglichkeit einer Heilung durch Psychotherapie für diesen Fall in Frage gestellt ist.

Der Psychoanalytiker, der die psychischen Phänomene seines Patienten betrachtet, bezieht etwas in seine Überlegungen mit ein, was im Bewußtsein des Patienten nicht vorkommt, nämlich dessen Unbewußtes. Das Unbewußte, verstanden als die organischen Quellen psychischer Phänomene oder aber als metapsychologisches Konstrukt, ist nicht Bestandteil des Systems Psyche. In einer psychoanalytischen Behandlung ist das Unbewußte für den Patienten darum nur insofern von Bedeutung, als es in Begriffen möglicher Bewußtseinsinhalte beschreibbar ist. So ordnet der Analytiker, am Muster seines eigenen psychischen Systems orientiert, das System des Patienten neu. Er fügt ihm gewissermaßen neue Elemente hinzu, schafft neue Relationen oder löst bestehende Relationen auf. Auf diese Weise macht er Unbewußtes bewußt.

Der Psychoanalyse geht es nicht wie den Naturwissenschaften darum, mathematische Modelle zu finden, die empirische Beobachtungen beschreiben. Sie verifiziert Gesetzmäßigkeiten nicht durch Mathematik, sondern durch die Wirklichkeit des seelischen Erlebens. Dies kann sie nur, weil sie auf der einzigen unmittelbaren Wahrnehmung von Wirklichkeit, die wir haben, gründet, nämlich unserer Triebbestimmtheit. Der Trieb ist die psychische Repräsentanz biologischer Reize (*Freud* 1915a, S.214). Die Wahrnehmungen durch unsere Sinne vermitteln uns dagegen nur Vorstellungen der Wirklichkeit, die wir durch unser Denken ordnen und bestimmen können. Sie lassen das Problem offen, wie wir denn mit unseren Vorstellungen der tatsächlichen Wirklichkeit habhaft werden. Der Trieb und das Empfinden unserer Triebbestimmtheit ist der einzige unmittelbare Zugang zur Wirklichkeit außer uns.[12] Die Triebhaftigkeit aller seelischen Prozesse ist die Stelle, an der das Wirkliche in das Seelische hineinragt.

Die Anwendung des Systemmodells auf psychische Vorgänge macht alle psychischen Phänomene beschreibbar, wenn wir die System/Umwelt Differenz als Differenz psychische/dingliche Welt defi-

---

12 *Kessler* (1989) hat, freilich nur durch eine Begriffsanalyse an Hand der Arbeiten *Freuds*, viel Aufschlußreiches dazu gesagt. Im übrigen bringt die Tatsache, daß sie ihr theoretisches Gebäude auf ein Faktum der Empirie gründet, die Psychoanalyse scheinbar in eine Nähe zu Theoriegebilden, die wir Weltanschauung nennen. Weltanschauungen machen Postulate über das Wirkliche, z.B. die Existenz Gottes und seine Verheißungen, oder daß der Produktionsprozeß allein die gesellschaftlichen Prozesse bestimmt, zum Ausgangspunkt ihrer Theorien. Doch verweigern sie den Beweis für diese Ausgangsthesen. Die Philosophie der Moderne versucht einen ähnlichen Weg zu gehen wie die Psychoanalyse. Z.B. das "Sein zum Tode" und die daraus erwachsende Sorge ist bei *Heidegger* Wirklichkeit, die alle transzendentale Analyse der Bedingung der Möglichkeit von Erfahrung begründet.

nieren. Damit sind zwei Grundhypothesen widerspruchsfrei miteinander zu verbinden. (1) Psychische Phänomene sind Epiphänomene biologischer Prozesse. Es gibt eine irgendwie geartete Isomorphie zwischen Neurophysiologie und Psychischem.[13] (2) Psychische Phänomene sind allein mit Hilfe der Strukturen und Prozeßregeln des Systems Psyche beschreibbar. Es mag darum ein mathematisches Modell denkbar sein, mit dessen Hilfe wir vollständig beschreiben können, was sich in unserem Seelenleben abspielt. Aber die Tatsache, daß sich unsere Bewußtseinsinhalte auf eine dingliche Welt beziehen, gründet letztlich im Erleben unserer eigenen Wirklichkeit, die uns durch unsere Triebbestimmtheit gegeben ist. Unsere Triebbestimmtheit erfahren wir durch Einsicht in unser Unbewußtes, das heißt durch den Prozeß des Bewußtmachens von Unbewußtem. Diese etwas abstrakt erscheinenden Überlegungen haben wichtige praktische Konsequenzen für das Verständnis psychopathologischer Phänomene. Sie begründen die Unableitbarkeit psychischer Prozesse. Eine Wahnwahrnehmung ist durch Rekurs auf ihre mögliche organische Ursache so wenig verstanden oder erklärt wie der Satz des Pythagoras durch Beschreibung der neurophysiologischen Vorgänge, die seine Erkenntnis begleiten. Ebensowenig ergibt sich die Falschheit der Wahnwahrnehmung aus der Tatsache, daß sie im Gefolge einer Hirnerkrankung auftritt. Die Aussage, 2 mal 2 ist vier, wird auch nicht weniger richtig, wenn sie von einem Menschen mit Hirnarteriosklerose ausgesprochen wird. Das heißt, Wahrheit und Falschheit von Aussagen ergeben sich aus systemeigenen Kriterien. Für jeden Inhalt des Bewußtseins gibt es auch eine Möglichkeit, ihn zu verstehen. Erscheint er "unsinnig" oder "falsch", wie etwa eine Zwangsbefürchtung oder Wahnwahrnehmung, so gibt es doch mögliche ergänzende, bewußtseinsfähige, das heißt unbewußte Vorstellungen dazu, die diese "Unsinnigkeit" oder "Falschheit" auflösen können.

Die Sache ist schwieriger, was die soziale Dimension betrifft. Psychisches ist durch Soziales bestimmt und bestimmt es. Aber wir haben keine Theorie sozialer Systeme, die sie ganz oder in Teilbereichen berechenbar machen. Es gibt nur Modelle, die soziale Prozesse näherungsweise beschreiben. Soziale Systeme haben überdies keinen Trieb. Ihre Prozesse werden darum nicht in gleicher Weise wie psychische Systeme gesteuert. Darum sind Verifikations- oder Falsifikationsmethoden der Psychoanalyse allenfalls sehr begrenzt auf Gruppen anwendbar. Das gilt für Familien, therapeutische Gruppen, Organisationen und Gesellschaften. Andererseits erkennen wir starke Tendenzen in den Menschen, die sozialen Systeme, denen sie angehören,

---

[13] Daraus folgt jedoch noch nicht die Berechenbarkeit seelischer Vorgänge.

so zu strukturieren, daß sie ein geeignetes Feld für ihre Triebbefriedigung und Triebabwehr sind. Auf dieser Beobachtung baut *Freuds* Analyse sozialer Prozesse, zum Beispiel in "Massenpsychologie und Ich-Analyse" (1921), und in seinen kulturhistorischen Schriften auf. *Bion* (1961) hat analog versucht, gewisse Grundstrukturen von Gruppen, die er Grundannahmen nennt, auf individuelle Bedürfnisse der Gruppenmitglieder zurückzuführen. Beide Modelle kann man ohne weiteres akzeptieren. In diesem Sinn ist Gruppendynamik die Beschreibung sozialer Systeme im Hinblick darauf, wie sie der Triebökonomie der Mitglieder dienen (vgl. auch *Jaques* 1955).

Doch ist mit diesem Aspekt nicht ausreichend beschrieben, was soziale Systeme sind. Wie alle Systeme sind sie selbstreferent und haben emergente Eigenschaften. Die Mitglieder eines sozialen Systems mögen also das System nach ihren Triebbedürfnissen gestalten. Das soziale System transferiert diese Beziehung des einzelnen zum System in eine eigene Wirklichkeit. Das heißt, soziale Systeme erscheinen nie gänzlich als gemacht, sondern auch als gegeben.

Für unsere Zwecke ist es wichtig festzuhalten, daß sich psychische Prozesse in Objektbeziehungen niederschlagen. Sie realisieren sich insofern in sozialen Systemen. Aber Selbstreferenz und Emergenzen sozialer Systeme strukturieren die Objektbeziehungen des einzelnen auch gegen seine Bedürfnisse. Jedes soziale System ist nur begrenzt geeignet, den individuellen Triebbedürfnissen und Abwehrbestrebungen Rechnung zu tragen. Doch gilt dies nur aus der Sicht der psychischen Bedürfnisse des einzelnen. Aus der Sicht des sozialen Systems konstituiert sich auch aus der Diskrepanz zwischen individuellem Bedürfnis und sozialer Realität eine eigene Systemstruktur. Die Enttäuschung des einzelnen an der gesellschaftlichen Realität definiert eine Systemrelation, die auch konstitutiv ist für das System.

Biologische, psychologische und soziologische Modelle psychischer Krankheiten schließen sich nicht aus. Es ist vielmehr notwendig, in jeder dieser Dimensionen die Strukturen, die psychische Krankheit ausmachen, zu beschreiben. Es ist nicht die Frage, ob biologische Faktoren, psychische Strukturen oder spezifische familiäre Interaktionsmuster zum Beispiel bei der Entstehung der Schizophrenie eine Rolle spielen. In allen drei Dimensionen findet man spezifische Faktoren, die bei der Entstehung der Schizophrenie beteiligt sind. Die eigentlich interessante Frage ist vielmehr in diesem Fall, wo die verschiedenen Faktoren zusammenwirken, ob nicht etwa genetisch belastete Kinder von früh auf familiäre Interaktionen in spezifischer Weise beeinflussen oder ob vorgeformte familiäre Interaktionsmuster genetisch disponierenden Faktoren zur Penetranz verhelfen (vgl. dazu die prospektive Adoptionsfamilienstudie von *Tienari* u.a. 1989).

Ich-Funktion und soziale Systeme

Wenn man psychoanalytische Therapie im Krankenhaus durchführen will, muß man danach fragen, ob die Strukturen und Prozesse der Organisation Krankenhaus geeignet sind, Prozesse bei den Patienten in Gang zu bringen, die Unbewußtes bewußt machen; denn das ist die entscheidende therapeutische Wirkungsmöglichkeit der Psychoanalyse. Dazu gibt es nun gerade im deutschen Sprachraum umfangreiche Untersuchungen (*Beese* 1978, *Heigl* u. *Neun* 1981, *Hilpert* 1981, *Lohmer* 1988, *Schepank* u. *Tress* 1988). *Janssen*, der in seiner Monographie (1987) eine Übersicht über den Stand dieser Diskussion gibt, kommt, in Übereinstimmung mit anderen Autoren, zu dem Schluß, daß man das Handeln der Patienten in dem sozialen System Klinik, grob gesagt, als eine szenische Darstellung innerer Konflikte und ihrer Bewältigungsstrategien auffassen soll. Therapeutisch wirkt die Klinik dann, wenn sie einen Rahmen schafft, in dem dieser Prozeß aufgeklärt und durchgearbeitet werden kann. Die Situation im Krankenhaus ist also unterschieden von der ambulanten analytischen Situation, in der das Medium allein die Sprache ist, und das Material des Patienten seine Vorstellungen, die er äußert, sind. Das Krankenhaus gilt als ein soziales Experimentierfeld, in dem der Patient seine unbewußten Konflikte notfalls auch agieren kann.

Für die Behandlung psychotischer Zustände ist die Formel "Unbewußtes bewußt machen" in dieser Einfachheit jedoch nicht ausreichend. Es dürfte schwierig sein, eine therapeutische Beziehung so zu gestalten, daß sie ausreicht, die Angst zu bewältigen, die durch die Aufklärung unbewußter Handlungsmotive etwa bei schizophrenen Patienten ausgelöst wird. Patienten mit psychotischen Störungen brauchen zudem soziale Strukturen, um sich psychisch stabil zu halten. Ihre Beziehungen in sozialen Systemen sind gewissermaßen zur sozialen Realität denaturierte Abwehrmechanismen (vgl. *Mentzos* 1976). Will man also bestimmte Abwehrmechanismen eines solchen Patienten mit ihm aufklären, dann tangiert das zugleich das systemische Gleichgewicht, in dem der Patient steht. Abwehr, die im therapeutischen Prozeß als Widerstand erscheint, ist in diesem Fall auch ein Widerstand sozialer Systeme. Der wird aber nicht nur von dem Patienten aufgebracht, sondern auch von den weiteren Personen, die das System erhalten, und von den Kräften, die das System mit anderen Systemen im Gleichgewicht halten. Die Familie eines psychotischen Patienten verlangt die Behandlung und untergräbt sie zugleich. Dieser Sachverhalt verlangt einen anderen therapeutischen Umgang mit dem Unbewußten als sonst in der psychoanalytischen Behandlungstechnik. Unbewußt sind hier weniger Triebregungen und Triebschicksale als vielmehr die Funktion, die sie in Objektbeziehungen haben.

Eine der auffälligsten Eigenschaften psychotischer Zustände ist es, daß ihre symptomatische Ausprägung sehr von sozialen Milieubedingungen abhängig ist. (Das war es, was *Pinel* dem *Couthon* hat sagen wollen.) Die Interaktionen dieser Patienten, das heißt, ihre Einbindung in soziale Systeme entscheidet mit darüber, ob sie psychisch stabil bleiben. Das ist es auch, was eine Milieutherapie moderner Prägung erst möglich macht und auch den alten Anstaltspsychiatern im Grunde schon bekannt war (z.B. *Simon* 1929, *Rowland* 1938, 1939). Auch die Beobachtungen von *Brown* u.a. (1972), daß in Familien mit high expressed emotions (HEE), in denen ein hohes Maß negativer emotionaler Reaktionen ausgetauscht wird, schizophrene Psychosen eher einen ungünstigen Verlauf nehmen, weist in diese Richtung. Diese Tatsache unterscheidet psychotische von neurotischen Zuständen. Eine Zwangsneurose kann zwar, wie jede psychische Störung auf neurotischem Niveau, in Abhängigkeit von den sozialen Bedingungen unterschiedliche Ausprägungen der Symptomschwere annehmen, aber sie ist weit weniger durch soziale Milieubedingungen beeinflußbar.

In die gleiche Richtung weisen Besetzungsvorgänge, die in der Therapie psychotischer Patienten sichtbar werden. Wenn ein Mensch mit neuen Erkenntnissen konfrontiert ist, ist dies immer mit psychischer Arbeit, die auch an den Affekten sichtbar wird, verbunden. Er ist betroffen, vergnügt, peinlich berührt und so weiter Auf jeden Fall gibt es erst ein Sträuben gegen die neue Erkenntnis, wie kurz und flüchtig auch immer, woran die Arbeit sichtbar wird, die die Neubesetzung der Selbst- und Objektrepräsentanzen erfordert. Bei schizophrenen Patienten ist diese Arbeit in vielen Fällen gar nicht sichtbar. Es scheint oft so, daß Erkenntnisse beliebig austauschbar sind. Ein schizophrener Patient macht die Abwendung des drohenden Weltuntergangs davon abhängig, daß er im Gebet verharrt und läßt sich doch mühelos und ohne Furcht vor der Katastrophe von der Krankenschwester zum Abendessen führen. Dies bedeutet nicht weniger, als daß die einfache Handlung der Schwester die psychische Desintegration, die in dem Wahn vom Weltuntergang ihren Ausdruck findet, wenigstens mildern kann. Im neurotischen Fall führen neue Erkenntnisse zu einer Veränderung der Realität und berühren die Objektbesetzungen und Objektbeziehungen. Bei einem psychotischen Menschen sind es eher veränderte Objektbeziehungen, die Besetzungen der Selbst- und Objektrepräsentanzen verändern und damit wirkliche Erkenntnisse verschaffen.

Auf der Ebene der Interaktionen ist diese Beobachtung relativ leicht zu erklären. Psychotische Patienten brauchen Beziehungen, mit bestimmten Möglichkeiten der Triebbefriedigung und Triebversagung, die ihren individuellen Ich-Fähigkeiten entsprechen. Ist das gewährleistet, können sie stabil oder wenigstens relativ stabil bleiben. Ist das nicht gewährleistet, sind sie überfordert und von der Gefahr der psychischen Desintegration bedroht. Doch sind diese Patienten ihrem Bedürfnis nach bestimmten Konstellationen der Objektbeziehung nicht ganz passiv ausgeliefert. Sie sind mehr oder weniger in der Lage, ihre Umwelt dazu zu bringen, entsprechend diesen Bedürfnissen zu reagieren. Unter Umständen spielt sich das auf einem sehr pathologischen Niveau ab. Chronisch schizophrene Patienten sind aggressiv und abweisend, weil enge Objektbeziehungen ihre relative Stabilität bedrohen, oder sie ziehen sich einfach zurück (*Vaughn* u. *Leff* 1976).

Schwieriger ist es, diesen Vorgang psychodynamisch zu erklären. Es bieten sich hier die theoretischen Überlegungen von *Melanie Klein* (1960) oder auch *Mahler* (1975) an, die einen im Grundsatz ähnlichen Prozeß für die psychische Entwicklung des Kleinkindes beschrieben haben. Ich-Funktionen sind neben Wahrnehmungs- und Bewußtseinsprozessen vor allem Abwehrvorgänge, mit denen das Ich Ängste unter Kontrolle bringt (A. *Freud* 1936). Wenn wir also den Fall betrachten, daß ein Patient gewisse Formen der Triebbefriedigung durch ein Objekt induziert, weil er sie braucht, um nicht zu dekompensieren (im Falle des Kindes nicht von Panik überschwemmt zu werden), dann ist durch die Interaktion, die die Triebbefriedigung sichert, dem Patienten die Aufgabe der Triebkontrolle erleichtert. Dieser Mechanismus spielt im Falle psychotisch strukturierter Patienten sicher häufig eine Rolle. Sie bleiben zum Beispiel in einer Ehe über viele Jahre stabil und dekompensieren nicht, solange die Ehe hält. Es ist dies der leichter zu erklärende Fall und für den Patienten die glücklichere Lösung.

Der andere Vorgang ist, daß nicht so sehr Triebbefriedigung als vielmehr die Abwehr von Triebbedürfnissen oder von Angst durch die Interaktion erst möglich bzw. wesentlich erleichtert wird. *Kleins* Erklärung dieses Prozesses in der kindlichen Entwicklung ist, daß die mit Versagung und Angst verbundenen Empfindungen in das mütterliche Objekt projiziert werden. Durch die Projektion dieser und der aus libidinösen Regungen entstehenden Empfindungen auf das mütterliche Objekt wird dieses Objekt Repräsentant sowohl guter wie schlechter Selbstanteile. Durch nachfolgende Reintrojektion beider Anteile kann das Kind, wenn die befriedigenden Anteile überwiegen, beides schließlich integrieren. *Klein* hat den interaktionellen Aspekt dieses Prozesses weniger betont. *Bion* dagegen (1962, 1970) hat ihn mit zur Grundlage seiner Überlegungen gemacht. Er geht davon aus, daß die Reintrojektion der projizierten Empfindungen durch das Kind einen entwicklungsfördernden Einfluß hat, wenn die Mutter beide Anteile in sich angemessen verarbeitet. Das heißt vor allem, daß sie in der Lage sein sollte, die besonderen Bedürfnisse, deren Ausdruck die Reaktionen des Kindes sind, einfühlsam zu verstehen und entsprechend zu reagieren. Für das Gelingen der Abwehr zum Beispiel von Angst sind also mehrere Schritte notwendig. Der erste ist die Projektion auf das Objekt. Aber die schließliche Bewältigung hängt davon ab, daß die nachfolgende Reintrojektion zu einem Überwiegen der Befriedigung führt. Das setzt aber, ob man nun *Bions* Erklärungen folgt oder nicht, voraus, daß das mütterliche Objekt real eine Situation schafft, in der Befriedigung möglich ist.

Eine interaktionelle Abwehr von Triebbedürfnissen bei schizophrenen Patienten kann auch so geschehen, daß ein äußerer Zwang die Befriedigung des Triebbedürfnisses verhindert. Sie benehmen sich auffällig, damit sie eingesperrt werden, und offenbaren nun das wahre Ausmaß ihrer Aggression. Für dieses Manöver ist freilich ein Mißverständnis Voraussetzung. Die Behandler finden in der aggressiven Reaktion des Patienten, nachdem sie ihn eingesperrt haben, die Rechtfertigung ihres Handelns. Der Patient dagegen begründet seine Aggressivität mit der Tatsache, daß er eingesperrt wurde. So schieben beide Seiten das "Böse" dem anderen zu und können es nicht ins eigene Selbst integrieren.

Sicher ist menschliches Seelenleben ganz ohne funktionierende Abwehrmechanismen nicht denkbar. Selbst schwerst desintegrierte Schizophrene haben noch intakte Abwehrmechanismen. So finden wir auch in den oben beschriebenen Manövern psychische Abwehrformen wie die Projektion. Interaktion kann dem nur etwas hinzufügen. Aber was da durch soziale Arrangements hinzugefügt wird, ermöglicht doch erst die relative Stabilität schwer gestörter Patienten. Häufig zu beobachten ist das bei Ambivalenzkonflikten. Schizophrene Patienten in ambulanter Behandlung suchen sich einen zweiten Arzt, den sie dazu bringen, ihre aggressiven Tendenzen gegen ihren eigentlichen behandelnden Arzt mit ihnen zu agieren. Oder Eltern eines schizophrenen Kindes definieren dessen Aggression gegen sie einfach um, zum Beispiel als Krankheit, und verstärken als Antwort auf die Aggressivität ihres Kindes ihre Fürsorge. So bleibt die Aggression unbearbeitet erhalten und verhindert schließlich das, was ihre Intention war, die Ablösung. Der Haß ist mehr oder weniger bewußt, aber sein Ziel und seine Funktion sind unbewußt. Sein Ziel ist, Individuation zu ermöglichen. Seine Funktion in der hier angenommenen Konstellation ist es, den Eltern Trennungsaggression, dem Kind Desillusionierung der Eltern zu ersparen. So kann der Haß nicht integriert und nicht verdrängt werden. Allenfalls seine Umwandlung in Depression kann gelingen. Aber das Manöver bewirkt, daß die Trennungsaggression und die daraus erwachsende Angst abgewehrt wird. Unter Umständen funktioniert es irgendwann nicht mehr und führt zur psychotischen Dekompensation. Dann wird sich der Haß, psychotisch verzerrt, gegen sein eigentliches Ziel richten.

Die Erklärungen, bzw. das theoretische Verständnis, das wir hier dafür anbieten können, daß soziale Interaktionen Ich-Funktionen unterstützen oder gar ersetzen können, sind sicher weit davon entfernt zu befriedigen. In der Falldarstellung S. 134. werden wir versuchen, etwas mehr Licht in diesen komplizierten Sachverhalt zu bringen.

Daß Objektbeziehungen Ich-Funktionen stabilisieren, ist auch ein Gedanke *Bions*, den er seiner Theorie über Gruppendynamik zugrunde legt (1961). Seine Beobachtung war, daß Gruppen ihre Kohäsion durch die von ihm so genannten Grundannahmen (Abhängigkeit, Kampf-Flucht, Pairing) realisieren. Diese Grundannahmen dienen dazu, archaische Ängste unter Kontrolle zu bringen und die individuelle psychische Integration der Gruppenmitglieder unter den Bedingungen der Gruppe zu sichern. Das geläufigste Beispiel dafür, daß soziale Systeme individuelle Abwehrmechanismen ersetzen können, sind die Gruppen, die Aggression bei ihren Mitgliedern freisetzen und in paranoider Weise nach außen leiten. In einer solchen Gruppe wäre nach *Bion* die Grundannahme Kampf-Flucht beherrschend.

Die Anerkennung der Tatsache, daß soziale Systeme Ich-Funktionen der Individuen stabilisieren oder hilfsweise übernehmen, eröffnet einige neue Perspektiven. Es werden dadurch die sozialen Implikationen psychotischer und verwandter Störungen besser verständlich. Konkret läßt sich so auch zwischen systemischer Familientherapie und psychoanalytischer Betrachtung vermitteln.

Doch reichen systemtheoretische Ansätze nicht aus, die Funktion zu klären, die soziale Systeme für die Individuen haben. Eine systemtheoretische Betrachtungsweise beschreibt zwar anschaulich, inwiefern zum Beispiel psychische Störungen der Patienten und Kontrolle des Personals einander bedingen und im Gleichgewicht halten. Die Krankenschwestern versorgen den Patienten, weil er so unselbständig ist, der Patient ist unselbständig, weil ihn die Krankenschwestern versorgen. Warum aber Patienten und Krankenschwestern nicht einfach aussteigen aus diesem Spiel und ihrer Vernunft folgen, bleibt unklar. Es sei denn, man hypostasiert ein allumfassendes systemisches Geflecht einander übergeordneter Systeme, deren Anforderungen einen jeden zwingen, in seiner Rolle zu verharren. Der Patient bleibt "krank", weil er damit die Stabilität der Familie sichert, die wiederum als Familie gestört bleiben muß, damit unser Sozialsystem nicht in Unordnung gerät, und so weiter. Aber im Grunde genommen wird dadurch das Problem auf immer umfassendere Ebenen verschoben, ohne eigentlich geklärt zu werden. Dagegen halten wir, daß soziale Systeme immer auch geeignet sein müssen, die Ängste der Individuen zu vermindern oder Triebbefriedigung zu ermöglichen. Soziale Systeme haben auch die Funktion von Abwehrorganisationen, und zwar für alle Beteiligten.

Das ist auch der Grund, warum Mitglieder sozialer Systeme ein Interesse daran haben, daß deren Gleichgewicht erhalten bleibt. Auch die Patienten erleichtern ihren Familien oder Behandlern Abwehrprozesse. *Colson* u.a. (1986) haben beobachtet, daß Patienten ihre Symptome zum Teil so wählen, daß sie den Behandlern die affektive Situation erträglicher gestalten. Für psychiatrische Krankenhäuser haben es *Stanton* und *Schwartz* (1954) auf die Formel gebracht, daß jedes psychopathologische Symptom eines Patienten auch ein Problem der Organisation Krankenhaus löst. Das heißt, die therapeutische Antwort des Personals auf die Symptome der Patienten kann man auch als Abwehrmanöver des Personals gegen eigene Ängste betrachten. Das macht das Buch von *Stanton* und *Schwartz* noch heute bedeutsam, obwohl die Realität des klinischen Alltags, die es beschreibt, inzwischen überholt ist. Ähnliches gilt für die Untersuchungen *Goffman*s (1961) in psychiatrischen Krankenhäusern. Auch seine Annahme, die er freilich mehr implizit als explizit äußert, war daß die Strukturen der totalen Institution Bedürfnissen des Personals und der Gesellschaft folgen. Wir gehen darum davon aus, daß sie sich, wenn auch mit Modifikationen, in jeder Anstalt finden lassen und somit für die therapeutische Arbeit genutzt werden müssen und nicht verleugnet werden dürfen (*Matakas* 1988).

Tageskliniken

Dschagarow hat 1932 in Moskau wohl als erster eine Tagesklinik eingerichtet. Danach folgten 1946 Tageskliniken in Montreal und 1948 in London (*Harris* 1957, *Luber* 1979). *Dschagarow* hatten ökonomische Gründe geleitet. Ihm fehlte das Personal, die Patienten auch nachts zu versorgen (*Pang* 1985). Kostengründe sind es bis heute, die als Argument für tagesklinische Behandlung herangezogen werden (*Greene* u. *De la Cruz* 1981, *Gudeman* u.a. 1985). Auf jeden Fall ist daran richtig, daß man mit dem üblichen Budget einer psychiatrischen Klinik in einer Tagesklinik durch Einsparung der Nachtbesetzungen personalintensiver arbeiten kann. Wenn therapeutische Überlegungen zur Gründung von Tageskliniken führten, dann standen bald auch psychoanalytisch orientierte Konzepte dahinter, so zuerst in London und an der Menninger Klinik in Topeka, USA (*Pang* 1985). In Deutschland entstand die erste Tagesklinik 1962 in Frankfurt (*Finzen* 1986).

Heute gibt es die gleichen Differenzierungen von Tageskliniken wie im stationären Bereich: Intensiveinheiten für akut Kranke, Rehabilitationseinrichtungen, Tagesstätten für chronisch Kranke (im angelsächsischen day hospital, bzw. day care center oder day center), Tageskliniken für Alkoholiker, für Kinder und Jugendliche, gerontopsychiatrische Tageskliniken, psychoanalytische, mehr medizinisch orientierte usw. (*Bosch* u. *Veltin* 1983, American Association for Partial Hospitalization 1976-1985, *Rosie* 1987). Normalerweise haben Tageskliniken 20 bis 40 Plätze, aber *Edwards* (1980) erwähnt in England eine mit 100 Plätzen.

Die Indikation für eine tagesklinische Behandlung ist nicht abhängig von der Diagnose, wie sich auch aus der tatsächlichen Aufnahmepolitik der Tageskliniken ergibt (*Bowman* u.a. 1983, *Dick* u.a. 1985). Die Patienten von Tageskliniken sind im allgemeinen jünger als die im stationären Bereich und haben festere Bindungen zu ihren Familien. Der typische Patient vieler Tageskliniken hat eine Psychose, war wiederholt in klinisch psychiatrischer Behandlung und ist oft daran interessiert, arbeitsfähig zu bleiben (z.B. *Sadow* u.a. 1984). Neben diesen Kriterien gibt es nur noch das, was man als Schwere der Erkrankung bezeichnen könnte, was tagesklinische von stationären Patienten unterscheidet (*Bowman* u.a. 1983, *Dick* u.a. 1985). Mit Schwere ist vor allem gemeint: bedrohliche Formen der Suizidalität, völliges Fehlen der Selbstkontrolle und Aggressivität. Andererseits ist es keine Frage, daß auch Tageskliniken geeignet sind, schwere Krisen zu bewältigen (*Comstock* u.a. 1985, *Steinhart* u. *Bosch* 1987).

Sieht man die Veröffentlichungen über tagesklinische Behandlung durch, so fallen zwei Dinge auf.[14] Erstens gibt es häufig das Problem,

---

14 Im folgenden eine Auflistung wichtiger Monographien über Tageskliniken aus dem deutschen und englischen Sprachraum. Bewertung von Tageskliniken im Versorgungsnetz der Kommunen mit Darstellung therapeutischer Programme: *Epps* u. *Hanes* (1964), *Luber* (1979), MIND (1980), *Bosch* u. *Veltin* (1983), Sozialpsychiatrische Informationen: "Tageskliniken, Berichte-Konzepte-Perspektiven" (1984); detaillierte Darstellung und Bewertung therapeutischer Konzepte von Tageskliniken: *Finzen* (1986), *Heigl-Evers* u.a. (1986), *Zwiebel* (1987), *Goldberg* (1988). - Diese Arbeiten sind im übrigen nicht entfernt so spannend zu lesen wie die Monographien über den stationären Bereich. Sie sind auch schwieriger in Bibliotheken zu beschaffen. Das Verrückte hat offensichtlich in der Anstalt, in der die Patienten auch leben, mehr Raum, um seine faszinierenden Aspekte zu entfalten.

daß Tageskliniken nicht ausreichend belegt werden (*Bosch* u. *Steinhart* 1983, *Milne* 1984), zweitens, daß sich tagesklinische Einrichtungen ungleich stärker als stationäre durch ihr therapeutisches Programm definieren (*Greene* u. *De la Cruz* 1981, *Milne* 1984, *Rosie* 1987). Man kann in der Tat in einer Tagesklinik schlecht nur einfach sein, wie es im stationären Bereich ja oft der Fall ist. Man geht dorthin des Programms wegen. Nicht der gemeinsame Aufenthaltsort, sondern die gemeinsame Aufgabe schafft auch die Gruppenkohäsion unter den Patienten (*Astrachan* u.a. 1970).

Vielleicht ist aber gerade das Programm auch ein Grund, warum die tagesklinische Behandlung weniger genutzt wird. Es geht den Patienten und den Instanzen, die sie einweisen, vielleicht öfter darum, für die Patienten ein Asyl zu finden, und weniger darum, etwas an den Verhältnissen zu verändern.

Die Tagesklinik Alteburger Straße

Der organisatorische und formale Rahmen

Die Tagesklinik Alteburger Straße ist durch eine private Initiative entstanden. Eine Gruppe von Ärzten, Sozialarbeitern und Krankenpflegekräften, deren Kern aus sechs Personen bestand, hat in den Jahren 1977 bis 1980 die Konzeption für die Klinik entwickelt. Mit Hilfe interessierter Bürger und der Unterstützung der zuständigen Behörden - hinzu kamen einige glückliche Umstände - war es möglich, ein geeignetes Gebäude zu finden sowie die nötigen Landesmittel und Anlaufmittel zu erhalten. Bedeutsam für die Realisierung war auch, daß die Stadt einen Mangel an stationären psychiatrischen Behandlungseinrichtungen hatte. Von den oben genannten Gründungsmitgliedern arbeiteten im Berichtszeitraum noch vier Personen, darunter der leitende Arzt, in der Klinik.

Psychiatrische Versorgungseinrichtungen in der Kommune

Die folgenden Zahlen beziehen sich auf den Zeitraum der Untersuchung, also das Jahr 1985. Die Zahl niedergelassener Nervenärzte oder Psychiater in der Stadt Köln (knapp eine Million Einwohner) betrug 41 (vgl. Stadt Köln 1987). Sieben von ihnen hatten eine Zulassung als Psychotherapeut. Es gab eine Nervenarztpraxis auf 24 000 Einwohner. Auch die Versorgung durch niedergelassene Psychoanalytiker war vergleichsweise gut, ihre Zahl belief sich auf etwa 30. Die Zahl der niedergelassenen therapeutisch tätigen Psychologen ließ sich nicht ermitteln. Die Versorgungssituation durch psychiatrische Kliniken war eher knapp. Es gab ein großes Landeskrankenhaus mit 480 Betten, ein weiteres Krankenhaus mit 350 Betten, überwiegend für chronisch Kranke, und die Universitätsklinik mit rund 90 Betten für psychiatrische Patienten. Zum Teil wurden psychisch Kranke von Landeskliniken der Nachbarstädte mitversorgt. Das Landeskrankenhaus hatte eine Tagesklinik für Alterskranke, die Universitätsnervenklinik eine allgemeinpsychiatrische Tagesklinik mit 10 Plätzen. Die Versorgung durch komplementäre Einrichtungen wie beschützende Werkstätten, Kontaktzentren für psychisch Kranke, psychosoziale

Dienste, Wohnheime war ebenso eher knapp. Das Stadtgebiet war nicht in Versorgungssektoren aufgeteilt.

Allgemeines zur Klinik

Die Tagesklinik Alteburger Straße ist ein psychiatrisches Fachkrankenhaus. Im Krankenhausbedarfsplan des Landes ist es mit 80 "Betten" als Sonderkrankenhaus für Psychiatrie ausgewiesen. Die Finanzierung des klinischen Betriebes erfolgt über die Pflegesätze der Krankenkassen und die üblichen Landeszuschüsse. Seit der Inbetriebnahme gibt es eine Institutionsambulanz. Träger der Klinik ist die gemeinnützige "Aktion gemeindenahe Psychiatrie Köln e.V.", die der Arbeiterwohlfahrt als korporatives Mitglied angeschlossen ist. Die Klinik hat die Rechtsform einer gemeinnützigen GmbH.

Die Klinik besteht aus sechs Stationen. Vier Stationen sind tagesklinische Einheiten, deren Kapazität mit je 14 Patienten festgelegt ist. Die tatsächliche Belegung kann bis zu 16 Patienten pro Einheit betragen. Zwei Stationen sind im Untersuchungszeitraum Vollstationen mit je 12 Betten und je einem "Überbett".

Die räumliche Ausstattung

Man betritt das Haupthaus, dessen Fassade ganz mit Kletterpflanzen begrünt ist, von der Straßenseite und trifft im Erdgeschoß zunächst auf die Ambulanz. Die Ambulanz besteht aus einem Empfangsraum, einem Warteraum, mehreren Beratungszimmern und einem sogenannten Notfallzimmer. Im Haupthaus sind auf den insgesamt vier Etagen die sechs Stationen untergebracht. Im Souterrain befinden sich ein Gymnastikraum sowie mehrere Räume für die Beschäftigungs-, Gestaltungs- und Werktherapie.

Hinter dem Haupthaus gibt es einen bepflanzten Hof, über den man das Hinterhaus erreicht. Das Hinterhaus enthält Räume für therapeutische Zwecke, Wohnungen für Hausmeister, Arbeits- und Konferenzräume, die Räumlichkeiten für Betriebsrat und Klinikleitung. Im Erdgeschoß residiert die sogenannte Teestube, eine von externen Betreuern unterhaltene Einrichtung, insbesondere für entlassene Patienten.

Die räumliche Ausstattung der tagesklinischen Stationen ist mehr oder weniger einheitlich. Sie umfaßt einen großen Raum für Gruppenveranstaltungen, einen Speiseraum, eine kleine Küche und einen Ruheraum. Zu den Stationen gehören ferner ein sogenanntes Teamzimmer sowie je ein Raum für die beiden Ärzte und für den Sozialarbeiter. Die Vollstationen haben jeweils fünf Zweibettzimmer und ein Dreibettzimmer. Bis auf den Ruheraum, der ihnen fehlt, haben sie ansonsten die gleiche Raumausstattung wie die tagesklinischen Stationen. Die beiden Vollstationen werden offen geführt, jedoch wird der Stationseingang lückenlos kontrolliert. Insgesamt sind die räumlichen Verhältnisse eng, die meisten Räume sind klein.

Die Klinik ist bewußt nicht wie ein übliches Krankenhaus eingerichtet. Alles ist mehr auf Wohnlichkeit und Bequemlichkeit hin gestaltet. Die Betten sind normale Holzbetten und keine Krankenhausbetten. In mancher Küche steht ein Küchenbuffet wie aus "Omas Wohnküche". Jedes Stationsteam hat sein Mobiliar eigenhändig ausgesucht.

Die personelle Ausstattung

Die Ambulanz ist mit zwei Arzthelferinnen besetzt, deren Aufgabe es ist, die Patienten zu empfangen, Telefongespräche anzunehmen, und weiterzuleiten und Schreibarbeiten zu erledigen. Darüberhinaus gibt es kein festes Ambulanzteam.

Die Zahl der Krankenscheine umfaßt rund 400 im Quartal. Ambulante Notfallberatungen werden ungefähr 2.000 im Jahr (1988) durchgeführt, davon etwa ein Drittel abends, nachts und an Wochenenden.

Das Behandlungsteam der Stationen besteht aus je zwei Ärzten (ein Mann und eine Frau), 2 Krankenpflegekräften (ebenfalls Mann und Frau) auf den tagesklinischen, 11,5 auf den Vollstationen, einem Sozialarbeiter und einer halben Stelle für einen Beschäftigungs- oder Gestaltungstherapeuten. Hinzu kommt stundenweise eine Stationshilfe, die die Station sauber hält. Während des Untersuchungszeitraums war auf vier Stationen jeweils einer der Ärzte Gebietsarzt für Psychiatrie, verfügte über umfangreiche Erfahrungen in der analytischen Psychotherapie und hatte den Status eines Oberarztes. Fast alle Sozialarbeiter hatten eine Zusatzausbildung in einer psychotherapeutischen Methode. Die überwiegende Mehrzahl des Pflegepersonals hat sich einer Psychotherapie oder Analyse unterzogen oder wenigstens eine gewisse Selbsterfahrung.

Die Verwaltung umfaßt insgesamt 5 Planstellen, einschließlich zweier Sekretärinnen. Die Leitung besteht aus leitendem Arzt, leitender Krankenpflegekraft und Verwaltungsleiterin.

Ambulanz

Jeder Arzt macht im Durchschnitt einen halben Tag in der Woche Ambulanz-Notdienst, das heißt, er steht in dieser Zeit Patienten zur Verfügung, die ohne Voranmeldung in der Ambulanz erscheinen. Daneben hat er zwei bis fünf feste Termine pro Woche für Untersuchungen und Behandlung ambulanter Patienten. Die meisten dieser Termine sind Ersttermine, gelten also der Abklärung, ob bei Patienten, die erstmals die Klinik aufsuchen, eine klinische Behandlung indiziert ist. Von den Arzthelferinnen der Ambulanz werden Patienten, die sich anmelden, auf diese Termine verteilt. Ein offizielles Angebot für ambulante Behandlungen gibt es nicht. Von der ärztlichen Leitung wird den Ärzten, bedingt auch den Sozialarbeitern, nahegelegt, in gewissem Umfang mittel- und längerfristige ambulante Nachbehandlung anzubieten. Dies geschieht jedoch nur vereinzelt. Es gibt einige Ärzte, die aus persönlicher Neigung ambulante psychotherapeutische Behandlungen durchführen. Es gibt auch vereinzelt therapeutische Gruppen, die über einen längeren Zeitraum von Ärzten oder Sozialarbeitern ambulant durchgeführt werden.

Rahmenbedingungen der Therapie

Es gibt kein festes Versorgungsgebiet für die Tagesklinik Alteburger Straße. Sie ist frei in der Auswahl der Patienten. Die Krankenhausleitung hat aber im Konsens mit den Mitarbeitern festgelegt, daß nur Patienten aus der Stadt Köln und der nächsten Umgebung behandelt werden.

Die therapeutischen Teams müssen bei ihrer Arbeit gewisse Vorgaben beachten. Sie müssen im Jahresdurchschnitt eine Belegung von 90% erreichen. Die durchschnittliche Verweildauer soll für die tagesklinische Behandlung nicht über 90 Tagen, für die Vollstationen nicht über 45 Tagen liegen. Dabei sind jeweils die Wochenenden mitgezählt. Diese Eckdaten werden von der Leitung sehr streng überwacht.

Jedes Team ist für die Aufnahme, klinische Behandlung und Nachsorge seiner Patienten verantwortlich. Eine Verlegung soll nicht erfolgen, außer zwischen tagesklinischen Stationen und Vollstationen. Eine tagesklinische Einheit kann einen Patienten zu jeder Zeit auf die Vollstation verlegen, wenn das der Zustand des Patienten erforderlich macht. Es ist auch möglich, einen Patienten als sogenannten Gastschläfer für die Nacht oder das Wochenende auf eine Vollstation zu verlegen. Dies darf jedoch nicht für mehr als 3 Tage geschehen. Danach muß eine Verlegung erfolgen. Die Vollstationen sind auch gehalten, Patienten nach dem Abklingen akuter Erkrankungen in den tagesklinischen Bereich zu verlegen. Dies geschieht jedoch nur in eingeschränktem Umfang.

Das therapeutische Konzept der Tagesklinik Alteburger Straße

Die Gründer der Klinik hatten bei ihren Planungen und Vorbereitungen eine bestimmte therapeutische Konzeption im Auge. Ihnen ging es nicht nur darum, einen Mangel an psychiatrischen Krankenhäusern in der Stadt zu mindern, sondern auch darum, eine bestimmte Form psychiatrischer Behandlung zu realisieren. Die Diskussion des therapeutischen Konzepts war darum von vornherein eine alle Mitarbeiter verbindende Aufgabe. Es hat eine ständige Entwicklung des Konzepts gegeben. Mit den Jahren haben sich einige nicht mehr in Frage gestellte Grundsätze herauskristallisiert. Diese Grundsätze formulieren natürlich nicht in jedem Punkt die Realität, sondern die Ziele der therapeutischen Arbeit, denen die Praxis in sehr verschiedener Weise nahekommt.

Aufnahmeindikation

(1) Voraussetzungen für eine Aufnahme sind die Diagnosen:
- endogene Psychose,
- organische Psychose,
- Borderline-Syndrom,
- Persönlichkeitsstörung oder neurotische Störung, wenn sie zu einer schweren sozialen Dekompensation geführt hat,
- psychosomatische Erkrankungen, wenn für den Patienten die psychogenen Faktoren im Vordergrund stehen und die organische Behandlung nicht zu kompliziert ist.

Ausgeschlossen ist die Behandlung,
- wenn intensive körperliche Pflege notwendig ist, gleichgültig bei welcher Diagnose,
- bei primärer Alkohol-, Medikamenten-, Drogenabhängigkeit,
- bei schwerer Kriminalität, die einschneidende äußere Kontrolle notwendig macht.

(2) Nach dem Therapieziel definiert, gibt es folgende Aufnahmeindikationen:
- Beseitigung von Symptomen, die die soziale Funktionsfähigkeit der Patienten erheblich beeinträchtigen,
- psychotherapeutische Bearbeitung eines Focus,
- Stabilisierung und Ordnung eines Familiensystems, um dem Indexpatienten eine Entwicklung möglich zu machen oder ihn wenigstens zu stabilisieren,
- Anleitung und Hilfe bei Übernahme der Mutterrolle, durch die Aufnahme von Mutter und Kind,[1]
- medikamentöse Einstellung, wenn ambulant zu schwierig,
- Gutachterauftrag.

---

1 Zur Indikation, mit der Mutter auch das Kind aufzunehmen, vgl. *Matakas* (1985).

(3) Indikation für eine stationäre Behandlung ist:
- Der Patient ist aufgrund seiner Symptomatik nicht in der Lage, einfachste lebenspraktische Dinge zu regeln,
- Suizidalität oder Aggressivität sind nicht anders beherrschbar als durch ständige Kontrolle,
- Der Patient hat keinen festen Wohnsitz, braucht aber klinische Behandlung.

Die Indikation zur tagesklinischen Behandlung ist gegeben, wenn wenigstens ein Punkt aus (1) und einer aus (2) gegeben ist. Die Indikation für eine stationäre Behandlung ist gegeben, wenn zusätzlich ein Punkt aus (3) gegeben ist.

Die Instrumente der Behandlung

Zum therapeutischen Instrumentarium der Tagesklinik Alteburger Straße gehören:
- Milieutherapie,
- analytische Psychotherapie,
- Familientherapie,
- soziale Hilfen,
- Gestaltungstherapie,
- Bewegungstherapie,
- körperliche Behandlung, insbesondere durch Medikamente,
- rechtliche Maßnahmen.

Milieutherapie sollte bedeuten, daß bei allem, was im Krankenhaus mit den Patienten geschieht, therapeutische Gesichtspunkte berücksichtigt werden. Jede Tätigkeit soll dem Patienten helfen, seine seelische Stabilität wiederzugewinnen. Milieutherapie heißt nicht, daß alles, was mit dem Patienten passiert, Therapie ist. Wenn der Patient zum Beispiel spazierengeht oder sein Zimmer saubermacht, ist das nicht Therapie, sondern ein Vergnügen, beziehungsweise Arbeit. Aber es ist wichtig, daß der Patient seine psychischen und die daraus folgenden sozialen Probleme möglichst in allen Lebensbereichen verfolgen kann. Unter Umständen fordern auch therapeutische Überlegungen, daß der Patient Vergnügen hat oder arbeitet.

Analytische Psychotherapie wird in der Tagesklinik nach Grundsätzen der auf *Sigmund Freud* zurückgehenden Psychoanalyse durchgeführt. Diese Festlegung ist notwendig, um die Arbeit überprüfbar zu machen und für die Therapeuten eine Atmosphäre ständigen Lernens zu ermöglichen. Jedoch ist die Psychoanalyse nicht nur eine Behandlungsmethode, sondern vor allem eine Theorie, mit deren Hilfe

Entwicklung, Bedeutung und Beeinflußbarkeit psychischer Störungen verstanden werden können.

Psychoanalytische Psychotherapie kann dem Patienten Einsicht darein vermitteln, wie er wahrnimmt, empfindet und handelt. Wegen der Kürze der Behandlung hat die Psychotherapie in der Klinik immer einen Focus. Psychotherapie hat oft das Ziel, steckengebliebene Entwicklungsprozesse zu befördern. Hierbei ist es wichtig zu entscheiden, ob die Entwicklung des Patienten ohne die Familie geschehen kann oder ob der Patient nur eine Chance hat, wenn mit ihm das Familiensystem behandelt wird. Ob nun dabei für den einzelnen Patienten nur Gruppenveranstaltungen oder Einzeltherapie von Bedeutung sind oder etwa Familiensitzungen, hängt davon ab, wie sehr der Patient diese besonderen Therapieformen für sich nutzen kann.

Familientherapie: Gut strukturierte Patienten können die Beziehungen zu ihrer Familie autonom gestalten. Aber viele Krankenhauspatienten versuchen durch ihre Behandlung auch ihrer Familie zu helfen. Darum muß zu Beginn der Behandlung klargestellt werden, wie gegebenenfalls der Behandlungsauftrag der Familie lautet. Die Behandlung muß in diesen Fällen nicht nur das Wohlergehen des Patienten, sondern auch das seiner Familie gleichgewichtig im Blickfeld haben. Familientherapie bei Klinikpatienten bedeutet nicht notwendigerweise, mit der Familie ständig Sitzungen zu vereinbaren. Familientherapie mit Klinikpatienten heißt in erster Linie, den Patienten als einen Abgesandten der Familie zu betrachten.

Das Behandlungsteam

Die Behandlung der Patienten erfolgt durch ein Team. Für jede Berufsgruppe sind die Aufgaben definiert. Das ist wichtig zur Orientierung der Patienten und für die psychische Stabilität der Mitarbeiter.

Krankenschwestern und Krankenpfleger sollen sich die Triebwünsche und Gefühle der Patienten so zu eigen machen, daß sich der Patient in dem, was er will und was er befürchtet, verstanden fühlt. Es geht dabei um eine emotionale Übereinstimmung. Auf der anderen Seite müssen Krankenschwestern und -pfleger die Realität des Patienten kennen und dem Patienten helfen, sie anzuerkennen. Ihre Aufgabe ist nicht die Erklärung und Deutung. Sie helfen dem Patienten, indem sie ihm nahe sind, bei der Bewältigung der Realität. Zum Beispiel empfinden sie die Trägheit des Patienten und bringen es doch fertig, daß er sein Bett macht. Die Aufgabe von Schwestern und Pflegern ist emotional die schwierigste und nur möglich, wenn das Team, insbesondere die Ärzte, genügend Halt bieten.

Ärzte sind mehr für den rationalen Teil der Behandlung zuständig:

Diagnostik, Festlegung der therapeutischen Maßnahmen. Sie erklären und deuten, wenn nötig und in dem dafür geschaffenen Rahmen. Ihre wichtigste Aufgabe ist die Integration des Teams und seiner Aktivitäten.

Sozialarbeiter und Sozialpädagogen sind in erster Linie für die Klärung der realen Lebensverhältnisse der Patienten zuständig, soweit dies zur Erreichung des Therapieziels notwendig ist. Sie helfen einerseits dem Patienten, so viel Unterstützung in Anspruch zu nehmen wie nötig, andererseits fördern sie auch seine Unabhängigkeit.

Gestaltungstherapeuten bieten den Patienten die Möglichkeit, inneren Empfindungen einen Ausdruck zu verschaffen. Ihr Ziel ist nicht, daß der Patient sich traut, Inneres einfach nach außen zu kehren. Der Patient soll vielmehr in der gestalterischen Arbeit erfahren, daß seine subjektive Empfindung für andere erkennbar und verstehbar wird, wenn er ihr eine angemessene Form und Struktur gibt. Der Patient macht dadurch einen wichtigen Übungsschritt zur Begrenzung seines Selbst.

Bewegungstherapeuten üben mit dem Patienten, den Körper zu fühlen.

Sportlehrer üben mit dem Patienten körperliche Fähigkeiten.

Verwaltung mit Ambulanz und Wirtschaftsbereich gehören nicht zum therapeutischen Bereich.

Das Behandlungsteam sollte jedem Patienten die Möglichkeit geben, seine Psychodynamik zu entfalten. Zugleich soll es den Patienten in der Gruppe sicher halten. Um dies leisten zu können, muß auch im Team jeder Mitarbeiter die Freiheit haben, sich zu entfalten und sich dabei von der Teamgemeinschaft gehalten wissen. Das Team muß also starke integrative Kräfte besitzen, um ebenso regressive wie strukturierende Prozesse bei den Patienten und bei sich selbst zuzulassen. Ein Team braucht sicher viel Zeit, um diese Kräfte zu entwickeln. Es braucht dazu auch einen Leiter, der aufgrund seiner Position größere Distanz zu den Patienten und zu allen Mitgliedern des Teams halten kann. Der Leiter repräsentiert das Team nach außen und strukturiert es nach innen. Er achtet auf die Grenzen des Teams, schützt es vor Übergriffen[2] und sichert die Kooperation mit den anderen Teilen des Krankenhauses. Leiten kann, wer ausreichende Kom-

---

[2] *Smith* und *King* (1975) haben mit Hilfe psycho- und soziometrischer Untersuchungen an zahlreichen psychiatrischen Krankenhäusern der USA untersucht, welche Organisationsform einer Station die Fähigkeit der Patienten, sich wieder in ihre soziale Umwelt zu integrieren, positiv beeinflußt. Einer der wichtigsten Faktoren ist danach, daß Teams eine ausreichende Autonomie in ihren therapeutischen Entscheidungen haben. Doch muß dabei eine gute Koordination mit den übergeordneten Entscheidungsebenen gesichert sein.

petenz in Fachfragen hat, über genügend integrative Kraft verfügt und wer in diesen Fähigkeiten vom Team und der Krankenhausleitung anerkannt wird.

Die psychotherapeutische Behandlung schwerst gestörter Patienten setzt im Behandlungsteam eine Vielzahl von verdrängten Triebzielen und Affekten frei. Für eine psychoanalytische Arbeit ist darum eine analytische Supervision des Teams durch einen unabhängigen Supervisor notwendig. Für die Ärzte ist eine psychoanalytische Selbsterfahrung Voraussetzung für ihre Arbeit. Daneben ist es aber für alle Mitarbeiter empfehlenswert, sich einer psychoanalytischen Gruppen- oder Einzelbehandlung zu unterziehen. Es schützt sie vor emotionaler Ausbeutung in der Arbeit und verbessert ihre Kompetenz.

In einer Klinik, die psychotherapeutisch arbeitet, muß das Klima offen bleiben für ungebundene Affekte und Phantasien. Heftige Reaktionen mit entsprechenden Abwehrmanövern sind darum unter den Mitarbeitern bis zu einem gewissen Grade unvermeidlich.

Das therapeutische Wochenprogramm

Die Patienten nehmen grundsätzlich an allen Veranstaltungen teil. Nur bei schweren psychischen Dysfunktionen wird die Teilnahme begrenzt. Keine Gruppe wird von weniger als zwei therapeutischen Mitarbeitern geleitet.

Die tägliche Stationskonferenz wird von einem Mitglied des Pflegepersonals geleitet. Die Ärzte, Sozialarbeiter, Gestaltungstherapeuten nehmen grundsätzlich daran teil, jedoch nicht ständig und nicht alle auf einmal. Sie dient montags der retrospektiven, freitags der prospektiven Wochenendbesprechung. Was hat der Patient am Wochenende für Erlebnisse gehabt? Was plant er für das bevorstehende Wochenende? Die Berichte werden von Patienten und Therapeuten hinsichtlich ihrer realen Bedeutung für die Patienten diskutiert. War der Besuch bei einem alten Freund erfreulich oder enttäuschend? Hat diese Beziehung eine Zukunft? - Zwei Tage in der Woche dient die Stationskonferenz der organisatorischen Klärung des Zusammenlebens. Warum klappt der Küchendienst nicht? Warum kommt Herr M. zu spät? Wie ist der Streit zwischen Frau X und Herrn Y zustande gekommen, wie zu bewerten? Natürlich lassen sich bei solchen Besprechungen dynamische Aspekte nicht ausklammern, das wird auch nicht angestrebt. Doch steht die Dynamik nicht im Vordergrund. Sie wird nur soweit berücksichtigt, wie Patienten und Therapeuten dabei von einem bekannten Faktum ausgehen können.

An der Therapiebesprechung, die einmal in der Woche stattfindet, nehmen alle Therapeuten und Patienten teil. Meist wird sie von einem Arzt geleitet. Sie dient der Besprechung der Therapieziele und des Therapieverlaufs. Warum kommt ein Patient in die Klinik? Soll die Suche nach den auslösenden Faktoren einer Depression das Ziel sein? Im anderen Fall ist das Ziel vielleicht, daß eine zerbrochene Ehe bewältigt werden muß. In analoger Weise wird der Verlauf der Behandlung besprochen. Soll der Patient seine Konflikte mit dem Vater weiter besprechen? Braucht er dafür besondere Hilfen? Sind Paargespräche notwendig, einen Ehekonflikt zu klären? Diese Therapiebesprechung mit den Patienten wird durch eine Therapiebesprechung im Behandlungsteam vorbereitet.

Inhalt der soziotherapeutischen Gruppen, die zweimal in der Woche stattfinden, ist die außerklinische soziale Situation der Patienten. Das Schwergewicht liegt hierbei auf den realen Gegebenheiten: Unterhalt, Wohnung, Beruf sind Hauptthemen. Die Themen werden gegebenenfalls aktiv von den Sozialarbeitern angesprochen.

In der gestaltungstherapeutischen Arbeit sollen die Patienten einen realen Ausdruck für ihr inneres Erleben finden. Meist geht es also um freies Gestalten durch Malen, Töpfern und ähnliches. Die Gestaltungstherapeuten legen das Hauptgewicht auf die Entwicklung der Form, also auf die Begrenzung und Kanalisierung innerer Regungen. Manchmal steht auch handwerkliche Arbeit im Vordergrund. Das Material der Patienten wird auch zur Diagnostik verwendet: Verrät ein Bild eine verborgene Depression?

In den Außenaktivitäten sollen die Patienten in Begleitung einer Pflegekraft gemeinsam lohnenswerte Ziele außerhalb der Klinik besuchen. Das kann ein Museeum sein, auch ein Spaziergang.

Die psychotherapeutische Gruppe wird von einem Arzt geleitet. Es nehmen zwei Ärzte und meist noch ein weiterer Therapeut daran teil. Sie findet zweimal in der Woche, je eineinhalb Stunde, statt. Die Aufgabe der Gruppe ist es, den Patienten Gelegenheit zu geben, ihre Beziehungen zueinander und zu den Therapeuten zu erforschen. Sie haben so die Möglichkeit zu erkennen, welche Beziehungsmuster sie zu anderen Menschen realisieren. Die Gruppen werden nach analytischen Gesichtspunkten geleitet. Es gibt keine Themenvorgaben. Alle Ereignisse des Klinikalltags gelten als Material. Da die Gruppen Patienten mit Neurosen wie Psychosen umfassen, ist es manchmal problematisch, die richtige Deutungsebene zu finden; denn Deutung unbewußter Vorgänge gehört grundsätzlich zur Technik dieser Gruppen. Diese Gruppenveranstaltungen gibt es nicht im stationären Bereich.

Einzelgespräche können von allen Therapeuten durchgeführt werden, jedoch mit unterschiedlicher Zielsetzung. Die Ärzte erheben die Biographie und Krankheitsanamnese. Sie können einzelne oder Serien von Sitzungen vereinbaren, um schwierige, in der Gruppe nicht klärbare Probleme zu bearbeiten. Sie führen aber keine begleitende psychotherapeutische Einzelbehandlung durch. Die Sozialarbeiter machen die Sozialanamnese und vielfach Einzelberatungen in komplizierteren Detailfragen. Sie begleiten die Patienten unter Umständen zu Ämtern. Die Gestaltungs- und Bewegungstherapeuten können mit einzelnen Patienten begleitende Einzeltherapien von 1 bis 3 Stunden pro Woche vereinbaren, wenn dies dem Team als eine geeignete therapeutische Strategie erscheint. Das Pflegepersonal hat in der Regel eine Vielzahl von informellen Einzelkontakten im Laufe des Tages. Mitunter gibt es spezielle Zuständigkeiten der Art, daß eine Schwester sich in besonderer Weise um eine Patientin kümmert, auch mit dem Ziel, ihr bei der Bewältigung lebenspraktischer Dinge zu helfen. Im stationären Bereich übt das Pflegepersonal auch die notwendigen Kontrollen aus, bewacht also die Stationstür, kontrolliert einen suizidalen Patienten und so weiter. Wenn Mütter mit Säugling, etwa im Falle einer schweren Wochenbettpsychose, aufgenommen werden, hat das Pflegepersonal auch die Verantwortung dafür, daß die Mutter ihr Kind angemessen versorgt, und gibt ihr die notwendige Unterstützung.

Wochenabschlußrunde: Auf den tagesklinischen Stationen wird in ihr, bei Teilnahme aller Therapeuten, der Übergang von der Arbeitswoche zum therapiefreien Wochenende mit den Patienten besprochen. Das Schwergewicht liegt auf der Frage, wie die Patienten das Wochenende bestehen, was vielfach wegen der Schwere der Störungen besonderer Vorkehrungen bedarf (zum Beispiel Kontakt mit dem diensthabenden Arzt der Klinik an den arbeitsfreien Tagen).

Die Patienten der Untersuchung

Der folgende Abschnitt charakterisiert die Patienten, die die Grundlage der Untersuchung bilden. Er unterscheidet sich insofern vom übrigen, als er "objektive" Daten enthält. Hier wurden die Daten direkt von den Patienten übernommen, während es im Hauptteil des Buches ausschließlich um die Vorstellungen der Therapeuten über ihre Patienten geht. Um die in diesem Abschnitt mitgeteilten Zahlen bewertbar zu machen, ist vielfach, besonders in den Tabellen des Anhangs, auf Vergleichsdaten anderer psychiatrischer Einrichtungen Bezug genommen. Diese Vergleiche müssen jedoch mit Vorsicht bewertet werden, es gibt nämlich keine repräsentativen Daten. Jede Einrichtung hat ihre spezifischen Selektionsmechanismen. Selbst ein so einfacher Sachverhalt wie die Geschlechtsverteilung wird von schwer abschätzbaren Faktoren beeinflußt und ist darum unterschiedlich in Einrichtungen, die sonst vergleichbar sind. Für die Diagnosestruktur oder die soziale Schichtzugehörigkeit gilt das in noch größerem Maße. Der Wert der zitierten Vergleichsdaten liegt also nur darin, das Patientenprofil der Tagesklinik Alteburger Straße im Unterschied zu anderen Einrichtungen klarer hervortreten zu lassen.

Im Erhebungszeitraum konsultierten 283 Patienten die Klinik mit der Frage nach einer geeigneten psychiatrischen Behandlung. Von diesen wurden 101 aufgenommen (vgl. Anhang, S. 191ff.).

Alter, Geschlecht, Familienstand

Die Altersstruktur der 283 Patienten, die die Tagesklinik ambulant aufsuchten, zeigt signifikante Unterschiede zur Gesamtbevölkerung der Stadt Köln (vgl. Tab.1). Die Jüngeren sind erheblich über-, die Älteren unterrepräsentiert. Die 18- bis 30jährigen machen mit fast der Hälfte den Hauptteil der Patienten der Tagesklinik aus. Aufgenommene und abgewiesene Patienten unterscheiden sich hinsichtlich der Altersstruktur nicht signifikant. Diese Altersstruktur der Patienten findet sich auch in anderen Tageskliniken, sowohl der Bundesrepublik wie anderer Länder (*Bowman* u.a. 1983, *Dziewas* u.a. 1983, *Rock-*

stroh 1984). Dagegen entspricht die Altersstruktur der Patienten der großen psychiatrischen Krankenhäuser[1] der Gesamtbevölkerung.

Wir sind den Gründen für diese ungleiche Altersstruktur nicht weiter nachgegangen. Doch liegt es nahe zu vermuten, daß die großen Kliniken Behandlungsinstitutionen sind, in die vielfach Patienten gehen oder geschickt werden, die selbst oder deren Ärzte weniger Hoffnung haben, daß sich durch therapeutische Anstrengungen etwas an ihrer psychischen Verfassung ändern läßt. Die Ärzte der Tagesklinik beklagen im übrigen im allgemeinen den geringen Anteil älterer Patienten. Jedoch führt das nicht dazu, daß durch Bevorzugung älterer Patienten bei den Aufnahmeentscheidungen die Altersstruktur der Patienten in dem gewünschten Sinn korrigiert würde.

Frauen überwiegen deutlich gegenüber Männern bei den psychisch Kranken in allgemeinärztlicher und nervenärztlicher Behandlung (*Zintl-Wiegand* u.a. 1978). Auch die Tagesklinik Alteburger Straße wird mehr von Frauen als von Männern in Anspruch genommen. Bei der Auswahl der Patienten verhalten sich die Therapeuten der Tagesklinik gegenüber diesem sozialen Merkmal passiv. Auch von den aufgenommenen Patienten sind fast zwei Drittel Frauen. In der Rheinischen Landesklinik Köln werden demgegenüber mehr Männer als Frauen behandelt (LVR 1985). Berücksichtigt man aber, daß über ein Drittel aller Aufnahmen dieser Klinik Patienten mit Alkoholismus betreffen, bei denen die Männer sehr stark überwiegen (*Matakas* u.a. 1984), und korrigiert man die Zahlen entsprechend, dann kommt auch für die Rheinische Landesklinik Köln eine Geschlechtsverteilung heraus, die ziemlich genau der anderer Einrichtungen entspricht, die weit weniger Suchtkranke behandeln.

Frauen finden leichter den Weg zu einer psychiatrischen oder psychotherapeutischen Behandlung (*Goldberg* u. *Huxley* 1980, *Robins* u.a. 1984). Das erklärt ihren durchweg größeren Anteil an Patienten. Aber es scheint, bei breiter Anwendung diagnostischer Kriterien, daß sie nicht häufiger an psychischen Störungen leiden. Frauen neigen eher zu affektiven Störungen, während bei Männern Sucht und Persönlichkeitsstörungen im Vordergrund stehen (*Robins* u.a. 1984). Während Depression und Angst dem davon Betroffenen deutlich machen, daß er ein psychisches Problem hat, führen Sucht und Persönlichkeitsstörung sicher häufiger zu sozialem Agieren. Das verschleiert

---

[1] Die Rheinischen Landeskliniken, auf die wir uns in diesem wie in ähnlichen Fällen beziehen, sind nach *Bauer* (1977) hinsichtlich ihrer Klientel repräsentativ für die Gesamtheit der psychiatrischen Krankenhäuser des (alten) Bundesgebietes.

dem Betroffenen wie der Umgebung eher, daß es sich um eine behandlungsbedürftige und behandlungsfähige Störung handelt.

Der Anteil der Ledigen ist mit ziemlich genau zwei Drittel an der Gesamtheit der die Ambulanz aufsuchenden Patienten wesentlich höher als in der Gesamtbevölkerung (40 %). Auch der Anteil der Getrenntlebenden und Geschiedenen ist mit 10 Prozent vor der Aufnahme und 15 Prozent nach Aufnahme hoch. Vergleicht man die Gesamtheit der Patienten mit den aufgenommenen, so ergibt sich hier ansonsten kein selektiver Prozeß.

Die hohe Zahl der Ledigen muß man im Zusammenhang mit dem übergroßen Anteil der unter 30jährigen sehen. Jedoch sind die Verheirateten in der Tagesklinik - verglichen mit der Gesamtbevölkerung - auch in den Altersgruppen über 30 unterrepräsentiert. Auch der hohe Anteil der Studenten und Auszubildenden, die verzögert eine eigene Familie gründen, mag dabei eine Rolle spielen. Aber natürlich kommt hinzu, daß Menschen mit schweren psychischen Störungen zu einer Bindung, wie sie eine Ehe darstellt, weniger in der Lage sind. Von der engen Verknüpfung psychischer Störungen mit Beziehungsproblemen im sozialen Bereich wird im Hauptteil dieses Buches eingehend die Rede sein.

Soziale Schicht

Zur Bestimmung der sozialen Schicht der Patienten verwendeten wir das Schichtenmodell von *Kleining* und *Moore* (1968), das als Kriterium den Beruf zugrunde legt. Zur Einordnung der Berufe benutzten wir die Skala von *Scheuch* (1965).

Wir haben aber Schicht I und II, weil keiner der Patienten zur Schicht I gehörte, sowie VI und VII, weil die Zahlen hier klein waren, zusammengefaßt. So ergaben sich 5 Schichten; I Oberschicht und obere Mittelschicht, II mittlere Mittelschicht, III untere Mittelschicht, IV obere Unterschicht, V untere Unterschicht. Die Klassifizierung der Patienten nach diesem Schema wurde jedoch dadurch kompliziert, daß fast die Hälfte der Patienten, unter anderem wegen des jugendlichen Alters, noch gar keinen festen Beruf hatte. Sie wurden, um überhaupt eine Einteilung vornehmen zu können, so eingestuft, als ob sie den durch die Ausbildung angestrebten Beruf schon erreicht hätten. Dadurch hat die Klassifikation aber einen systematischen Fehler, der die Patienten zu hoch einschätzt; denn ein Großteil der Patienten wird aufgrund ihrer psychischen Erkrankung nie einen Ausbildungsabschluß erreichen oder wird im weiteren Verlauf Berufe einer niedrigeren Schicht ergreifen.

Was unsere aufgenommenen Patienten betrifft, so war die obere Mittelschicht mit 28 Prozent gegenüber der Stadtbevölkerung (13 %) erheblich über-, die Grundschicht (IV + V) mit 13 Prozent (29 %) unterrepräsentiert (vgl. Tab. 2). Es hat beim Aufnahmeprozeß eine Verschiebung zur oberen Schicht gegeben. Dieser Unterschied zur Allgemeinbevölkerung wird noch größer, wenn man berücksichtigt, daß Angehörige der Grundschicht in der Regel häufiger behandlungsbedürftige psychiatrische Krankheiten aufweisen (*Hollingshead* u. *Redlich* 1958, *Dilling* u. *Weyerer* 1978).

Dieser Sachverhalt ist jedoch vor dem Hintergrund zweier Dinge zu sehen. Zum einen ist der Anteil der jungen Patienten in der Tagesklinik Alteburger Straße unverhältnismäßig hoch. Unter den Jahrgängen, die zum Zeitpunkt der Untersuchung zwischen 20 und 30 Jahre alt waren, ist der Bildungsstand um ein Vielfaches höher als bei älteren Gruppen (Stat. Bundesamt 1987, S. 354, Amt für Statistik u. Einwohnerwesen der Stadt Köln 1986). Die Variablen Alter und Schichtzugehörigkeit sind somit teilweise korreliert, und der relativ große Anteil der Patienten, die einer höheren Schicht angehören, dürfte durch das geringe Durchschnittsalter mitbedingt sein. Zum anderen sei auf die bereits erwähnte Tatsache verwiesen, daß viele der Patienten nach einigen Jahren eine soziale Abwärtsbewegung gemacht haben werden. Sie werden das Studium oder die Ausbildung nicht abschließen, keine Arbeit haben (*Ebringer* u. *Christie-Brown* 1980) oder einen Beruf ausüben, der sozial niedriger eingestuft ist als der angestrebte (*Eaton* 1980). Wenn von den Patienten unserer Untersuchung, die aufgenommen wurden, nur rund ein Fünftel nicht den sozialen Status halten oder erreichen, mit dem sie aufgenommen wurden oder den sie bei der Aufnahme anstrebten, dann entspricht die Verteilung schon dem Bevölkerungsdurchschnitt.

Die geringe Repräsentanz der Unterschichten mag aber auch darin begründet sein, daß Angehörige der Unterschicht spezifische Widerstände gegen psychotherapeutische Methoden haben. Psychotherapeuten gehören der Mittelschicht an. Wenn sie Arme oder Reiche behandeln, gibt es einen Schichtunterschied zwischen Therapeut und Patient.[2] Das schafft Probleme, die sich mit den Mitteln der Psychotherapie nur schwer angehen lassen. Die Bindung eines Menschen an eine soziale Klasse hat auch die Funktion einer Abwehr. Deren Lok-

---

2 Angehörige der Unterschicht finden nach wie vor schwerer den Weg zum Psychotherapeuten, obwohl sie ihn mehr bräuchten. Daran hat sich seit der New Haven Studie wohl nicht viel geändert (*Calov* 1973, *Robins* u.a. 1984). Das einzig wirksame Mittel, Unterschichtangehörigen Zugang zur Psychotherapie zu verschaffen, scheint eine Einbindung psychotherapeutischer Dienste in die psychiatrische Regelversorgung zu sein (*Cullberg* u. *Stefansson* 1983).

kerung erschüttert auch die soziale Stellung des Patienten. Die unauflösbar erscheinende Neigung von Unterschichtangehörigen, Ärzte und Psychotherapeuten im besonderen Maße zu idealisieren und sich als abhängig darzustellen (*Heising* u.a. 1982), ist darum vielleicht als sozial verankerte Abwehr von Feindseligkeit zu verstehen. *Goldschmidt* (1980) hat dies an der Therapie eines Arbeiters beschrieben. *Jaques* (1955) und *Lawrence* (1982) haben, ausgehend von der Entwicklungstheorie *M. Kleins* und der Gruppentheorie *Bions*, einige Thesen dazu formuliert, die sie auf der Basis von Untersuchungen in Industriebetrieben entwickelten. Die Zugehörigkeit des Arbeiters zu der Gruppe der Arbeiter weckt in besonderer Weise archaische Ängste, wie sie in jedem Menschen durch Mitgliedschaft in Gruppen ausgelöst werden. Eine Abwehr dieser Ängste besteht darin, sie kollektiv zu externalisieren, also als Feindseligkeit zum Beispiel auf die Gruppe der Manager zu projizieren. Die so entstehende reale Feindseligkeit zwischen den Klassen, die sich ja in der Regel auf wirkliche Mißstände stützt, kann reintrojiziert werden. Die Beschäftigung mit den Klassendifferenzen, der Kampf des Arbeiters gegen das Management und des Managements gegen die Arbeiter, ersetzt die Auseinandersetzung mit den inneren paranoiden Ängsten. Die Projektion und Reintrojektion dieser Ängste ist so eine Form, die inneren Ängste, die gefährlicher erscheinen, weil sie die Kohärenz des Selbst bedrohen, handhabbar zu machen.[3] Als Resultat entsteht auf beiden Seiten ein kollektiver Wunsch, möglichst keine Beziehung zueinander zu haben.

Die Idealisierung der Ärzte, wie sie *Heising* u.a. beschreiben, könnte so als superponierte Abwehr der Feindseligkeit verstanden werden. Mit der Theorie von *Jaques* und *Lawrence* korrespondiert auch die Beobachtung, daß die Wirksamkeit psychotherapeutischer Techniken davon abhängt, ob die Sozialisation eines Menschen dazu geführt hat, daß die Triebkontrolle mehr eine innere ist oder durch äußere soziale Strukturen vermittelt wird. Der "locus of control" (*Foon* 1985) ist bei den verschiedenen sozialen Klassen unterschiedlich. Die folgende Fallgeschichte soll das Problem illustrieren.

Ein Mann von 45 Jahren kommt wegen Angstzuständen in die Ambulanz der Klinik. Ungewöhnlich ist schon, daß die Berufsgenossenschaft ihn angemeldet hat und vorher eine Akte mit den Unterlagen seiner Krankheit schickte. Der Patient kommt, nachdem er einbestellt wurde. Er ist ein kräftiger, lebhafter Mann, der im Idiom der Stadt spricht. Ohne Umschweife er-

---

3 Eine Weiterführung dieses Konzeptes, mit dem, vielleicht entgegen dem Anschein, die politische Dimension sozialer Strukturen nicht hinwegpsychologisiert wird, findet sich bei *Allingham* (1987).

zählt er. Er arbeitet als Verschaler bei einer Baufirma. Seit vielen Jahren ist er Kolonnenführer. Die Kollegen seiner Kolonne sind im Schnitt 10 bis 15 Jahre jünger als er. Aber er ist mit seinen 45 Jahren bei ihnen gut gelitten, sie akzeptieren seine Führungsrolle. Der Beruf macht ihm Spaß. Er liebt es, an der frischen Luft zu arbeiten. Da die Kolonne im Akkord arbeitet, verdient er gut. Er ist verheiratet, hat zwei halbwüchsige Kinder. Die Ehe ist in Ordnung, wie er sagt.

Zu seiner Krankheit erzählt er das folgende: Vor 9 Monaten ist er vom ersten Stock eines Neubaus gefallen. Die Sache ging gut, weil er auf einen Stapel loser Bretter fiel, der den Sturz abfing. Seitdem hat er Angst, auf das Gerüst zu steigen. "Auf den Knien muß ich da rumrutschen", so packt ihn die Angst. Die Kollegen nehmen zwar Rücksicht, aber auf die Dauer geht das nicht. Die Berufsgenossenschaft hat ihm eine Umschulung empfohlen, aber das will er nicht. In die Fabrik, nein, das könne er nicht.

Das weitere Gespräch macht sehr schnell deutlich, welcher innere Konflikt mit dem Sturz verbunden war. Der Patient hatte am Tag des Unfalls einen Streit mit dem Bauführer gehabt. Der Bauführer war schon älter und stand kurz vor der Pensionierung. Zu dem Sturz ist es gekommen, weil der Patient mit dem Rücken zu einem Loch der noch nicht fertiggestellten Decke gestanden hat. Er machte einen Schritt zurück und fiel durch das Loch. "Aber man steht nie auf dem Bau mit dem Rücken zu einem Loch", sagte er. Er hatte schnell begriffen, daß seine Unachtsamkeit unbewußte Absicht war und in Zusammenhang mit dem Streit stand, den er mit dem Bauführer hatte.

Es war nun nicht schwer, die lebensgeschichtliche Bedeutung dieser Konstellation zu erhellen. Der Patient war als ältester von mehreren Brüdern aufgewachsen. Auch im Elternhaus war er schon "Kolonnenführer" gewesen, vor allem in der Auseinandersetzung mit dem fordernden Vater. Aber er hatte bei diesen Auseinandersetzungen die Mutter zur Verbündeten. Bei ihr hatte er den Vater ausgestochen. Der Krach mit dem Bauführer, der kurz vor seiner Pensionierung stand und mit seiner Aufgabe nicht mehr richtig fertig wurde, hatte bei dem Patienten Schuldgefühle gegenüber dem Vater mobilisiert, aber wohl auch die Angst, daß er selbst, inzwischen nicht mehr so leistungskräftig wie seine Kollegen, den Anforderungen als Kolonnenführer nicht mehr gewachsen sei.

Diese Aufklärung der Geschichte nahm zwei Sitzungen von je einer Stunde in Anspruch. Der Patient tat sich nicht schwer, die Zusammenhänge, wie sie hier beschrieben wurden, mit entsprechender Hilfe einzusehen. Ich meinerseits hatte mich bemüht, auf den Kommunikationsstil des Patienten einzugehen. Der Patient sprach laut, normativ und defensiv. Er sagte: "Das darf man doch nicht" (mit dem Rücken zum Deckenende stehen). "Ich habe doch nicht immer Krach mit der Frau", auf die Frage, wie die Ehe sei. "Man muß sich doch durchsetzen", auf die Frage, wie er sich dem Bauführer gegenüber verhalten habe. So reagierte ich ähnlich direkt. Zum Beispiel sagte ich: "Jeder hat aber mal Krach mit seiner Frau" oder: "Ich glaube nicht, daß die Arbeit am Bau nur Spaß macht". Es war, um den Kommunikationsstil zu charakterisieren, eine gewisse wohlmeinende Aggressivität auch von meiner Seite im Spiel. Sie sollte dem Patienten klar machen, daß er bei seiner ihm gewohnten Sprache bleiben könne. Ich wollte ihm auch zu verstehen geben, daß ich eine Ahnung davon hatte, wie anstrengend, heikel und gefährlich seine Arbeitssituation war. Der Patient honorierte diesen Stil durch seine Offenheit.

Die relativ kurze Anamnese der Angstzustände, deren plötzliches, traumabedingtes Auftreten und die Unerfahrenheit des Patienten in psychologischen Fragen machten es nicht verwunderlich, daß die Angst nach den zwei Stunden merklich geringer geworden war. Die Sache schien also gut zu laufen.

Zu dem vereinbarten dritten Gespräch erschien der Patient jedoch nicht. Seine Frau sagte ab und erzählte, daß sich ihr Mann beim Fußballspiel mit den Kollegen einen Bänderriß zugezogen habe. Er lag im Krankenhaus. Auch nach Wochen meldete sich der Patient nicht. Die Akte wurde der Berufsgenossenschaft zurückgeschickt mit der Mitteilung, der Patient sei nicht mehr erschienen. Eine Woche später meldete sich der Patient erneut. Er kommt zu einem dritten Gespräch. Er berichtet nun, der Bänderriß sei ausgeheilt und er habe dem Chef versprochen, nicht mehr Fußball zu spielen. "Die sehen das nämlich nicht gern, wegen der Verletzungen." Die Angst sei auch mehr oder weniger weg. Im übrigen schimpft er über die Berufsgenossenschaft. Die habe ihm geschrieben, daß er alle Ansprüche verliere, wenn er nicht die Behandlung bei mir beendete. Aber er habe doch Bescheid gegeben. Das mache eben immer seine Frau. Offensichtlich meint der Patient mich mit seinen Vorwürfen. Er wollte auch nicht mehr zur Behandlung kommen. Was die Umschulung betrifft, habe er sich endgültig negativ entschieden. "Wenn man dann neu ist im Betrieb und es gibt weniger Arbeit, dann ist man der erste, der vor die Tür gesetzt wird." In dem jetzigen Betrieb könne er damit rechnen, auch dableiben zu können, wenn mal weniger zu tun ist. Neun Jahre ist er immerhin schon dort.

Der gesamte, aus drei Sitzungen bestehende Behandlungsverlauf besteht aus zwei Abschnitten. Im ersten Abschnitt wird versucht zu rekonstruieren, welche unbewußten Verbindungen zwischen dem aktuellen Trauma und der frühen kindlichen Geschichte bestehen. Der kurative Effekt dieser gelungenen Rekonstruktion mit der Bewußtmachung unbewußter Triebregungen war deutlich. Doch wurde er damit erkauft, daß die Abwehr unterlaufen wurde. Anders war nicht zu verstehen, daß der Patient mit einem erneuten Trauma reagierte. Den Bänderriß wird man wohl als unbewußtes Arrangement verstehen müssen, die Behandlung durch Wiederholung des Traumas zu beenden. Darum ist es wohl richtig zu sagen, daß die Abwehr des Patienten unterlaufen wurde. Ich hatte gegenüber dem Patienten mehr als sonst üblich betont, daß ich in seiner Sache sein Verbündeter sei. Ich hatte meinen Status teilweise verleugnet und mich des städtischen Idioms bedient, was ich sonst nicht tue. Offensichtlich hat das den Patienten in eine Spannung manövriert, der er sich durch den Sportunfall entzog. Damit signalisierte er mir aber auch, daß meine Intervention ihm schadete. Die Frage ist: wodurch? Ich denke, es war nicht die Aufklärung der Zusammenhänge, die zu dem Sturz geführt hatten. Es schien vielmehr seine Rolle in der Kolonne zu berühren. Die Kolonne war einerseits eine Wiederauflage seiner Kindheit, aber es war auch eine sozial denaturierte Abwehr, durch die seine Feindseligkeit gegenüber dem Vater/Vorgesetzten, vielleicht auch gegenüber den Brüdern, eine gesellschaftliche Funktion erhalten hatte. Seine Fürsorge für die Kollegen in der Kolonne erlaubte ihm, die Abhängigkeitsbeziehungen zwischen ihm und der Firma als Klassenunterschiede zu verstehen und nicht so schmerzhaft zu empfinden. Dieser Klassenunterschied ist natürlich auch real, ebenso wie die Abhängigkeit, in der er sich befand. Aber eine volle Einsicht in diese Zusammenhänge beschwor die Gefahr herauf, daß der Patient sich bewußt wurde, wie heftig seine Feindseligkeit war. Seine Kolonne war eine Bindung dieser Feindseligkeit, und zwar in einer sozial progressiven Weise.

In der Beziehung zu mir kam diese Ambivalenz zum Ausdruck. Einerseits vertraute er mir, fügte sich in die Patientenrolle. Andererseits hätte eine weitere psychotherapeutische Behandlung seine Feindseligkeit gegenüber der Klasse, der die "Bosse" angehören, also auch ich, offenbar werden lassen. Eine Einsicht in diese Feindseligkeit hätte die Abwehrmöglichkeit durch die Kolonne geschwächt. Im Kontakt mit seinen Kollegen beim Fußballspiel spürte er unbewußt, daß die Kolonne nur mit der ihm vertrauten emotionalen Geschlossenheit würde existieren können.

Folgen wir den Überlegungen von *Jaques* und *Lawrence*, so waren seine Feindseligkeit gegenüber dem Chef bzw. mir die projizierten paranoiden Ängste, die durch seine Kolonnenbindung entstanden. Dieses bei ihm früh verankerte Abwehrsystem hatte seinen ganzen Lebensweg bestimmt und hätte durch eine weitergehende Aufklärung zur Disposition gestanden.

Knapp zwei Jahre später hatte ich noch mal telefonischen Kontakt mit ihm. Wie es schien, freute er sich über meinen Anruf. Er arbeitete im alten Beruf und hatte die Angst nicht wieder gespürt. Wohl litt er, wie er sagte, seit dem Unfall häufig unter Kopfschmerzen, die sich als resistent gegenüber allen ärztlichen Bemühungen erwiesen hatten. Aber nochmal zu mir zu kommen, daran dachte er nicht.

Beschäftigungssituation[4]

Während der Anteil der Arbeitslosen bei allen die Klinik konsultierenden Patienten mit 17 Prozent etwa dem der Bevölkerung in Köln entspricht, sind die Arbeitslosen unter den aufgenommenen Patienten mit knapp einem Drittel wesentlich überrepräsentiert (vgl. Tab. 3). Wählt man die in der Sozialanamnese detailliert erfaßten Angaben über die Arbeitssituation als Ausgangsbasis, so ist jeder zweite Patient arbeitslos. Dabei ergab sich eine erhebliche Veränderung der Arbeits- und Ausbildungssituation von allen Patienten im Vergleich zu denen, die schließlich aufgenommen wurden. Der Anteil der Patienten mit einem Arbeitsplatz sank von 42 auf 20 Prozent. Hier fand also eine Selektion mit einschneidender Wirkung statt.

Immigranten

Die Prävalenz behandlungsbedürftiger Immigranten in den westlichen Industriestaaten wird global oder für einige Diagnosegruppen als überdurchschnittlich angegeben. Doch ist die Inanspruchnahme psychiatrischer Behandlungseinrichtungen geringer als im Durchschnitt (*Lazaridis* 1988). In der äußerst spärlichen Literatur, die es zu diesem Thema gibt, wird immer wieder auf die Probleme, die aus den kulturellen Differenzen entstehen, hingewiesen (z.B. *Ineichen* u.a. 1984). Sporadische Erfahrungen in der eigenen klinischen Arbeit weisen darauf hin, daß Ausländerfamilien um so eher versuchen, mit den eigenen Sozialstrukturen der Probleme, die sich aus psychischen Erkrankungen ergeben, Herr zu werden, je größer der kulturelle Unterschied zum Gastland ist. So hört man gelegentlich, daß Familien psychisch kranke Angehörige über Jahre in der Wohnung einsperren. In anderen Fällen sind die eigenen Anstrengungen aber sehr erfolgreich, wie folgendes Beispiel illustriert.

In der Ambulanz der Klinik erschien ein junger Mann, der aus einem westafrikanischen Land stammte. Er hielt sich seit 1 1/2 Jahren in der Bundesrepublik auf, um bei einem größeren Unternehmen der Stadt ein Praktikum zu absolvieren. Er wohnte mit seiner Frau und 2 kleinen Kindern zusammen. Aus der Fremdanamnese ergab sich, daß er seit Monaten teils depressiv teils paranoid war. In der Klinik erschien er mit einer floriden schizo-

---

4 Die Beschreibung der Arbeits- und Ausbildungsplatzsituation ist durch eine unzureichende Datenbasis schwierig. Im ersten Vorstellungstermin der Patienten wurde oft lediglich die Berufsposition, nicht aber die konkrete Arbeitsplatzsituation angesprochen.

phrenen Symptomatik. Er hatte vielfältige Wahnsymptome und hörte Stimmen. Nach seinem Zustand war eine stationäre Behandlung indiziert. Der Arzt entschied jedoch anders. Er hatte Hinweise dafür, daß der "Kulturschock" des Patienten bei der Entstehung des psychotischen Zustandes beteiligt war. Eine stationäre Behandlung hätte den Patienten zusätzlich mit Strukturen konfrontiert, die ihn belastet hätten. Die starke Stellung der Frauen im Behandlungsteam, die Unterbringung auf einer Station mit beiden Geschlechtern, die Atmosphäre einer offenen Kommunikation, die Beteiligung der Männer an den Hausdiensten, das hätte ihn sicher eher zusätzlich verwirrt als beruhigt. So behandelte er ihn nur neuroleptisch und schickte ihn nach Hause, zumal die Ehefrau damit einverstanden war.

Der Zustand des Patienten besserte sich jedoch innerhalb der nächsten vier Wochen nicht, obwohl die Nebenwirkungen bewiesen, daß der Patient die Neuroleptika so einnahm wie verordnet. Mit Patient und Ehefrau wurde darum die Frage erörtert, ob die Familie nicht vorzeitig in ihr Heimatland zurückkehren sollte. Noch während dies verhandelt wurde, überraschte der Patient eines Tages den Arzt mit der Mitteilung, sein Bruder käme ihn besuchen. Dieser "Bruder", auf dem Weg von Westafrika nach London, kam in der Tat etwa zwei Wochen später mit dem Patienten und seiner Ehefrau in die Klinik. Er hatte in Frankfurt Zwischenstation gemacht und wohnte für eine Woche in der Familie des Patienten. Er war aber, wie sich herausstellte, nicht ein Bruder, sondern der "Patron", was immer das bedeutet haben mag. Er war etwas jünger als der Patient. Im Gespräch mit dem Arzt, dem Patienten und dessen Ehefrau nahm er eine dominierende Rolle ein, die er mit Takt und Respekt gegenüber dem Patienten, aber in einer unzweideutig väterlichen, bestimmenden Position wahrnahm. Er ließ sich über alles informieren, besprach alle Eventualitäten und weiteren Schritte im Beisein des Patienten mit dem Arzt und traf die Entscheidungen. Eine Woche später reiste er ab. Der Patient war 4 Wochen nach Ankunft des Patrons wieder arbeitsfähig. Offensichtlich hatte der Patron durch seine Intervention die soziale Identität des Patienten und seine Einbindung in heimatliche Strukturen so sehr festigen können, daß der Patient seine psychische Stabilität wiederfand.

Von einem Mitarbeiter der Firma, bei der der Patient sein Praktikum absolviert hatte, war zweieinhalb Jahre später zu erfahren, daß der Patient keinen weiteren Rückfall hatte. Sein Praktikum absolvierte er erfolgreich und kehrte danach mit der Familie in sein Heimatland zurück. Ein Jahr nach der Abreise besuchte er die Firma nochmals für einige Tage. Dabei machte er einen gesunden und leistungsfähigen Eindruck.

Diagnosen, psychiatrische Karriere

Vergleich mit anderen Einrichtungen

Fast 50 Prozent aller Patienten, die die Klinik aufsuchten, erhielten die Diagnose "Neurose" oder "Persönlichkeitsstörung". Die Diagnose

"Psychose" erhielten gut ein Drittel. Bei der Aufnahmeentscheidung wurden Patienten, mit der Diagnose Psychose, auf Kosten derjenigen mit der Diagnose Neurose erheblich bevorzugt (vgl. Tab. 4).

Für die weiteren Untersuchungen haben wir die Diagnosen in drei Gruppen zusammengefaßt, und zwar in Neurosen/Persönlichkeitsstörungen, Borderline-Störungen, Psychosen. Diese grobe Einteilung war für den Untersuchungsprozeß ausreichend. Sie entspricht der Praxis in der Klinik. Die Therapeuten wählen diese Einteilung, weil für ihre diagnostische Einschätzung das psychische Strukturniveau der Patienten maßgeblich ist. Die weitere Differenzierung innerhalb dieser Gruppen erfolgt in der Regel im Hinblick auf ganz verschiedene, behandlungsrelevante Kriterien. Verlaufsform, vorherrschende Symptomatik oder beherrschender Konflikt werden prinzipiell gleichrangig als weitere Differenzierungsmomente herangezogen.

Für das Sample der 54 Patienten, die die Grundlage der weiteren empirischen Untersuchung waren, ergab sich folgende Verteilung.

Neurosen, Persönlichkeitsstörungen: 24
Borderline-Störungen: 13
Psychosen: 17

Neurosen, Persönlichkeitsstörungen

Von diesen Patienten erhielten 15 nach den Kriterien des DSM III die Diagnose Depression, 4 eine Diagnose aus dem Formenkreis der Angstsyndrome, 7 die Hauptdiagnose Persönlichkeitsstörung. Insgesamt 13 dieser 24 Patienten hatten zusätzlich eine weitere psychiatrische, psychosomatische oder organische Diagnose (zum Beispiel Tranquilizermißbrauch, Morbus Crohn, Encephalitis disseminata).

Die Zusammenfassung der Neurosen mit den Persönlichkeitsstörungen in eine Gruppe folgt aus dem psychoanalytischen Verständnis beider Störungen. Es handelt sich ja nicht in einem Fall um Krankheit, im anderen um Besonderheiten einer "normalen" Persönlichkeit, sondern in beiden Fällen um die Abwehrkonstellation nicht bewältigter Triebkonflikte. Der Unterschied liegt darin, welche Abwehrmechanismen vorherrschen, wie sie eingesetzt werden, ob diese ich-synton oder ich-dyston sind, ob sie von unangenehmen Affekten begleitet werden oder nicht, ob der Triebkonflikt noch belebbar ist. Es sind Patienten mit einem annähernd gleichen psychischen Organisationsniveau. Sie haben ein kohärentes Selbst, und ihre Fähigkeit zur Realitätskontrolle mag zwar punktuell geschwächt sein, ist aber im wesentlichen intakt.

Relativ häufig sind unter den Patienten dieser Gruppe solche mit einer neurotischen affektiven Störung. Üblicherweise finden sie sich, wie *Rey* u.a. (1978) es für die Behandlungsprävalenz psychiatrischer Patienten in Mannheim herausgefunden haben, nicht in stationärer, sondern in ambulanter Behandlung. Patienten mit Persönlichkeitsstörungen aber, sofern sie ledig sind und jünger als 25 Jahre, sind dagegen typischerweise in stationärer Behandlung und nicht in ambulanter (*Rey* u.a. 1978). Nach *Goldberg* (1988) stellt für diese Patienten die Tagesklinik die Therapie der Wahl dar.

Borderline-Störungen

Der Begriff Borderline-Störung wird in der Klinik relativ häufig benutzt. Mit Borderline-Störung ist hier die Borderline-Persönlichkeitsorganisation (*Kernberg* 1975) gemeint. Diese Störung ist charakterisiert durch folgende Symptomatik: instabile Objektbeziehungen, Gefühl der inneren Leere, Langeweile oder Depression, impulsives Handeln (Aggressivität, Selbstverletzungen, kriminelle Handlungen, Alkohol- bzw. Drogenmißbrauch etc.), Unfähigkeit, allein zu sein, manipulativer Umgang mit anderen Personen, kurzfristige psychotische Episoden mit Depersonalisations- oder Derealisationserscheinungen oder paranoider Symptomatik. Die vorherrschenden Abwehrmechanismen der Patienten mit einer Borderline-Persönlichkeitsorganisation sind Spaltung und Projektion. Die Realitätskontrolle ist schlecht. Den Psychosen steht diese Störung dadurch nahe, daß die Bildung kohärenter Selbst- und Objektrepräsentanzen nur unvollkommen gelungen ist. Doch sind die Ich-Grenzen, bis auf relativ kurzdauernde Zustände, in der Regel stabil. Auf der Grundlage der Borderline-Persönlichkeitsorganisation können andere Störungen die Phänomenologie beherrschen, etwa Depression, narzißtische Störungen, "dissoziative Störungen". Es gibt Überlappungen mit den schizophrenen Störungen, affektiven Störungen und anderen Persönlichkeitsstörungen (*McGlashan* 1983, *Kroll* u.a. 1982, vgl. dazu auch die Überlegungen zur Differentialdiagnose von *Gunderson* 1984 und *Lohmer* 1988). Die Borderline-Persönlichkeitsstörung des DSM III ist enger begrenzt als das, was hier kurz "Borderline-Störung" genannt wird.

Von den 13 Patienten dieser Gruppe hatten 3 passagere schizophrene Symptome, 3 wenigstens einmal eine "Major depression". Bei 6 dieser Patienten bestand eine weitere psychiatrische Diagnose, zum Beispiel Anorexia nervosa, Hyperventilationstetanie.

Die Häufigkeit, mit der die Ärzte der Tagesklinik Alteburger Straße den Begriff Borderline-Störung benutzen, ist nicht besonders groß, vergleicht man sie mit angelsächsischen Ländern. *Gunderson* (1984) gibt ihren Anteil an den klinisch behandelten psychiatrischen Patienten je nach Krankenhaustyp mit 10 bis 25 Prozent an.

Wenn wir die "Borderline-Störung" als eine besondere Klasse von psychischen Störungen den Neurosen bzw. Persönlichkeitsstörungen und Psychosen zur Seite gestellt haben, folgen wir damit der Praxis der Therapeuten. Sachlich ist dies darin begründet, daß diese Patienten im stationären Rahmen besondere behandlungstechnische Probleme bieten (z.B. *Kernberg* 1975, *Sadovoy* u.a. 1979, *Trimborn* 1983, *Gunderson* 1984). Diese Probleme sind geringer bei tagesklinischer Behandlung, so daß dies in vielen Fällen die Behandlung der Wahl zu sein scheint. Darauf wurde auch schon von anderen Autoren hingewiesen (z.B. *Gunderson* 1984, *Goldberg* 1988). Diese Form der Behandlung kommt dem Bedürfnis der Patienten nach einem schützenden Objekt entgegen, ohne ihre Autonomie in Frage zu stellen.

Psychosen

Von den 17 Patienten hatte einer eine präsenile Demenz, bei zwei Patienten lautete die Diagnose schizoaffektive Psychose, bei den restlichen 15 schizophrene Psychose.

Der relative Anteil der Patienten mit Psychose entspricht dem anderer psychiatrischer Institutionen. Aber auffallend ist die geringe relative Häufigkeit von affektiven Psychosen. Die Prävalenzraten werden dafür jedoch sehr unterschiedlich angegeben, zum Beispiel für die Rheinischen Landeskliniken mit nur ca. 4 Prozent der Abgänge (LVR 1985), bei *Dilling* und *Weyerer* (1978) für die psychiatrischen stationären Aufnahmen mit ca. 24 Prozent. Für diese Unterschiede sind wohl mehrere Gründe verantwortlich. Die affektiven Psychosen werden oft erst nach dem 30. Lebensjahr diagnostiziert (*Weitbrecht* 1972). Nach der zitierten Untersuchung von *Rey* u.a. (1978) ist der typische Patient mit einer affektiven Psychose, wenn er stationär behandelt wird, sogar älter als 45 Jahre. Offensichtlich gibt es auch erhebliche regionale oder institutionsbedingte Unterschiede in der relativen Häufigkeit dieser Störung. So schwankt die Häufigkeit auch bei kontrollierter, standardisierter Diagnosestellung zwischen 8 Prozent in der Klinik München Haar und 26 Prozent (!) im Netherne Hospital bei London (*Cranach* u. *Strauss* 1978). Hinzu kommt, daß allen Standardisierungen zum Trotz die Attribuierung des Merkmals Psychose im Fall der Depression ungleich unsicherer ist als im Fall einer Schizophrenie (*Katschnig* u. *Nouzak* 1987).

Psychiatrische Karriere

Die Therapeuten der Tagesklinik beurteilten den Verlauf der psychischen Störung bei 14 Patienten als erste Krise, bei 16 als intermittierend und bei 22 als chronisch. Zu 2 Patienten machten sie dazu keine Angaben. Von den Patienten, die vollstationär behandelt wurden, gab es nur einen mit einer ersten Krise.

Einweisende Instanzen

Aufgrund von nervenärztlichen Überweisungen kamen 31 der Patienten in die Klinik. Zählen wir die Überweisungen anderer Ärzte, auch aus Krankenhäusern, hinzu, sind es zusammen gut ein Drittel. Zu knapp einem Drittel kamen Patienten aufgrund eigener Initiative oder vermittelt durch Laien.

Beim Vergleich mit der Rheinischen Landesklinik Köln ergeben sich signifikante Unterschiede (LVR 1985), im wesentlichen im Hinblick auf folgende Einweisungsinstanzen: Die Einweisungen durch den Notarzt betragen in der Tagesklinik Alteburger Straße 0 Prozent, in der Kölner Landesklinik 5 Prozent, durch öffentliche Instanzen, wie das Gesundheitsamt oder die Polizei, in der Tagesklinik Alteburger Straße 0,5 Prozent, in der Landesklinik 7 Prozent, durch andere Kliniken in der Tagesklinik Alteburger Straße 10 Prozent, in der Landesklinik 1 Prozent. Bemerkenswert ist, daß die durch eigene Initiative aufgenommenen Patienten auch in der Rheinischen Landesklinik Köln 20 Prozent betragen. Um andere Beispiele zu nennen: Die psychiatrische Abteilung am Allgemeinkrankenhaus Offenbach hat auch einen so hohen Anteil von Patienten, die auf eigene Initiative aufgenommen wurden (*Bauer* 1987). Beim psychiatrischen Notfalldienst in Mannheim sind es sogar mehr als 30 Prozent (*Häfner* u.a. 1986). In ähnlicher Weise gibt es Selbstüberweisungen zum niedergelassenen Psychiater. Bis zu 50 Prozent der Patienten, die einen Psychiater konsultieren, tun dies auf eigene Initiative, ohne vorher den Hausarzt oder einen Allgemeinarzt zu konsultieren (vgl. *Goldberg* u. *Huxley* 1980).

Gegenüber anderen Tageskliniken gibt es, soweit eruierbar, zum Teil Unterschiede. So werden die Patienten der Tagesklinik Hannover hauptsächlich von den psychiatrischen Polikliniken (*Rockstroh* 1984) zugewiesen. Die Tagesklinik Stuttgart übernimmt die Patienten in der Regel von den psychiatrischen Stationen des Landeskrankenhauses (*Zlatnikova* 1984), während die Tagesklinik in Berlin die Mehrheit der Patienten aus dem stationären Bereich übernimmt (*Steinhart* u. *Bosch* 1983). Auch in den angelsächsischen Ländern ist der Zuweisungsmodus sehr unterschiedlich (*Bowman* u.a. 1983, *Comstock* u.a. 1985, *Dick* u.a. 1985).

Schwierigkeiten, ausreichend Patienten zu bekommen, was ein großes Problem für viele Tageskliniken in der Bundesrepublik (*Bosch* u. *Steinhart* 1983), aber auch in den angelsächsischen Ländern ist (*Dick* u.a. 1985, *Rosie* 1987), hat es in den zehn Jahren ihres Bestehens für die Tagesklinik Alteburger Straße nicht gegeben, obwohl sie mit ihren 56 Plätzen wohl die größte in der Bundesrepublik ist. Zwei Gründe sind für diese Situation mitverantwortlich. Die einweisenden Instanzen brauchen die für sie oft schwierige Frage nicht zu entscheiden, ob eine tagesklinische Behandlung noch ausreicht oder eine vollstationäre Behandlung schon nötig ist. Wegen des vollstationären Bereichs der Tagesklinik Alteburger Straße können sie im Zweifelsfall die Entscheidung den Ärzten der Klinik überlassen. Der zweite Grund könnte sein, daß sich die Klinik, obwohl sie mit psychotherapeutischen Mitteln arbeitet, doch nicht als "psychotherapeutische Klinik", sondern als "psychiatrische Klinik" mit dem für psychiatrische Kliniken üblichen Versorgungsauftrag definiert. So wurde die Frage, ob die Patienten für das bestehende therapeutische Angebot geeignet waren, womit sich psychotherapeutische Kliniken oft selbst ein Bein stellen (z.B. *Zwiebel* 1987), nicht zugelassen. Die Anstrengung war vielmehr, bei der Frage zu bleiben, welche Therapie für die Patienten geeignet ist, die den Weg in die Klinik finden.

Selektion

Selektion ist ein doppelsinniger Prozeß. Er definiert die Menschen, die schließlich Patienten der Klinik werden. Aber es müssen vorher die Menschen definiert werden, unter denen ausgewählt wird. Damit Selektion möglich ist, muß es also mehr mögliche Patienten geben, als schließlich behandelt werden. Man braucht dazu zwei Kriterien: eines, das das Feld absteckt, auf dem ausgewählt wird, und ein zweites, durch das in diesem Feld ausgewählt wird, das Auswahlkriterium. Die psychiatrische Diagnose ist nicht das entscheidende Auswahlkriterium, sondern hat zum Teil die Charakteristika des Kriteriums erster Art. Tatsächlich definieren die Ärzte jeden, der die Klinik aufsucht, als einen potentiellen Patienten, indem sie ihm eine Diagnose geben. Nicht einer der 283 Patienten, die die Ambulanz aufsuchten, erhielt die Diagnose "gesund". Dieses Verhalten ist keine Besonderheit der Ärzte der Tagesklinik Alteburger Straße, sondern scheint unter Ärzten üblich zu sein. Jedenfalls machen es die Allgemeinärzte nicht anders (*Goldberg* u. *Huxley* 1980). Man könnte meinen, daß die Ärzte so verfahren, weil die Kostenträger eine Diagnose verlangen. Aber um dieser Forderung genüge zu tun, könnten sich die Ärzte auch der unter Ärzten üblichen Formulierung "Verdacht auf ..." bedienen. Sie tun dies aber nicht. Daß alle Patienten, die die Ambulanz aufsuchten, eine psychiatrische Diagnose erhielten, kann auch nicht darin begründet sein, daß die Ärzte, die die Patienten an die Klinik überweisen, das nur tun, wenn eine psychiatrische Diagnose gerechtfertigt ist. Der Anteil an Patienten, die auf eigene oder Initiative von Laien kommen, ist dafür zu hoch. Sicher, jeder der in die Klinik kommt, hat Probleme. Neurotisch ist ja in der Tat jeder irgendwie.[1] Aber daß er deswegen schon eine psychiatrische Diagnose bekommen müßte, ist nicht selbstverständlich und auch nicht in jedem Einzelfall überzeugend.

Ein Selektionskriterium hat dann die größte Trennschärfe, wenn es eine Variable ist, die möglichst unabhängig von den Variablen ist, die das Feld definieren, aus dem selegiert wird, also orthogonal dazu steht. Die Selektionskriterien der Tagesklinik Alteburger Straße, so-

---

1 Das DSM III, das, wie es scheint, weltweit die Grundlage psychiatrischer Diagnostik wird, verrät die gleiche Tendenz. Es spricht nicht mehr von psychischen Krankheiten, sondern von psychischen Störungen (disorder).

weit sie an den epidemiologischen Daten erkennbar sind, sind Alter der Patienten, Familienstand, Schichtzugehörigkeit, Beschäftigungsverhältnis und Diagnose. Es werden in besonderer Weise Patienten aufgenommen, die jünger als 34 Jahre, ledig oder geschieden sind, der mittleren Sozialschicht angehören, arbeitslos sind oder ihre Berufsausbildung unterbrochen haben und an einer Borderline-Störung oder einer schizophrenen Psychose leiden. Daß diese Selektionskriterien nicht für die Tagesklinik Alteburger Straße spezifisch sind, sondern so oder in Modifikationen für viele Tageskliniken gelten, haben wir schon bemerkt. Sie haben auch Gültigkeit in anderen Ländern (z.B. *McMillan* u. *Aase* 1964). Diese verschiedenen Variablen sind nicht unabhängig voneinander. Es besteht eine positive Korrelation zwischen jugendlichem Alter und ledigem Familienstand. Es gibt auch eine positive Korrelation zwischen jugendlichem Alter und hohem Bildungsstand, wenn man sich auf den Bevölkerungsdurchschnitt bezieht. Schließlich existiert möglicherweise sogar eine positive Korrelation zwischen jugendlichem Alter und der Lebensprävalenz psychischer Störungen.[2] Es besteht eine Korrelation zwischen Arbeitslosigkeit und Schwere der psychischen Störung (z.B. *Jorgensen* u. *Aagaard* 1988) und wahrscheinlich auch eine negative Korrelation zwischen Höhe der sozialen Schicht und psychischer Störung (*Angermeyer* 1987).

Es liegt nahe zu vermuten, daß es die psychotherapeutische Orientierung der Klinik und die damit verbundene Betonung kommunikativer Prozesse und verbaler Kompetenzen sind, die ein mächtiges Selektionskriterium darstellen. Daß Angehörige der Unterschicht mit psychotherapeutischen Verfahren Schwierigkeiten haben oder Therapeuten Schwierigkeiten mit Patienten der Unterschicht, ist bekannt und vielfach im einzelnen belegt (*Hollingshead* u. *Redlich* 1958, *Cremerius* 1979). Doch fällt es schwerer, damit die Bevorzugung jüngerer Patienten zu erklären. Ferner würde dadurch auch nicht erklärt, daß die Therapeuten Patienten mit psychotischen Störungen signifikant bevorzugen. Sie empfehlen mehr als vier Fünfteln von ihnen eine Behandlung in der Tagesklinik, weit mehr als Patienten mit einer anderen Diagnose.

Die Selektion definiert nicht die Menschen, die psychisch krank sind oder überhaupt eine psychiatrische Behandlung brauchen, son-

---

2 Dieses Resultat ergab sich aus der Untersuchung der Lebensprävalenz psychischer Störungen in drei Großstädten der USA (*Robins* u.a. 1984). Die Jungen hatten in ihrer Anamnese mehr psychische Krankheiten als die Alten. Die Autoren lassen offen, ob dieses Ergebnis durch methodische Fehler bedingt ist, ob die Häufigkeit psychischer Störungen dadurch scheinbar zugenommen hat, daß sie heute öfter diagnostiziert werden oder ob es eine reale Zunahme der Häufigkeit psychischer Störungen bei jüngeren Leuten gibt.

dern sie definiert, für welche psychisch Kranken die besonderen Behandlungstechniken gelten sollen. Sie definiert und differenziert das therapeutische Angebot. Die Selektionskriterien der Tagesklinik Alteburger Straße definieren also deren therapeutisches Angebot als besonders geeignet für junge Menschen, die an einer schizophrenen Psychose leiden und der Mittelschicht angehören.

Die Tagesklinik firmiert in der Öffentlichkeit der Stadt als psychiatrische Klinik mit einer bestimmten therapeutischen Konzeption. Diese Attribute wirken schon selektiv auf die Population, die sich entschließt, in der Klinik um Behandlung nachzufragen, oder die an die Klinik von Ärzten überwiesen werden. Darum verstärken die Selektionskriterien der aufnehmenden Ärzte nur einen Trend, der sich schon in der Zusammensetzung der Population niederschlägt, die um Behandlung nachsucht. Das zeigen die Daten des vorherigen Kapitels. Das heißt, die Selektion ist im Einzelfall alles andere als ein einseitiger Prozeß, den allein die Ärzte unterhalten, sondern realisiert nur einen Konsens zwischen Institution, Benutzern und Nichtbenutzern. Das wird auch dadurch belegt, daß weniger Patienten aufgenommen werden, als es den Empfehlungen der Ärzte entsprach.

Die Schichtzugehörigkeit der Patienten ist auch ein Selektionskriterium, freilich mit anderem Vorzeichen, für die großen psychiatrischen Krankenhäuser (*Dilling* u. *Weyerer* 1978). Es wird dort ein größerer Anteil an Unterschichtpatienten behandelt, als es sich aus dem Bevölkerungsdurchschnitt ergäbe (vgl. Tab. 2). Mit der Tatsache, daß Unterschichtangehörige häufiger psychisch krank sind als Angehörige anderer Schichten (vgl. *Angermeyer* 1987, *Valentin* 1987) ist dieses Faktum nicht ausreichend erklärt; denn bei den niedergelassenen Psychiatern und Psychotherapeuten sind sie seltener vertreten. Also folgt, unabhängig von der Prävalenz psychischer Krankheiten in der Unterschicht, daß sie bevorzugt in die großen Krankenhäuser geschickt werden, wie es *Hollingshead* und *Redlich* schon nachwiesen. Doch kann man auch hier davon ausgehen, daß die Schichtzugehörigkeit kein direktes Auswahlkriterium ist. Es müssen andere Kriterien sein, die schließlich zu diesem Ergebnis führen. *Sczerba* (1985) hat es für Patienten einer allgemeinpsychiatrischen Aufnahmestation eines Landeskrankenhauses im Rheinland überprüft. Immer war der Anlaß der Aufnahme ein ordnungspolitischer, weil die Patienten sich oder andere gefährdet hatten. Wenn das nicht objektivierbar war, neigten die einweisenden Instanzen dazu, eine solche Gefahr anzunehmen, um die Aufnahme zu legitimieren.

Auch psychiatrische Krankenhäuser mit regionaler Zuständigkeit und "Vollversorgung", die auch solche Patienten aufnehmen, die gegen ihren Willen eingewiesen wurden, brauchen Kriterien, mit deren

Hilfe sie den Zugang der Patienten regeln. Im Falle der Zwangseinweisung wird als das Feld, auf dem selegiert wird, die Gesamtheit aller psychisch Kranken definiert; ausgewählt wird nach dem Kriterium der öffentlichen Sicherheit und Ordnung. Wer psychisch krank ist und sozial nicht tragbar erscheint, wird in das Krankenhaus eingewiesen. Der soziale Konflikt, der zur Einweisung führt, erscheint nun als Folge der psychischen Krankheit. Damit wird aber der wahre Sachverhalt umgekehrt. Die psychische Krankheit erscheint nun als Ursache sozialer Konflikte. Das ist aber allenfalls sekundär so. Psychische Krankheit ist wesentlich eine spezifische Form für das Individuum und die Gesellschaft, soziale Konflikte zu bewältigen. Solange in der Psychiatrie nicht nur diagnostisch-therapeutische, sondern auch ordnungspolitische Kriterien für die Krankenhausaufnahme eines Patienten mitentscheidend sind, ist die Entwicklung therapeutischer Methoden und Techniken behindert. Nicht wegen des Zwanges, der mit der Krankenhausaufnahme verbunden ist, die von öffentlichen Instanzen veranlaßt wird. Es liegt daran, daß die öffentliche Definition eines sozialen Konflikts als psychische Krankheit den Zugang zu einer Lösung des Konfliktes - also die Behandlung - versperrt. Der Feldzug für eine Regionalisierung aller psychiatrischen Krankenhäuser (z.B. *Finzen* 1975) ist darum mit Skepsis zu sehen.

Den Leser mag noch interessieren, was den Patienten empfohlen wurde, die nicht aufgenommen wurden. Dazu liegen die Daten einer Nacherhebung vom 1. bis 30.11.1987 vor. In diesem Zeitraum konsultierten 122 Patienten die Klinik mit der Frage nach Behandlung. 32 Patienten wurden aufgenommen. 32 der Nichtaufgenommenen wurden an ihren einweisenden Arzt bzw. einen niedergelassenen Arzt zurückgeschickt, 19 mußten wegen Platzmangels in eine andere Klinik ausweichen, bei 12 war die Diagnose "Sucht" ein Ausschlußkriterium, 22 Patienten erschienen den Ärzten als "nicht motiviert" und bei 5 schien die Behandlung nicht aussichtsreich. Die beiden letzten Gruppen enthalten den Anteil der Patienten, die den Selektionsprozeß von sich aus unterstützten, während die Selektion der Ärzte wohl eher über die anderen Gruppen lief.

Der therapeutische Prozeß

Aufnahmeprozedur

107 der 283 Patienten kamen ohne Voranmeldung in die Klinik. Die anderen hatten vorher telefonisch einen Termin vereinbart oder durch ihren Arzt oder eine Beratungsstelle vereinbaren lassen. Der erste Kontakt mit den Arzthelferinnen der Ambulanz, telefonisch oder durch Besuch, wird von den Patienten oft auch dazu benutzt, um Informationen zu erhalten: Welche Behandlungsmethoden werden in der Klinik angewandt? Werden dort auch Suchtkranke behandelt? Wer übernimmt die Kosten? Es sind knapp 200 solcher Kontakte im Monat. In etwa der Hälfte der Fälle wird ein Termin für ein Erstgespräch[1] anberaumt. Je nach Dringlichkeit, zu deren Einschätzung ggf. ein Arzt der Klinik hinzugezogen wird, kommt dieses Erstgespräch sofort oder nach einigen Tagen zustande. Macht der Zustand des Patienten eine sofortige Krankenhausbehandlung erforderlich, erfolgt die stationäre Aufnahme sofort, auch nachts oder an den Wochenenden.

Das Erstgespräch, das in den Räumen der Ambulanz stattfindet, dauert eine knappe Stunde; vielleicht auch nur zehn Minuten, wenn es die Verfassung des Patienten erfordert, und beschränkt sich dann auf wenige orientierende Fragen und Anmerkungen. Die Ärzte ziehen in der Regel eine Krankenschwester zu den Erstgesprächen hinzu. Immer enthält das Erstgespräch auch Informationen für den Patienten über das therapeutische Programm und in detaillierter Form, welchen Regeln er sich unterwerfen muß. In etwa einem Drittel der Fälle gibt es nach dem ersten ein zweites Gespräch, in wenigen Fällen sogar ein drittes. Manchmal dienen die weiteren Gespräche dazu, die Zeit bis zur Aufnahme für den Patienten zu überbrücken, häufiger jedoch finden sie statt, weil im ersten Gespräch eine Aufnahmeentscheidung für Arzt oder Patient noch nicht möglich war.

Von den Patienten, die möglichst bald einen Arzt sehen möchten, insbesondere denen, die ohne Voranmeldung in der Klinik erscheinen, wird ein Großteil unmittelbar im Anschluß an das Erstgespräch

---

1 Damit ist das gemeint, was sonst in der Medizin Untersuchung heißt, was aber in der Psychiatrie in Form eines Gesprächs zwischen Arzt und Patient verläuft. Körperliche Untersuchungen schließen sich ggf. an.

aufgenommen. Es waren dies insgesamt etwa ein Fünftel aller Aufgenommenen, und 60 Prozent der Aufnahmen auf die Vollstationen. Von den Aufnahmen auf eine der tagesklinischen Stationen erfolgten sofort nur 4 Prozent, innerhalb einer Woche 26 Prozent. Mehr als die Hälfte der auf einer tagesklinischen Station aufgenommenen Patienten hatten eine Wartezeit nach dem Erstgespräch, die zwei Wochen und mehr betrug.

Es hat in den ersten Jahren der Klinik viele Versuche gegeben, die Wartezeiten zwischen Erstgespräch und der Aufnahme auf eine tagesklinische Station zu verkürzen. Schließlich stellte sich heraus, daß die Patienten das nicht wollten. Patienten, denen bei der telefonischen Anmeldung ein sofortiges Erstgespräch oder im Erstgespräch eine sofortige Aufnahme angeboten wurde, bevorzugten häufig doch einen Termin zu einem späteren Zeitpunkt. Das heißt, nicht nur die Ärzte unterscheiden zwischen dringlicher und weniger dringlicher Krankenhausbehandlung. Auch die Patienten treffen diese Unterscheidung. Es gibt eine Gruppe von Patienten, die selbst auf sofortige Aufnahme drängen, eine andere Gruppe, die eine Wartezeit von zwei bis drei Wochen wünscht. Vordergründig gesehen hängt das mit der Akuität der Symptome zusammen.

Für die Entscheidung, einen Patienten vollstationär zu behandeln, ist nach der Behandlungsdoktrin der Klinik nicht allein die Tatsache maßgebend, daß der Patient suizidal ist oder eine floride psychotische Symptomatik bietet. Es muß schon eine besondere Akuität bestehen. Damit ist gemeint, daß die psychische Symptomatik wichtige psychische Funktionen außer Kraft setzt, so insbesondere die Fähigkeit des Patienten, sich vorab verläßlich auf ein Arbeitsbündnis einzulassen. Die Fähigkeit, ein therapeutisches Arbeitsbündnis einzugehen, und die Symptomatik sind aber, von extremen Fällen, wie etwa einem Stupor, abgesehen, zwei verschiedene Sachen (vgl. *Spengler* u.a. 1983, *Colson* u.a. 1986).[2]

Akuität des Krankheitsgeschehens heißt, daß bei Arzt und Patient die Symptome im Vordergrund der Überlegungen zur Behandlung stehen. Es geht darum, einen Patienten vor suizidalen Handlungen zu bewahren oder eine untragbar gewordene Familiensituation zu entlasten. Tagesklinische Behandlung dagegen rückt das Krankheitsgeschehen anders in den Blickpunkt. Es geht hierbei, auch dem Patienten, um eine Bearbeitung psychischer und damit verbundener sozialer

---

2 Ob ein gutes Arbeitsbündnis zwischen Patient und Therapeuten zustande kommt, sei es nun vor oder während der Behandlung, scheint einer der verläßlichsten Prädikatoren für den Therapieeffekt zu sein (*Allen* u.a. 1985, *Clarkin* u.a. 1987).

Konflikte, die die Lebenssituation des Patienten verändern soll. Dies erklärt auch, warum Patienten und Teams in diesen Fällen eine Wartezeit brauchen. Auch in anderen Kliniken mit ähnlichen therapeutischen Zielsetzungen gibt es vor der Aufnahme eine Wartezeit (z.B. *Arfsten* u. *Hoffmann* 1978). Die Häufigkeit, mit der den Erstgesprächen ein zweites folgt und die bei aufgenommenen Patienten doppelt so groß ist wie bei nicht aufgenommenen, beweist, daß Teams und Patienten sich schon vor der Aufnahme auf den Behandlungsprozeß einstellen müssen. Konkret heißt dies, daß Halluzinationen, Wahn, Suizidalität oder Aggressivität noch nicht eindeutig festlegen, welche Art der Behandlung der Patient will, ob nur Entlastung oder eine Veränderung seiner Lebenssituation. Die Entscheidung, ob stationäre oder tagesklinische Behandlung, was teilweise identisch ist mit der Frage nach sofortiger oder verzögerter Aufnahme, ist tendenziell gleichbedeutend mit der Frage, ob der Patient Entlastung oder Veränderung will.

Suizidalität, die so akut ist, daß sie stationäre Behandlung notwendig macht, bedeutet, daß keine Objektbeziehung "normaler" Art in der Lage ist, dem Patienten ausreichenden Lebenssinn zu geben. Oder ein florider schizophrener Zustand ist dadurch gekennzeichnet, daß keine "normale" soziale Regel ausreichende Verbindlichkeit hat, um dem Patienten ein Leben außerhalb der Anstalt möglich zu machen. In beiden Fällen sind die Bindungen des Patienten in seinen sozialen Systemen so brüchig und unverbindlich geworden, daß die besonderen, zunächst mehr auf äußerlicher Kontrolle beruhenden sozialen Beziehungen des Krankenhauses notwendig werden.

Der Eintritt des Patienten in das Krankenhaus bedeutet in jedem Fall, daß er sein soziales System verläßt und Beziehungen zu den Mitgliedern eines neuen sozialen Systems, nämlich den Personen des Krankenhauses aufnehmen muß. Beziehungen aufgeben, lockern oder nur in ihrem Charakter ändern, erfordert - psychoanalytisch gesehen - Besetzungsentzug und Neubesetzung von Objekten. Dazu ist Zeit notwendig. Je unvermittelter dies geschieht, desto mehr müssen Objektbeziehungen - wenigstens zunächst - durch äußerliche Regeln des Zusammenlebens ersetzt werden. Aber die Haltlosigkeit des Patienten, die in einer akuten Krise eine Sofortaufnahme notwendig erscheinen läßt, mindert wohl auch die Möglichkeit, an seinen Systembezügen etwas Grundsätzliches zu verändern. Eine Krankenhausaufnahme wird notwendig, wenn die Familie auf Grund ihrer dynamischen Struktur nicht in der Lage ist, mit einer bestehenden Konfliktsituation fertig zu werden. Die Krankenhausbehandlung ist eine Entlastung. Aber die Familie wird es danach mit den alten Mitteln weiter versuchen. Vielleicht ist es genau das, was viele Patienten und ihre Familien wollen. Vielleicht ist es auch zu schwer, in akuten Krisen an langfristige Veränderungen zu denken. Vielleicht ist die Tatsache, daß tagesklinische Behandlung in allen Ländern immer noch eher eine Ausnahme als ein Normalfall ist, wie einer der Nestoren dieser Behandlungsform, *Douglas Bennett* (1980), enttäuscht feststellt, darauf zurückzuführen.

Welche Art von Behandlung ein Patient will, wird auch beeinflußt von krankheitsunabhängigen Persönlichkeitszügen. Eine Affinität zu Behandlungsformen wie der therapeutischen Gemeinschaft haben jüngere Menschen, die eine liberale Einstellung und Interesse an Introspektion haben (*Whiteley* 1979). Patienten mit diesen Charakteristika entscheiden sich darum eher für eine tagesklinische Behandlung, da die Merkmale der therapeutischen Gemeinschaft in der Regel dort besser erfüllt sind als im vollstationären Bereich (vgl. *Epps* u. *Hanes* 1964, *Luber* 1979).

Die Form des Erstgesprächs und die Wartezeiten, die zwischen Erstgespräch und Aufnahme liegen, sind eine Form der Grenzkontrolle. Dadurch wird nicht nur festgelegt, wer die Grenzen überschreitet, sondern auch, wie das geschieht. Die Ärzte lassen es nicht bei dem Erstgespräch bewenden, sondern besprechen das Ergebnis ihrer Untersuchung mit ihren Teams und holen sich deren formale Zustimmung. Wenn über eine Sofortaufnahme zu entscheiden ist, beteiligen sie mindestens einen weiteren Vertreter ihres Teams daran und praktizieren somit in rudimentärer Form das gleiche. Die starke Tendenz der Teams, die Grenzen, die festlegen, wer Patient ist, selbst zu kontrollieren, zeigt sich noch in einem weiteren Phänomen. Es gibt auch dann nur eine geringe wechselseitige Zuweisung von Patienten zwischen den Ärzten innerhalb der Klinik (14% aller Patienten), wenn eine Station vorübergehend einen Mangel an Patienten hat und eine andere lange Wartezeiten.

Die Grenzkontrolle, die ein System ausübt, ist ein Charakteristikum seiner Selbstorganisation und Bestandteil des therapeutischen Prozesses (*Astrachan* u.a. 1970). Auf der Patientenseite finden wir eine analoge Situation. Die Schwelle, die ein Mensch überschreiten muß, um in eine psychiatrische Klinik einzutreten, ist offensichtlich erheblich, wie man an den Wartezeiten sieht. Wenn aber ein System, sei es die Klinik, sei es der Patient, so viel Widerstand gegen eine Klinikaufnahme aufbietet, heißt das eben, daß durch die Aufnahme eines Patienten das System Klinik, aber auch der Patient und seine soziale Umwelt, erheblichen Spannungen ausgesetzt werden. Die Klinikaufnahme setzt Kräfte im sozialen Kontext des Patienten frei, die durch seine Aufnahme in die Klinik neu gebunden und strukturiert werden müssen. Das bestimmt auch die Aufgabe der Klinik. Die Krankenhauseinweisung ist mithin eine Strategie, Konflikte im sozialen Kontext des Patienten durch die Krankenhausaufnahme zu Konflikten der Organisation zu machen. Aber die Krankenhauseinweisung ist zugleich auch der Versuch einer Konfliktlösung. Dadurch werden soziale Konflikte in die Frage überführt, ob der Patient in der Klinik oder zu Hause sein soll. Im Fall der Zwangseinweisung geschieht die Verschiebung der Problematik durch Instanzen, die direkt nicht am sozialen Konflikt beteiligt sind. Im Falle der freiwilligen Aufnahme ist es der Patient selbst oder seine Familie. Diese Prozesse sind das, was man auch als die neue Sozialisation als Krankenhauspatient bezeichnen kann, die der Patient im Zusammenhang mit seiner Aufnahme, oft sogar schon vorher durchmachen muß (vgl. *Denzin* u. *Spitzer* 1966).

Ein Stationsteam kann, ebenso wie der Patient, mit einer schnellen Aufnahme nur fertig werden, indem es organisatorische Fragen, wie mit dem Patienten auf der Station umzugehen sei, zunächst einmal vor die Frage nach den Quellen seiner psychischen und sozialen Dekompensation stellt. Darum ist die mit einer Krankenhausaufnahme verbundene äußere Gewaltsamkeit eben oft auch Entlastung von inneren, noch bedrohlicher erscheinenden Konflikten. - Welche Spannungen bei jeder Aufnahme für ein Team zu bewältigen sind, beweist vielleicht nichts mehr als die Tatsache, daß eine geringere Stabilität der Teams, wie sie zum Beispiel nach personellen Umsetzungen auftritt, in unserer Tagesklinik regelmäßig dazu führt, daß die Aufnahmequote für mehrere Wochen um 10 bis 20 Prozent sinkt.

Der Kliniker hat angesichts dieser summarischen Daten ein Interesse, zu erfahren, bei welchen Krankheitskonstellationen welche Entscheidung getroffen wurde: Welche dynamische Konstellation führte zu einer tagesklinischen Behandlung, welche zu einer Notaufnahme? Aber sobald man versucht, diesen Aspekt mit zu berücksichtigen, kommt man über die Ebene der Kasuistik nicht hinaus. Es gibt schizophrene Patienten, die von Angst überflutet sind, sich aber durch den ersten Kontakt in der Klinik so schnell stabilisieren, daß eine tagesklinische Behandlung möglich ist. Oder es kommen die Eltern mit ihrem schizophrenen Sohn in die Klinik, aber man spürt, daß sie ihren Sohn nicht hergeben können. Es bleibt offen, warum sie überhaupt gekommen sind. So gehen sie wieder, obwohl alle wissen, daß es zu gewaltsamer Eskalation kommen wird. Oder ein Patient mit einer mittelschweren Depression will keine Behandlung, die auf die Gründe seiner Depression zielt, sondern Entlastung durch die Möglichkeit der Regression im stationären Bereich. Insgesamt erscheint es nicht selten so, daß die Entscheidung, welche Behandlung gewählt wird, weniger auf der Basis von Symptomen entschieden wird, die der Patient bietet, sondern daß umgekehrt der Patient seine Symptome in Abhängigkeit von den Behandlungszielen, die er hat, präsentiert. Er kann etwas ändern wollen; er kann Trennung von der Familie suchen, um die Familie zu schützen; er kann die Möglichkeit weiterer Regression suchen und so weiter.

Daß die Schwere der Symptomatik eine stationäre Behandlung nicht immer zwangsläufig macht, wird auch dadurch nahegelegt, daß durch eine verbesserte ambulante Versorgungssituation nicht selten Patienten eine akut verlaufende Schizophrenie allein mit ambulanter Behandlung durchstehen. So hört man es von ärztlichen Kollegen und von Patienten. Das gleiche gilt für depressive und mitunter sogar suizidale Patienten. Doch sind darüber keine wissenschaftlichen Dokumentationen bekannt, wahrscheinlich, weil Psychiater mit eigener Praxis eben selten wissenschaftlich publizieren. In der psychoanalytischen Literatur gibt es darüber immerhin kasuistische Berichte (z.B. *Spotnitz* 1985).

Zwei Patientengeschichten

Im folgenden soll an zwei Beispielen verdeutlicht werden, wie die Transformation von sozialen Konflikten in die Indikationsstellung für eine Krankenhausbehandlung geschieht.

Frau B. ist seit einem Jahr in ambulanter psychotherapeutischer Behandlung. Sie ist 34 Jahre alt und erkrankte erstmals mit 22 Jahren an einer Schizophrenie, deretwegen sie insgesamt viermal in Krankenhausbehandlung war. Seit Jahren lebt sie mit Herrn C. zusammen. Herr C. leidet ebenfalls an einer chronischen Schizophrenie, die schon öfter eine Krankenhausbehandlung erforderlich machte. Während Frau B. in den letzten Jahren sehr aktiv an ihrer Rehabilitation gearbeitet hat, ist Herr C. unwillig, an seiner Situation etwas zu ändern. Er ist nicht arbeitsfähig, selten ohne produktive Symptome, nimmt aber keine Neuroleptika.

Ein Jahr, nachdem Frau B. ihre Behandlung begann, hat sie Arbeit, die ihr Spaß macht. Sie fühlt sich wohler und spielt mit dem Gedanken, die Beziehung zu Herrn C. aufzugeben. Herrn C. geht es schlechter. Er begeht einen Selbstmordversuch, weigert sich aber, einen Arzt aufzusuchen. Die Situation spitzt sich über mehr als vier Wochen langsam zu. Herr C. setzt alles daran, daß Frau B. nicht mehr das Haus verläßt. Schließlich gelingt es Frau B., ihn zum Arzt zu bringen, dem sie erklärt, daß sie mit seiner andauernden Suizidalität und seiner Hilflosigkeit überfordert sei. Der Nervenarzt schickte Herrn C. dennoch nach Hause und meint zu Frau B., Psychotherapie bei Psychosen helfe sowieso nicht. Schließlich spürt Frau B., daß sie unter dem Druck der häuslichen Situation selbst zusammenbrechen wird. Sie ruft die Eltern von Herrn C. an und teilt ihnen mit, daß diese die Verantwortung für Herrn C. übernehmen sollen. Die Eltern kommen auch, sind aber ärgerlich. Sie bringen Herrn C. in die Klinik, aus der er einen Tag später mit Suiziddrohung fortläuft. Daraufhin wird er zwangseingewiesen.

Die Probleme, mit denen Frau B. in dieser Situation konfrontiert war, waren ihr Drang nach Unabhängigkeit, ihre Schuldgefühle, ihre Wut auf Herrn C. und dessen Eltern, ihre Hilflosigkeit und schließlich die Zweifel hinsichtlich ihrer Therapie, die der Arzt von Herrn C. genährt hatte. Sie war dem nicht gewachsen und dekompensierte ihrerseits eine Woche später. Jetzt versuchte sie eine psychotische Lösung des Konflikts.

In der wahnhaften Vorstellung, dadurch alle Streitigkeiten der Welt beseitigen zu können, rückte sie ihre Möbel nach "harmonischen Regeln" ständig um. Sie beschloß, Herrn C. zu verlassen und auszuziehen. In Panik sprang sie aus dem Fenster, weil sie den Schlüssel zu ihrer Wohnungstür nicht fand und sich eingeschlossen wähnte. Dabei brach sie sich einen Arm. Doch schaffte sie es noch, zwei Wochen einigermaßen zurechtzukommen. Sie "klärte" ihr Verhältnis zur Mutter und zum Bruder und versuchte zu arbeiten. Das schließlich machte ihre eigene Zwangseinweisung unumgänglich, da sie sich einer freiwilligen Behandlung widersetzte.

Herr C. benutzte offensichtlich seine Krankheit, um seine Freundin zu halten. Er mußte fürchten, daß die Verbindung keinen Bestand haben könnte, wenn Frau B. weitere "Fortschritte" machen würde. Sein Arzt hat wohl ähnlich gedacht und wollte die Verbindung erhalten, weil sie Herrn C. stabilisierte. Auch die Eltern von Herrn C. hatten, aus dem gleichen Grund, ein Interesse daran, daß die Verbindung zwischen Herrn C. und Frau B. erhalten blieb. Wenn Frau B. ihre Wünsche nicht aufgeben wollte, mußte sie sich mit den Widerständen all der genannten Personen auseinandersetzen. Sie hätte den Widerstand aller Beteiligten in Kauf nehmen müssen. Für alle wäre es eine Umstellung gewesen, wenn Frau B. einigermaßen gesund, ihr Partner aber schwer behindert wäre, oder wenn sie sich von ihm getrennt hätte. In dieser Situation war Frau B. überfordert. Mit ihrem psychotischen Zustand hatte sie darum die "Lösung" gewählt, die Realitäten einfach zu verleugnen oder nach ihren Wünschen umzugestalten. Die Krankenhauseinweisung machte die psychotische Konfliktlösung zunichte. Aber sie verlagerte auch die Konflikte, die zur Dekompensation von Frau B. beigetragen hatten, auf eine andere Ebene. Es ging nun gar nicht mehr darum, wie Frau B. zu Herrn C. stand, und daß eine Veränderung ihrer Beziehung Widerstände des Freundes, seiner Eltern und seines Arztes hervorgerufen hätte. Es ging nun um die Frage, wie der Lösungsversuch von Frau B. zu bewerten war. Die Zwangseinweisung negierte die Lösung des Beziehungsproblems durch Frau B., nämlich ihren Wahn, daß es keine Widerstände gegen ihre Absichten gab. Mit der Zwangseinweisung von Frau B. hatten sich die Widerstände aller beteiligten Personen gegen eine Veränderung der Situation durchgesetzt. Aber das war nun unter der administrativen Maßnahme der Zwangseinweisung verborgen.

Als Frau B. nach sechs Monaten entlassen wird, ist die Situation wie vorher. Es geht nun wieder beiden schlecht, und sie lebt mit Herrn C. weiterhin zusammen. Frau B. ist länger als 1 Jahr depressiv und muß noch einmal für Monate in die Klinik, nun wegen anhaltender Suizidalität. 3 Jahre später ist sie in einem leidlich guten Zustand. Sie ist in ärztlicher Behandlung, arbeitet stundenweise und lebt weiterhin mit Herrn C. zusammen. Sie ahnt inzwischen, daß ihr Wunsch nach Unabhängigkeit nur in der Psychose zu realisieren ist. So bleibt für sie viel Unbefriedigendes in der Beziehung, aber sie traut sich nicht, die Situation zu verändern. Sie fürchtet sich auch vor dem Alleinsein.

Dazu im Gegensatz eine tagesklinische Behandlung:

Frau D. kommt anläßlich kurzer psychotischer Episoden in die Klinik. Sie ist 42 Jahre alt, eine Frau von angenehmen Äußeren. Sie ist uneheliches Kind und hatte eine unerfreuliche Kindheit und Jugend. Ihre Mutter war wohl auch psychisch schwer gestört. Als junge Frau heiratet sie einen unsteten Mann, mit dem sie zwei Kinder hat. Das Paar betreibt mit gutem Erfolg ein Geschäft, für das Frau D. talentiert ist. Die Ehe ist schlecht. Der Mann hat ständig Beziehungen zu anderen Frauen. Es kommt häufig zu tätlichen Auseinandersetzungen in der Ehe. Als die ältere Tochter in die Adoleszenz kommt, trennt sich Frau D. von ihrem Mann, die Kinder bleiben bei ihr. Das gemeinsame Geschäft wird aufgelöst. Jetzt treten erstmals flüchtige psychotische Zustände auf. Frau D. fühlt sich verfolgt und glaubt, daß jedermann ihre Gedanken lesen kann. Sie ist in diesen Zuständen suizidal. Frau D. versteht diese Zustände nicht. Sie kann auch keine inhaltliche Verbindung zu ihrer veränderten Lebenssituation knüpfen. Aber sie erkennt, daß sie ärztliche Hilfe braucht. Ihr Arzt schickt sie nach einem ersten Selbstmordversuch in die Tagesklinik.

Frau D. hat mit der Trennung von ihrem Ehemann eine Beziehung verloren, die ihr trotz aller Schwierigkeiten half, ihr fragiles Selbst einigermaßen stabil zu halten. Die psychotischen Zustände sind für sie ein Signal, daß etwas an ihr bzw. ihrer Lebenskonstellation nicht funktioniert. Sie geht in die Klinik mit der Hoffnung, hier eine Veränderung erzielen zu können.

Im Fall von Frau D. war der Zusammenhang zwischen sozialer Situation, psychischem Konflikt und Krankenhausbehandlung offen. Frau D. spürt, daß sie mehr an psychischer Autonomie gewinnen muß, und sucht deswegen Hilfe. Das erfordert eine Vorbereitung der inneren Einstellung der Patientin und ihrer Familie. Doch braucht Frau D. insgesamt fünf Jahre, in denen sie viele Male in die Klinik aufgenommen werden muß, um einigermaßen zurecht kommen zu können. Sie konnte aber ihre eigene Wohnung halten. Die Tochter zog aus, und Frau D. fand in einer beschützenden Werkstatt Arbeit. Hier hat die Klinik für einen langen Zeitraum die Funktion übernehmen müssen, ihr fragiles Selbst "prothetisch" zu stützen.

Problemkonstellationen der Patienten

Die Therapeuten wurden danach befragt, welche Probleme ihrer Patienten bei der Indikationsstellung für eine Klinikbehandlung eine Rolle spielten. Sie nannten pro Patient durchschnittlich etwa fünf Probleme im Zusammenhang mit der Aufnahmeindikation. Davon bezogen sich zwei oder drei Probleme auf die psychische Verfassung des Patienten, ein oder zwei Probleme bezogen sich auf den zwischenmenschlichen Bereich, also auf die "Beziehungen" und ebensoviele Probleme wurzelten in der sozioökonomischen Situation der Patienten. Psychosomatische Symptome wurden bei 18 Patienten gesehen, Alkohol- und Drogenmißbrauch bei zwei Patienten. Priorität räumten die Therapeuten bei zwei von drei Patienten den psychischen Problemen ein, bei jedem Fünften den Beziehungsproblemen und nur bei jedem Zwanzigsten den sozialen und ökonomischen Problemen. Die Therapeuten versuchten also im Aufnahmegespräch, ein möglichst umfassendes Bild von der Lebenssituation und von der Befindlichkeit des Patienten zu zeichnen. Sie bemühten sich, den situativen Zusammenhang zu erfassen, der zu einer Aufnahme in die Klinik führte.

Von den psychischen Problemen nannten sie der Rangfolge nach: Kontaktstörungen bei 22 Patienten, geringe Selbständigkeit bei 18, Angst bei 16, psychotische Zustände bei 16, gestörtes Selbstwertgefühl bei 15, Depressivität bei 10 Patienten. Suizidalität wurde nur bei 9 Patienten genannt, Zwangssymptome oder Phobien bei 4 und Sonstiges bei 22.

Bei der Beschreibung der psychischen Probleme orientierten sich die Therapeuten an verschiedenen Klassifikationsschemata. Sie benannten zum Teil Symptome als psychisches Problem der Patienten, gaben zum Teil aber auch erklärende Deutungen abweichenden Verhaltens. Da retrospektiv eine Vereinheitlichung der Sprache der Therapeuten nicht möglich war, läßt sich lediglich festhalten, daß psychopathologische Probleme gleichrangig mit Problemen der psychischen Entwicklung der Patienten für eine Aufnahme in die Tagesklinik bedeutsam waren. Es fällt auf, daß auf den beiden ersten Rangplätzen

Störungen stehen, die die Objektbeziehungen der Patienten betreffen. Offensichtlich konzentrieren sich die Therapeuten ebensosehr auf die augenscheinlichsten Folgeprobleme psychischer Dysfunktionen, etwa die Unfähigkeit der Patienten, befriedigende soziale Beziehungen zu entwickeln, wie auf die psychischen Störungen selbst. - Aggressivität wurde in keinem Fall genannt.

Es gingen auch persönliche Besonderheiten der verschiedenen Ärzte in die Beurteilung ein. Die Patienten einer Station erhielten ausnahmslos die Beurteilung, an geringem Selbstwertgefühl zu leiden. Es setzten sich Kennzeichnungen durch, die nicht ganz unbeeinflußt von kulturellen Vorurteilen zu sein schienen. Weiblichen Patienten wurde zum Beispiel häufiger als männlichen Patienten attestiert, daß ihre Identität nicht gefestigt ist. Dieser Unterschied war jedoch nicht signifikant. Männer dagegen wurden signifikant häufiger als Frauen für affektiv gestört gehalten. Daneben schien die Beurteilung der Therapeuten auch von Vermeidungsverhalten geprägt. Suizidalität tauchte als Problemkomplex mit nur 17 Prozent der Patienten vergleichsweise wenig auf. Bei einer psychiatrischen Behandlung sollte aber auch latente oder zurückliegende Suizidalität in besondere Weise die Aufmerksamkeit der behandelnden Ärzte auf sich ziehen. Im Abschlußbericht von 25 der 54 Patienten wurde Suizidalität im Zusammenhang mit der Vorgeschichte der Patienten erwähnt. Schließlich bestanden natürlich triviale Korrelationen in dem Sinn, daß Patienten mit der Diagnose "Depression" als depressiv eingeschätzt wurden oder Patienten ohne festen Wohnsitz Wohnungsprobleme hatten.

Insgesamt aber waren die psychopathologischen Symptome im engeren Sinn über alle Diagnosegruppen mehr oder weniger gleichmäßig verteilt, ebenso über Altersgruppen, Geschlecht und Familienstand. Das gleiche galt für solche Störungen, die eher auf Defizite der Persönlichkeitsentwicklung hinwiesen. Es mußten mehrere Klassen von "Problemen" zusammengefaßt werden, um wohl unterschiedene Problemkonstellationen hervortreten zu lassen, die mehr als zufällig erschienen.

Patienten bis zu 25 Jahren wurden im Gegensatz zu den älteren kaum als affektiv gestört erlebt. Der Familienstand eines Patienten schien ebenfalls mit der Art der psychischen Störung zu korrelieren: Ledige, getrennte, geschiedene oder verwitwete Menschen verfügten in den Augen der Ärzte über ein weniger gefestigtes Selbstbild als verheiratete Patienten, wenn dieser Unterschied auch nicht signifikant war. Die verheirateten Patienten wurden vor allem als affektiv gestört beschrieben gegenüber getrennten, geschiedenen und ledigen.

Unter dem Begriff "Beziehungsprobleme" wurden alle Störungen der Interaktion mit anderen Menschen zusammengefaßt, Defizite ebenso wie Konflikte. Zu diesem Problembereich gab es bei 4 Patienten keine Nennungen. Der Rangfolge nach nannten die Therapeuten soziale Isolation bei 33 Patienten, Probleme in der Primärfamilie bei 8, Partnerprobleme bei 14, Probleme am Arbeitsplatz bei 5, Sonstiges bei 4.

Differenziert man die Beziehungsprobleme der Patienten nach relevanten Sozialpartnern, so kommt den Beziehungsstörungen zum Lebenspartner oder dessen Verlust die wichtigste Bedeutung zu. Das galt besonders für Patienten, die älter als 35 Jahre waren. Es folgen Beziehungsprobleme innerhalb der Primärfamilie oder die Loslösungsproblematik vom Elternhaus, besonders bei den jüngeren Patienten. Die Tendenz zur sozialen Isolation wurde durchgängig sehr hoch eingeschätzt. Das scheint ein besonderes Problem psychiatrischer Patienten zu sein (vgl. *Götte* u. *Wegener* 1986). Sie nahm mit dem Alter zu, jedoch ohne augenscheinliche Korrelation zum Familienstand. Erwartungsgemäß konstatierten die Therapeuten bei den Verheirateten und den getrennt lebenden Patienten häufiger Beziehungsprobleme zum Partner als bei den Ledigen, während Beziehungsprobleme in der Primärfamilie bei der Aufnahme in die Tagesklinik nur bei ledigen Patienten genannt wurden. Die Differenzierung der Beziehungsprobleme nach der Wohnsituation der Patienten ergab, daß zwischen diesen Problemen und realer Lebenssituation ein Zusammenhang gesehen wurde. Vier von fünf der allein lebenden Patienten wurden als isoliert lebend beschrieben, dagegen nur jeder zweite Patient, der mit einem Partner oder in einer sonstigen Wohnform, wie beispielsweise Studentenwohnheim, Wohngemeinschaft zusammenlebte. Die geringsten Tendenzen zum Rückzug sahen die Therapeuten bei Patienten, die bei den Eltern leben. Hier wurde nur jeder Dritte als isoliert bezeichnet. Partnerprobleme wurden vor allem bei Patienten genannt, die mit dem Partner auch zusammen leben, Beziehungsprobleme zu den Eltern vor allem bei den Patienten, die mit ihren Eltern noch zusammenwohnen.

Den wichtigsten Stellenwert unter den sozioökonomischen Problemlagen nahmen die Arbeits- und Ausbildungsprobleme ein, und zwar bei 35 Patienten. Danach folgten gleichrangig Probleme der Unterhaltssicherung und der Wohnungssituation, die bei je 6 als nicht tragbar beschrieben wurde. Sonstiges wurde bei 12 Patienten genannt. Keine Nennung gab es zu 15 Patienten.

Bei den Patienten zwischen 25 und 34 Jahren sowie den Ledigen wurden Arbeitslosigkeit oder Probleme der Umschulung besonders häufig genannt. Bei den getrennt Lebenden, Geschiedenen und Verwitweten verlagert sich die Problemlage in Richtung Unterhaltssicherung. Hier bestanden offensichtlich Rechtsansprüche an den geschiedenen oder getrennt lebenden Ehemann, so daß die Arbeitssuche nachrangig wurde. Bei keinem dieser Patienten wurde letzteres Problem genannt.

Sehen wir von den oben erwähnten subjektiven Faktoren ab, die sich in den Einschätzungen der Ärzte wiederspiegeln, so ist die Auflistung der Problemkonstellation weder ein unverbundenes Sammelsurium von "Problemen", noch ergibt sich das Bild einer Betrachtung, die auf der Basis unterstellter ätiologischer Faktoren streng kausal psychische und soziale Folgeprobleme benennt. Die Therapeuten haben eine Sicht, die alle Lebensbereiche der Patienten umfaßt. Doch sie setzen Prioritäten. Als Psychiater sehen sie das Schwergewicht der Problematik in der psychischen Verfassung ihrer Patienten. Aber sie versuchen, auch die sozialen Konflikte, die ja oft beherrschend erscheinen, zu erfassen. Zusätzlich stellen sie Korrelationen her, womit sie typische Problemkonstellationen konturieren. "Probleme mit und in der Primärfamilie" ist besonders ein Thema für jugendliche Patienten. Die psychische Problematik des jungen Patienten erscheint weniger als Symptom, das sich in der Affektgestaltung ausdrückt, also Angst und Depression, sondern offensichtlich mehr als Beziehungskonflikt. Der ältere Patient erscheint sozial isoliert, oder er lebt mit einem Partner und es ergeben sich gerade daraus Konflikte. Die finanzielle Basis des Lebens ist ungesichert, insbesondere bei Frauen, die sich vom Partner getrennt haben. Bei Patienten im mittleren Alter liegen die Probleme im affektiven Bereich und betreffen den Partner. Berufliches Scheitern wird als besonders konflikthaft erlebt. Diese Korrelationen sind, statistisch gesehen, teilweise nur mäßig ausgeprägt und vor allem in ihren feineren Differenzierungen hier nicht nachgezeichnet. Das liegt daran, daß der Vergleich auf einem hohen Abstraktionsniveau erfolgte. Eine niedrigere Stufe der Abstraktion hätte die Variablen jedoch vervielfältigt und damit schwer bearbeitbar gemacht. Aber es wird deutlich, welche Sichtweise die Therapeuten haben.

Die Problemkonstellationen zeichnen Bilder von Menschen mit psychischen Dysfunktionen, die verknüpft sind mit typischen sozialen Konstellationen. Diese Sichtweise gleicht *E. Eriksons* (1959) Theorie, daß sich psychisches Wachstum ebenso wie psychisches Scheitern in Krisen vollzieht, in denen das Individuum neuen sozialen Anforderungen gerecht werden muß. Die phasenspezifische innere Reifung von Bedürfnissen und Fähigkeiten korrespondiert mit ebenso phasenspezifischen gesellschaftlichen Anforderungen oder findet in ihnen ihre Befriedigung. Dieser Prozeß vollzieht sich in einer krisenhaften Adaptation, die eben auch mißlingen kann. Die soziale Anforderung an einen Adoleszenten, eine Berufswahl zu treffen, fällt zeitlich zusammen mit der Fähigkeit und dem Bedürfnis, die eigene Identität auch durch Übernahme einer sozialen Rolle zu verändern. Ein solches Krisenmodell verbindet Psychisches mit Sozialem. Depression ist, phänomenal gesehen, oft dasselbe bei einem Adoleszenten wie bei einem Greis. Aber man kann sie auch lebensgeschichtlich, im ersten Fall also zum Beispiel als Identitätskrise, im zweiten Fall als Verlassenheitsgefühl interpretieren. Eine Beschränkung auf bloß psychische Kategorien würde eine Differenzierung dieser Art kaum zulassen und müßte überdies alle sozialen Konflikte der Patienten als Folgen individueller Leistungsschwäche sehen. Die Beschränkung auf soziale Kategorien würde keinen adäquaten Begriff psychischer Störung oder Krankheit ermöglichen. *Eriksons* Konzept der Krise bringt psychische Entwicklung und sozialen Kontext in eine inhaltliche Verbindung. Nur durch den vom Begriff der Krise vermittelten Zusammenhang ergibt sich ein Verständnis der psychischen Problematik und darauf aufbauend die Möglichkeit konsistenten therapeutischen Handelns auch im Hinblick auf den sozialen Bereich. Aber diese Haltung hat, wie wir sehen konnten, auch eine Schwäche: Sie ist anfällig gegenüber Vorurteilen und Klischeebildungen.

Danach befragt, wo sie die Ursache der psychischen Erkrankungen ihrer Patienten sehen, wollten die Therapeuten bei keinem Patienten ein Mitwirken frühkindlicher Erfahrungen ausschließen. Soweit folgten sie der psychoanalytischen Ausrichtung der Klinik. Aber das Krisenmodell, das sie implizit ihrer Sicht der Problemkonstellation zugrunde legten, schließt aktuell wirksame gesellschaftliche Faktoren mit ein. Der Zusammenbruch, der zur Krankenhausbehandlung führte, ist zwar ein psychischer Prozeß und entsteht aus einem Mißverhältnis zwischen psychischen Bedürfnissen und den psychischen Strukturen, die ihre Befriedigung sichern, aber eben im Rahmen gesellschaftlich gegebener Möglichkeiten. Das Krisenmodell läßt offen, ob die Bewältigungskapazität des einzelnen zu gering oder die Zumutungen zu groß waren. Andere Hypothesen können diese Lücke füllen, wie die von *Zubin* u.a. (1985), der im Fall der Schizophrenie davon ausgeht, daß es die größere Vulnerabilität des Individuums für soziale Streßfaktoren ist, die zur psychischen Erkrankung führt.

Ziele der Therapie

Ein Fallbeispiel

Tobias E. ist ein 31jähriger Mann, viel jünger aussehend, ein sportlicher Typ, lässig im Auftreten, jedoch leicht unstet wirkend. Er kommt in die Klinik - es ist seine erste psychiatrische Behandlung in einem Krankenhaus - weil sein Freund meinte, daß er Therapie brauche. Im Gespräch kommt heraus, daß er auch schon mal Stimmen hört. Nach der ersten Woche seiner Behandlung ergibt sich folgendes Bild: Die Eltern streiten sich in seiner Kindheit ständig. Als Tobias E. in die Pubertät kommt, trennen sich die Eltern. Tobias E. lebt bei der Mutter, führt aber ein unruhiges Leben. Er trinkt schon als Jugendlicher viel Alkohol und konsumiert Haschisch. Doch macht er das Abitur mit einer guten Note. Vielfältige Versuche eines Studiums - an mindestens sechs verschiedenen Orten - scheitern. Spätestens seit dieser Zeit auch hat er häufiger akustische Halluzinationen. Er hat Dutzende von flüchtigen Frauenbeziehungen, trinkt viel und konsumiert weiter Haschisch. Schließlich lebt er wieder bei der Mutter und jobbt gelegentlich. Doch gibt es viel Streit mit der Mutter. Die Mutter ist eine charmante Frau, die aber unfähig ist, einigermaßen geordnet zu sprechen. Auf subtile Weise entwertet sie den Sohn ständig, kokettiert aber andererseits mit ihm. Gefragt, was er von der Behandlung erwarte, sagt Tobias E. entweder: "Nichts, ich bin wieder gesund, mir geht es schon viel besser. Ich glaube, ich sollte entlassen werden." Oder: "Ich will wieder arbeiten können." Doch ist offensichtlich, daß er oft halluziniert, mitunter Depressionen hat und sich kaum einigermaßen konzentrieren kann.

Der behandelnde Arzt und das Stationsteam einigen sich darauf, Herrn E. die folgenden Behandlungsziele vorzuschlagen: Reduktion oder Beseitigung der produktiven Symptome durch Behandlung mit Neuroleptika; Klärung der Beziehung zur Mutter, was heißt: Wo wohnt Tobias? Wer bezahlt den Unterhalt? Läßt sich eine bessere Abgrenzung der Verantwortlichkeiten, die Tobias E. für sich oder die Mutter für ihn in praktischen Lebensfragen hat, erreichen? Drittens könnte Tobias E. eine realistische Vorstellung seiner Arbeitsfähigkeit bekommen. Viertens sollte Tobias E. die Möglichkeit haben, - man wird sehen, ob er von diesem Angebot Gebrauch machen kann und will - die traumatisierende Erfahrung seiner Kindheit zu besprechen, um seine fortdauernde Abhängigkeit von der Mutter zu mildern und etwas mehr innere Autonomie zu gewinnen.

Vielfalt möglicher Therapieziele

Was hier als Behandlungsziele formuliert wird, betrifft sehr verschiedene Bereiche: Psychische Probleme, die mit Medikamenten behandelbar sind; psychische Probleme, die mit psychotherapeutischen Mitteln behandelbar sind; die sozialen Beziehungen des Patienten (seine reale Lebenssituation), die teils mit familientherapeutischen, teils mit sozialarbeiterischen Mitteln behandelbar sind. Dieses Fallbeispiel soll im weiteren benutzt werden, um zu konkretisieren, was auf abstrakter Ebene beschrieben wird.

Die Ärzte und Sozialarbeiter wurden zu Anfang der Behandlung eines Patienten danach befragt, wo sie den Schwerpunkt der Behandlungsziele sehen. Die Antworten ließen sich in der nachfolgenden Weise zu einem Problemkatalog zusammenfassen:

1. Reduktion psychopathologischer Symptome,
2. Verarbeitung frühkindlicher Erfahrungen,
3. Förderung der persönlichen Entwicklung,
4. Klärung der Beziehungen in der Primärfamilie,
5. Klärung der Partnerbeziehung,
6. Entwicklung außerfamiliärer sozialer Beziehungen,
7. sonstige Ziele in Hinsicht auf soziale Beziehungen,
8. Klärung der Arbeits- oder Ausbildungssituation,
9. Klärung der Wohnsituation,
10. Klärung der finanziellen Sicherung,
11. Klärung der sonstigen Lebenssituation.

Der Begriff "Klärung" ist hier gewählt, um die Art der Intervention, die zur Erreichung des entsprechenden Zieles geplant wurde, noch offen zu lassen. Im übrigen erscheint dieser Katalog sehr ungleichgewichtig. Die Nummern 1 bis 3 formulieren in sehr allgemeiner Weise, was im Einzelfall sehr unterschiedliche Ziele sein könnten. Das Therapieziel "Reduktion psychopathologischer Symptome" ließe sich leicht aufgliedern, zum Beispiel in Reduktion einer produktiven psychotischen Symptomatik, Beseitigung von Zwangssymptomen, Reduktion einer Minussymptomatik, Verbesserung der Stimmungslage etc. Ebenso könnten Nr. 2 und 3 spezifiziert werden in: Bearbeitung eines infantilen Traumas, Maßnahmen zur Stärkung der Ich-Grenzen, Aufhebung primitiver zugunsten reiferer Abwehrmechanismen etc. Anders dagegen die Nr. 4 bis 11, die vergleichsweise konkret erscheinen und sich nicht auf den Patienten allein beziehen, sondern entweder Bezugspersonen oder reale Lebensbedingungen einschließen. Der Problemkatalog spiegelt die Tatsache wider, daß die Therapeuten ihre Therapieziele entweder bevorzugt im Hinblick auf die Veränderung der psychischen Symptomatik, psychischer Strukturen, der sozialen Beziehungen oder konkreter Lebenssituationen der Patienten focussieren. Er sagt nichts aus über die Art der gewählten Interventionen. Der Katalog ließe sich grob gliedern in Therapieziele, die sich auf die psychopathologische Symptomatik der Patienten konzentrieren: Nr. 1, die die Entwicklung der Persönlichkeit der Patienten fördern: Nr. 2, 3, die sich auf die sozialen Beziehungen der Patienten richten: Nr. 4, 5, 6, 7, die sich auf die realen Lebensverhältnisse der Patienten beziehen: Nr. 8, 9, 10, 11.

In den Antworten der Therapeuten erscheint die gleiche Mehrdimensionalität wie auch in dem konkreten Fallbeispiel. Die Therapeuten (hier Ärzte und Sozialarbeiter) nannten zusammen pro Patient im Durchschnitt 5,6 Ziele. Davon bezogen sich die meisten auf Nr. 8 (Arbeit, Ausbildung). Angesichts der Bedeutung, die das Arbeitsleben in unserer Kultur hat, und der hohen Arbeitslosenquote der Patienten erscheint es folgerichtig, daß das Therapieziel "Klärung der Arbeits- bzw. Ausbildungssituation" am häufigsten genannt wurde, und zwar von den Sozialarbeitern bei 37 aller Patienten (vgl. Tab. 5). Daß die Nennquote bei den Patienten der Station nur 56 Prozent betrug, darf man wohl als Ausdruck einer resignativen Haltung der Therapeuten bewerten, die es angesichts der Arbeitsmarktlage seltener für aussichtsreich halten, dieses Ziel bei den Patienten dieser Stationen anzustreben. Es folgen Nr. 3 (Persönlichkeitsentwicklung) an zweiter und Nr. 1 (Symptomreduktion) an dritter Stelle. Nr. 6 (außerfamiliäre Beziehungen) hat den Rang 4. Die weiteren Ziele folgen mit größerem Abstand. Die Ärzte nannten häufiger patientenorientierte Ziele, die Sozialarbeiter Ziele, die die Lebenssituation der Patienten in den Mittelpunkt rücken. Die Reduktion psychopathologischer Symptome wurde von den Ärzten als Therapieziel nur für 50 Prozent der Patienten genannt, doch gehörten psychopathologische Symptome bei 44 Patienten (81 %) zu der Problemkonstellation, die der Grund zur Aufnahme in die Klinik war.

Die Komplexität der Therapieziele

Die Behandlungsziele, wie sie von den Therapeuten formuliert werden, sind komplex. Sie kombinieren verschiedene Dimensionen therapeutischen Handelns, und zwar so, daß Maßnahmen in einer Dimension zu einer Veränderung in der anderen führen sollen. Im Falle von Tobias E. ist es ein mögliches Therapieziel, daß er Medikamente nimmt, um damit die produktiven psychotischen Symptome zu reduzieren. Diese Veränderung seiner psychischen Verfassung würde ihn möglicherweise befähigen zu arbeiten. Die Klärung der Arbeitssituation andererseits kann Tobias E. helfen, sich von der Mutter unabhängiger zu machen. Dadurch würden wahrscheinlich auch die produktiven psychotischen Symptome reduziert. Die Klärung der Beziehung zur Mutter würde Tobias E. erlauben, sich autonomer zu fühlen, und eine psychotherapeutische Einflußnahme würde ihm im günstigen Fall mehr Fähigkeit zur Abgrenzung von der Mutter vermitteln. Die

Therapieziele erscheinen so als konkrete lebensperspektivische Ziele. Der Patient soll möglichst nicht mehr halluzinieren. Die Kommunikation zwischen Mutter und Sohn soll weniger entwertend und kokettierend sein. Der Patient soll eine eigene Wohnung beziehen. Aber jede dieser Maßnahmen ist auch dazu gedacht, die Funktion in einem anderen Bereich zu verändern. Es ist nicht das Ziel, daß Tobias E. eine eigene Wohnung besitzt, weil es gut wäre, so zu leben. Es ist nicht Sache der Therapeuten, das zu entscheiden. Es geht um die Konsistenz des Lebensentwurfs. So wie Tobias E. lebt, kann er nicht arbeiten. Will er das, dann muß etwas an der Beziehung zur Mutter geändert werden. Wenn er an den psychotischen Symptomen leidet und sie darum los sein will, muß er etwas an seiner Lebenssituation ändern und so weiter.

Diese komplexe Sicht möglicher Behandlungsziele ist kein Spezifikum der Tagesklinik. Sie steckt in jeder psychiatrischen oder psychotherapeutischen Behandlungsstrategie. Psychologische Behandlungsmaßnahmen richten sich zwar auf die psychische Verfassung des Patienten, haben aber damit auch das Ziel, die sozialen Kompetenzen der Patienten zu befördern, etwa die Liebes- und Arbeitsfähigkeit. Familientherapeutische Maßnahmen zielen durch Beeinflussung der Familiensituation darauf ab, die Notwendigkeit psychischer Symptome zu reduzieren, ebenso wie soziale Maßnahmen gedacht sind, den psychischen Zustand der Patienten zu verbessern. Doch werden diese therapeutischen Methoden im ambulanten Sektor isoliert angewandt (*Matakas* 1987) und zielen dann nicht in der gleichen Weise auf konkrete Lebensumstände, wie am Beispiel von Tobias E. aufgezeigt. Ein Patient, der sich auf eine ambulante Psychotherapie einläßt, hat die Gelegenheit, innerpsychische Konflikte zu klären. Welche konkreten Folgen daraus für sein soziales Leben entstehen, läßt sich in der Regel nicht vorhersehen und ist auch seine Sache. Wenn er sich scheiden läßt oder seinen Beruf aufgibt, liegt das nicht primär in der Verantwortung des Therapeuten. Und wenn die neuroleptische Behandlung eines Schizophrenen dazu führt, daß er zwar ohne produktive Symptome ist, aber nicht mehr das Haus verläßt, ist das auch nicht eigentlich ein Thema, das in der neuroleptischen Behandlung eingeschlossen ist. Zwar wird ein guter Arzt auch die Folgewirkungen einer Behandlung abschätzen und unter Umständen darum dem Patienten von einer bestimmten Behandlung abraten, aber das Grundmuster des Behandlungsauftrages an den Arzt ist nicht: Wie kann ich, wie soll ich leben?, sondern: Wie werde ich meine Symptome los?

Für das Beispiel von Tobias E. würde das heißen, daß es wissenschaftlich legitimierbar wäre, die Behandlung auf die neuroleptische Behandlung zu beschränken. Tobias E., so wie er motiviert war, hätte einer massiven neuroleptischen Behandlung zwar Widerstand entgegengesetzt. Es ergab sich während der Behandlung, daß er darüber depressiv und suizidal wurde und eine hohe Dosierung kategorisch ablehnte. Aber man hätte sie durchsetzen können, vielleicht als Zwangsmaßnahme. Wie die Sachlage schien, wäre er darüber vielleicht frei von produktiven Symptomen geworden. Aber es war natürlich unsicher, ob es ihn langfristig in die Lage versetzt hätte, sozial kompetenter zu sein oder ob er und die Mutter sich hätten darauf einrichten müssen, daß er mit leichter Minussymptomatik als seelisch Behinderter bei ihr lebte. Eine analytisch orientierte Behandlung würde die paradoxe Beziehungskonstellation zur Mutter und die mangelhafte innere Abgrenzung von Tobias E. in den Mittelpunkt der Betrachtung stellen. Die schwachen Ich-Grenzen, den mangelhaften Realitätssinn sowie die Halluzinationen als primitive Form der Abwehr könnte man als Ausdruck einer mangelhaften Trennung vom Primärobjekt betrachten. Eine solche psychoanalytische Beschreibung könnte die Problematik von Tobias E. auf den intrapsychischen strukturellen Aspekt fokussieren und das Behandlungsziel darin sehen, die innerpsychische Abgrenzung zu verbessern. Ähnlich könnte man den familiendynamischen Aspekt in den Mittelpunkt stellen und die Psychopathologie von Tobias E. dadurch erklären. Die Familie braucht den Sohn (als Verkörperung eines idealisierten und zugleich dämonisierten Bildes von einem Mann) und sein abweichendes Verhalten, um ihre Systemstabilität zu sichern. Man kann also durch Reduktion auf die psychoanalytische oder familiendynamische Ebene die gesamte Problematik von Tobias E. doch irgendwie abbilden und hoffen, daß sich durch entsprechende therapeutische Interventionen die Gesamtsituation von Tobias E. verbessern wird.

Die klinische Behandlung dagegen geht, wie wir gesehen haben, einen Schritt in eine andere Richtung. Sie entwirft eine Lebenssituation, die ebenso konkret wie komplex ist. Die Therapeuten entwerfen eine konkrete Lebenssituation, die psychische Verfassung, soziale Beziehungen und reale Lebensform neu ausbalanciert. Die Therapieziele für das Beispiel von Tobias E., wie auf S. 80 formuliert, würden nach dem Muster des Problemkatalogs lauten:

1. Reduktion psychopathologischer Symptome,
2. Verarbeitung frühkindlicher Erfahrungen,
3. Förderung der persönlichen Entwicklung,
4. Klärung der Beziehungen in der Primärfamilie,
8. Klärung der Arbeits- oder Ausbildungssituation,
9. Klärung der Wohnsituation.

Die Therapeuten haben aber für Tobias E. diese Ziele konkret formuliert: Neuroleptische Behandlung, Wiederaufnahme der Arbeit und bessere Abgrenzung von der Mutter durch Neuverteilung der Verantwortlichkeiten. Für die Behandlungsstrategie ergeben sich daraus eine Reihe von Problemen. Die Therapeuten müssen sicherstellen, daß ihre Behandlungsplanung nicht an den Fähigkeiten und Bedürfnissen des Patienten vorbeigeht. Sie haben zwar eine durch ihre Fachkompetenz begründete Meinung über die konsistenten Bedingungen, die dem Patienten ein Leben ermöglichen, das weniger konflikthaft ist, aber dafür brauchen sie sehr intime Kenntnisse über die Beziehung zwischen den Krankheitssymptomen, der psychischen Dynamik und der Familienkonstellation. In vielen Fällen sind sie weit davon entfernt. Die Therapeuten müssen ferner einen Weg finden, wie sie die Behandlungsziele, die auf die außerklinische Situation des Patienten zielen, intramural verhandeln können. Schließlich müssen sie die komplexen Behandlungsziele in Einzelschritte auflösen, und zwar so, daß sie mit der Thematisierung eines Teilproblems nicht in Widerspruch zu dem sozialen oder psychischen Gleichgewicht geraten, in dem der Patient lebt. Wenn Tobias E. sich eine Wohnung suchen würde, ohne daß die Beziehung zur Mutter thematisiert wäre, würde das möglicherweise zu der Komplikation führen, daß die Mutter dieses Vorhaben zu hintertreiben versucht. Aber eine familiendynamische Intervention kann auch kaum gelingen, wenn nicht ein lebensperspektivischer Rahmen für Mutter und Sohn entworfen wird. Die Therapeuten können also ihre Behandlungsziele in dieser komplexen konkreten Form nicht so ohne weiteres realisieren.

Strukturierung der Therapieziele

In den Angaben der Therapeuten zu den Therapiezielen kommen jedoch gewisse strukturierende Vorstellungen zum Ausdruck, die darauf hinweisen, wie sie dieses Problem lösen. Die Therapeuten formulieren ihre Zielvorstellungen in Abhängigkeit von der Diagnose, die sie den Patienten gegeben haben. Es gibt eine Reihe von Therapiezielen, die von den Ärzten mit unterschiedlicher Häufigkeit für neurotische[3] beziehungsweise psychotische Patienten genannt werden. Die Gegenüberstellung *neurotisch : psychotisch* (für die Ärzte) ergibt (vgl. Tab. 5):

1. Reduktion der Symptome 33 % : 82 %,
4. Klärung der Beziehungen in der Primärfamilie: 0 : 12 %,

---

[3] Im folgenden sind damit auch die Patienten mit einer Persönlichkeitsstörung gemeint.

6. Entwicklung außerfamiliärer Beziehungen: 20% : 59 %,
8. Klärung der Ausbildungs- oder Arbeitssituation: 54 % : 35 %,
9. Klärung der Wohnsituation: 8 % : 24 %.

Für die nichtgenannten Therapieziele sind die Unterschiede nicht so groß. Die Borderline-Patienten nehmen bei einigen Zielvorstellungen eine Zwischenstellung ein.

Aus dieser Gegenüberstellung geht hervor, daß bei neurotischen Patienten die Therapieziele allgemeinerer Art sind. Offensichtlich wird ihnen größere Autonomie unterstellt, oder sie wird angestrebt, so daß die Wohnungsfrage oder soziale Beziehungen ihnen eher überlassen bleiben. Für die psychotischen Patienten steht die konkrete Lebenssituation mehr im Vordergrund: Wohnung und außerfamiliäre Beziehungen zum Beispiel.

Ähnliches ergibt sich, wenn man darauf sieht, wie die Therapeuten ihr Behandlungsziel definieren, also ob als Krisenintervention, strukturelle psychische Veränderung oder als Veränderung der sozialen Situation. Im Prinzip basiert das Behandlungskonzept darauf, daß immer alle drei Definitionen gelten. Darum sind auch geringe Unterschiede bedeutsam.

Die Behandlung der neurotischen Patienten wird eher als eine Maßnahme angesehen, die auf strukturelle intrapsychische Veränderungen zielt. Für 9 dieser Patienten wird dies als Behandlungsschwerpunkt angesehen. Wenn auch die Gewichtung dieses Schwerpunktes bei den einzelnen Patienten unterschiedlich ist, wird dieses Behandlungsziel bei keinem der neurotischen Patienten ganz verneint. Demgegenüber gilt als der wichtigste Behandlungsschwerpunkt bei 12 der psychotischen Patienten Krisenintervention, womit gemeint ist, daß der Patient durch die Behandlung eine aktuelle Krisensituation überwinden kann, ohne daß sich ein anderes Niveau seiner psychischen Leistungsfähigkeit oder seiner sozialen Situation ergäbe. (Eine Veränderung der sozialen Situation wird in allen Diagnosegruppen bei ziemlich genau der Hälfte der Patienten als besonders wichtig angesehen.)

Ein zweiter Modus der Strukturierung ist, daß die Therapieziele unterschiedlich sind, je nachdem ob die Patienten stationär oder tagesklinisch behandelt werden. Die Gegenüberstellung zwischen *tagesklinischen Stationen* und *Vollstationen*, bezogen auf die Antworten der Ärzte, ergibt hier signifikante Unterschiede (vgl. Tab. 6):

1. Reduktion der Symptome: 29 % : 94 %,
2. Verarbeitung frühkindlicher Erfahrungen: 21 % : 6 %,
3. Förderung der persönlichen Entwicklung 63 % : 25 %,
8. Klärung der Arbeits- oder Ausbildungssituation: 71 % : 6 %,
9. Klärung der Wohnsituation: 5 % : 38 %.

Hinsichtlich der übrigen Ziele gibt es keine signifikanten Unterschiede.

Die Vollstationen stellen Krisenintervention, so wie sie oben definiert wurde, bei 11 ihrer 16 Patienten an die erste Stelle und schließen sie bei keinem Patienten aus. Veränderung intrapsychischer Strukturen erschien vorrangig bei 2 Patienten. Dagegen ist bei keinem der 38 tagesklinisch behandelten Patienten nicht auch die Änderung intrapsychischer Strukturen als Behandlungsziel genannt. Aber auch hier sind die Behandlungsziele für die meisten Patienten eine Mischung aus Krisenintervention, strukturellen Änderungen und Veränderungen der sozialen Situation mit je unterschiedlichen Schwerpunkten. Die Unterschiede in der Zielsetzung der Behandlung, die sich hinsichtlich der Diagnosen und des Behandlungsrahmens ergeben, sind teilweise voneinander abhängig, da auf den Vollstationen mehr psychotische Patienten behandelt werden.

Eine dritte Strukturierung ist schließlich die nach Berufsgruppen. Ärzte und Sozialarbeiter gewichten die Therapieziele unterschiedlich (vgl. Tab. 5 u. 6). Für die tagesklinischen Patienten ergibt die Gegenüberstellung *Ärzte : Sozialarbeiter*:

2. Verarbeitung frühkindlicher Erfahrungen: 21% : 5%.

Für Patienten der Vollstation ergibt sich:

1. Reduktion psychopathologischer Symptome: 94% : 38%,
8. Klärung der Arbeits- oder Ausbildungssituation 6% : 56%.

Diese Differenz aus der Sicht der Ärzte und Sozialarbeiter zeigt, daß die Schwerpunkte der Behandlung je nach beruflicher Spezialisierung anders gesetzt werden.

Integration der Therapieziele

Wir haben hier drei Gesichtspunkte herausgegriffen, nach denen die Strukturierung der Behandlungsziele erfolgt. Sie orientiert sich an der Diagnose, nimmt Rücksicht auf das Behandlungssetting und ist für die Berufsgruppen unterschiedlich. Diese Strukturierung der Behandlungsstrategie ist nicht geeignet, den Therapeuten größere Sicherheit darüber zu verschaffen, ob die projektierten Behandlungsziele realisierbar sind oder den gewünschten Erfolg haben. Das läßt sich nur durch die Analyse des Einzelfalls erreichen. Die Strukturierung hat vielmehr unter anderem die Funktion, in unterschiedlicher Weise die Zielsetzung der Behandlung zu begrenzen. Diagnose und die gewählte Behandlungsart legen auf relativ allgemeingültige Art fest, in welchem Rahmen oder wie weitgehend Veränderungen angestrebt werden. Die vollstationäre Behandlung eines schizophrenen Patienten, wie am Beispiel von Tobias E. gezeigt, formuliert unterschiedliche, sehr konkrete Therapieziele, die nur dann realisierbar erscheinen, wenn die durch die Therapie erreichte Dynamik zwischen Patient und Familie ein neues Gleichgewicht finden kann. Insofern sind die Therapieziele sehr weitreichend. Aber die Entscheidung, eine vollstationäre Behandlung durchzuführen, und die Charakterisierung der Behandlung durch die Therapeuten als Krisenintervention weist darauf hin, daß die konkreten Ziele doch so gewählt werden, daß die bestehende psychische Verfassung des Patienten und die Familiendynamik nicht wirklich verändert werden. Es läuft weniger darauf hinaus, ein neues Gleichgewicht herzustellen, das dem Patienten größere Freiheiten sichert, als vielmehr Bedingungen zu schaffen, die erneute Krisen zu vermeiden helfen. Es kommt also in diesem Fall mehr darauf an, den Spielraum, den die Dynamik des Patienten, die Familienkonstellation und die realen Lebensverhältnisse noch bieten, zu erkunden und auszunutzen. Im tagesklinischen Rahmen geht es dagegen eher um eine wirkliche Entwicklung, die ein neues psychisches und familiendynamisches Gleichgewicht möglich macht.

Je "schwerwiegender" die Krankheit, desto eher tendiert die Behandlung dazu, konkret auf den Lebenskontext des Patienten Einfluß zu nehmen, also zum Beispiel wichtige Bezugspersonen zu beteiligen. Bei neurotischen Patienten werden eher so allgemeine Ziele definiert wie größere Selbständigkeit. Psychosen werden als psychische Krankheiten angesehen, die sich durch Einwirkung auf den sozialen Kontext der Patienten behandeln lassen, da sie mehr als andere psychische Krankheiten für das Gleichgewicht sozialer Systemstrukturen von Bedeutung sind.

Zwischen der Zielsetzung der Ärzte und der der Sozialarbeiter haben sich in der Gewichtung der Therapieziele einige Differenzen ergeben. Die Sozialarbeiter vertrauen mehr auf das Entwicklungspotential der Patienten als ihre ärztlichen Kollegen. Diese Differenzen, in der Summe vielleicht nicht so gravierend, sind doch bemerkenswert, da die Therapeuten ihre Patienten ja als Team gemeinschaftlich behandeln. Sie weisen darauf hin, daß in der Beziehung des Gesamtteams zum Patienten die Einzelbeziehung der Therapeuten zum Patienten nicht implizit vollständig mitdefiniert ist. In anderen Worten, die Einzelbeziehung der Therapeuten zu ihren Patienten und die daraus folgenden therapeutischen Einzelmaßnahmen sind partiell vom Teamkonsens unterschieden. In ihnen kann sich ein Teilsystem konstituieren, das eine gewisse Unabhängigkeit vom geltenden Teamkonsens hat. Der Arzt etwa kann in einer psychotherapeutischen Zweierbeziehung mit Tobias E. versuchen, dessen Fähigkeiten zu verstärken, sich innerlich von der Mutter abzugrenzen, und zwar unabhängig vom sonstigen therapeutischen Geschehen der Station. Diese Unstimmigkeiten können einen wichtigen korrigierenden Effekt haben. Gegenläufig zu der grundsätzlich geltenden Tendenz, die verschiedenen Teilziele aufeinander abzustimmen, erlauben es diese Unstimmigkeiten, Teilprobleme anzugehen, ohne zunächst die Auswirkungen begrenzter Lösungen auf andere Problembereiche im Blick zu haben. Hier wird einerseits dem Patienten die Integration verschiedener Teilziele selbst überlassen. Andererseits können so Divergenzen im Teamkontext entstehen, die Integration auf einem neuen Niveau erfordern und auch möglich machen.

Wir können die Frage, wie die Therapeuten einen Weg finden, ihre komplexen Therapieziele zu einem konsistenten Entwurf zu integrieren, jetzt beantworten: durch innere Differenzierung. Die Therapeuten formulieren Therapieziele im Hinblick auf die psychische Verfassung ihrer Patienten, die sozialen Beziehungen und die reale Lebenssituation. Die therapeutische Aufgabe ist es, an die Stelle des Ungleichgewichts zwischen diesen Bereichen, das die Krankenhausbehandlung notwendig machte, ein Gleichgewicht zu setzen. Das bedeutet aber, die verschiedenen Lebensbereiche des Patienten besser zu integrieren. Dafür formuliert das Behandlungsteam Behandlungsziele, die sich gegebenenfalls über den gesamten Lebensbereich des Patienten erstrecken. In Abhängigkeit von diesen Zielen werden therapeutische Einzelmaßnahmen bestimmt: Neuroleptika gegen die Stimmen, Familiengespräche zur besseren Abgrenzung der Interessen von Mutter und Sohn. Die therapeutischen Einzelmaßnahmen, die in Abhängigkeit von den Behandlungszielen angewandt werden, sind eine Form der Differenzierung. Sie müssen so aufeinander abgestimmt sein, daß die Lebenssituation von Tobias E. wieder einigermaßen ins Gleichgewicht kommt. Eine geregelte Arbeit wäre zum Beispiel im Falle von Tobias E. mit der aktuellen Beziehung zwischen Mutter und Sohn nicht vereinbar gewesen. Es wäre eine Umstellung, die für Tobias E. ebenso wie für die Mutter zu groß gewesen wäre.

Die Abstimmung der einzelnen Therapieziele aufeinander erfordert eine Integrationsleistung des Behandlungsteams, die inhaltlich identisch ist mit der Integration der verschiedenen Lebensbereiche von Tobias E. Umgekehrt wird die Frage, wie die verschiedenen Lebensaspekte von Tobias E. zusammenpassen, also sein Arbeitswunsch und die Art seiner Beziehung zur Mutter, überführt in die Frage, wie die verschiedenen therapeutischen Einzelmaßnahmen zusammenpassen. Diagnose, Behandlungsart, Stationstyp sind nun gewissermaßen Operatoren, die dem Team helfen, die verschiedenen Teilziele aufeinander abzustimmen. Tobias E. zum Beispiel wurde vollstationär mit dem Ziel einer Krisenintervention behandelt. Vollstationäre Behandlung hieß, daß der Konflikt, der zur Krankenhausaufnahme geführt hatte, nur so weit zu klären war, daß Entlassungsfähigkeit gegeben sein würde. Wie es schien, hatte es Auseinandersetzungen zwischen Mutter und Sohn wegen des unsteten Lebenswandels von Tobias E. gegeben, die aktuell die Krankenhausaufnahme bewirkt hatten. Dieser Konflikt mußte irgendwie bereinigt werden, damit Tobias E. entlassungsfähig sein würde. Aber durch die stationäre Behandlungsart war ein Operator vorgegeben, nach dem bestimmbar war, auf welche Art diese Konfliktlösung geschehen konnte. Zunächst einmal waren Mutter und Sohn getrennt. Das war schon eine Art der Lösung. Der Streit war damit gar nicht mehr aktuell, er wurde weder vom Sohn noch von der Mutter thematisiert. Das heißt nun nichts weniger, als daß die durch die Krankenhausaufnahme bewirkte Trennung selbst schon zunächst ausreichende Intervention war, diesen Konflikt zu lösen. Ähnlich ist es mit der Funktion des "Operators" Krisenintervention. Sie bedeutet, daß die Aufmerksamkeit der Behandler darauf gerichtet ist, welcher aktuelle Konflikt die Krankenhausaufnahme erforderlich machte. Lediglich um dessen Bereinigung ging es, nicht um langfristige Änderungen des Lebensentwurfs. Der wirksamste Operator in diesem Sinne ist die Diagnose. Sie legt fest, welches Teilziel das leitende ist, wie groß die dem Patienten überlassene Integrationsleistung ist und wie weitreichend die Veränderung sein kann. Im Falle von Tobias E. bedeutete die Diagnose "chronische Schizophrenie", daß zum Beispiel an eine Auflösung der psychopathologischen Symptome nicht zu denken war. Es bedeutete auch, daß die Fähigkeit zur Selbständigkeit von Tobias ihre Grenzen auch in den Bedürfnissen der Mutter hatte.

Je umfassender und differenzierter die Lebenssituation des Patienten vom Behandlungsteam wahrgenommen wird, desto eher kann es seine verschiedenen Wahrnehmungen zu einem realisierbaren Lebensentwurf zusammensetzen.[4] Dieser Prozeß wird am deutlichsten in der unterschiedlichen Zielsetzung der verschiedenen Berufsgruppen. Die verschiedenen Berufsgruppen sind institutionalisierte Formen, differente Aspekte des Patienten und seiner Behandlung zu prozessieren. Auch auf diese Weise kann der Integrationsprozeß, den der Patient und seine Familie erbringen müssen, in einen Integrationsprozeß, den die Therapeuten leisten, transformiert werden. Dieser Umweg leistet es, die Behandlung besonders schwer gestörter Patienten möglich zu machen. Aus all dem folgt auch, daß ein Krankenhaus innere Dif-

---

[4] Beschränkt auf die psychologische Dimension ist diese Integrationsaufgabe von verschiedenen Autoren betont worden, z.B. *Lohmer* (1988).

ferenzierungen braucht, um Operatoren in dem genannten Sinn zu gewinnen. Die Entwicklung besonderer Stationstypen für akut Kranke, für Psychotherapie, für chronisch Kranke und so weiter wäre eine solche - freilich relativ grobe - Differenzierung, die zugleich Operatoren liefert, nach denen Behandlungsziele gesteuert werden können.

Tobias E. hat die Behandlung nach ca. 4 Wochen abgebrochen, ohne daß sich an seiner Situation viel verändert hätte. Zweieinhalb Jahre später war von ihm und seiner Mutter zu erfahren, daß er inzwischen in einem anderen Krankenhaus noch einmal eine stationäre psychiatrische Behandlung von mehreren Wochen Dauer gemacht hatte. Auch diese Behandlung hatte an seiner Situation nichts wesentliches verändert. Er nahm regelmäßig eine kleine Erhaltungsdosis Neuroleptika. Dadurch war er, wie die Mutter sagte, nicht so unruhig, aber auch nicht zu depressiv. Er lebte immer noch bei der Mutter, arbeitete nicht und führte im wesentlichen sein altes Leben.

Der Patient in seinen Systembezügen

Die Therapiebesprechung hat die Funktion, alle behandlungsrelevanten Erkenntnisse des Personals über die einzelnen Patienten zusammenzutragen und bei meist schon konzipierter Behandlungsstrategie taktische Einzelmaßnahmen festzulegen. Sie wird von der Absicht geleitet, den aktuellen Behandlungsstand und die Nahziele so zu formulieren, daß sie mit dem Patienten erörtert werden können. Den Therapiebesprechungen folgt darum am nächsten Tag eine Versammlung aller Patienten und aller Mitglieder der Stationsteams, in der die Ergebnisse der Therapiebesprechung mit den Patienten diskutiert und gegebenenfalls modifiziert werden. Die Therapiebesprechung ist natürlich nur eine Form der Besprechung unter einer Vielzahl anderer ("Übergabe", Visite).

In den Therapiebesprechungen kommen so gut wie alle Aspekte der Patienten zur Sprache: die psychopathologischen Symptome, intrapsychische Prozesse, die individuelle Entwicklung, die Situation des Patienten in der Familie, die sozioökonomische Situation, das Verhalten des Patienten im Rahmen der Klinik, die körperliche Verfassung des Patienten. (Doch spielen Probleme der körperlichen Gesundheit zahlenmäßig nur eine geringe Rolle und sind darum in den folgenden Ausführungen nicht berücksichtigt.) Bei aller Vielfalt der Themen gibt es jedoch eine klare Gewichtung in der Häufigkeit und Intensität, mit der die verschiedenen Bereiche angesprochen wurden. Aus der statistischen Auszählung ergab sich, daß etwa 80 Prozent aller Themen, die zur Sprache kamen, auf die Konflikte bezogen waren, die der Patient außerhalb der Klinik hat (vgl. Tab. 7). Nur ein Fünftel der Themen bezog sich auf das Leben der Patienten im klinischen Milieu. Von den erstgenannten Themen betrafen ein Drittel psychologische Aspekte seiner Person und in je gleicher Häufigkeit (etwas weniger als ein Drittel) Beziehungsprobleme und seine sozioökonomische Situation. So ergab sich ungefähr eine Gleichverteilung der Häufigkeit von je einem Viertel, mit der psychopathologische Symptome und Aspekte der psychischen Entwicklung, Beziehungsprobleme, sozioökonomische Probleme und institutionsbezogene Probleme angesprochen wurden.

Bei Patienten aus der Gruppe Psychosen wurden häufiger angesprochen: psychopathologische Symptome, Wohnprobleme und institutionelle Probleme, seltener als im Durchschnitt Probleme mit dem Behandlungsrahmen. Bei Patienten aus der Gruppe Neurosen wurden überdurchschnittlich häufig Arbeits- und Ausbildungsprobleme und selten Wohnprobleme erörtert.

Die Therapeuten konzentrierten sich in ihren Besprechungen auf die psychologischen Aspekte ihrer Patienten und auf die Beziehungsaspekte ihrer Situation außerhalb der Klinik. Auch die Themen, die die reale Lebenssituation des Patienten betreffen, nahmen einen breiten Raum ein. Das Verhalten in der Institution spielte dagegen nur eine vergleichsweise geringe Rolle. Das Bild, das sich die Therapeuten von ihren Patienten verschaffen, ist also ein Bild von den psychischen und sozialen Komplikationen der Patienten in ihrer außerklinischen Welt.

Die Therapeuten stellen in ihren Besprechungen die verschiedenen Themen vielfach in einen Kontext anderer Themen. Kontext heißt hier nicht, daß sie lediglich ein Thema zu einem anderen assoziieren, sondern daß sie zwischen zwei Themen eine inhaltliche Verbindung sehen. In einer Therapiebesprechung aller Patienten aus der mittleren Behandlungsphase wurden insgesamt 125 Themen angesprochen (vgl. Tab. 8). Zu 83 dieser Themen aus den genannten Themenbereichen stellten die Therapeuten 115 mal einen Kontext her, und zwar 89 mal zu einem Thema eines anderen Themenbereichs, 26 mal zu einem Thema des gleichen Themenbereiches.

Die aktuelle Situation des Patienten wird also einerseits zergliedert im Hinblick auf alle möglichen Aspekte seiner Person und Lebenssituation. Aber jedes herausgegriffene Teilproblem des Patienten enthält aus der Sicht der Therapeuten eine Vielzahl anderer Probleme des Patienten, jeder Teilaspekt verweist auf andere Aspekte. Die Einzelprobleme der Patienten haben also in den Augen der Therapeuten komplexen Charakter.

Die Themen, die die Therapeuten behandeln, sind natürlich die

Konflikte der Patienten. Es sind Konflikte entweder intrapsychischer Art oder Konflikte in den vielfältigen Systembezügen, in denen der Patient lebt. Mit Systembezügen ist die Position des Patienten in Familie, am Arbeitsplatz, auf der Krankenhausstation und so weiter gemeint. Die Therapeuten benennen und verhandeln also die Knotenpunkte, an denen sich in den Systembezügen des Patienten Konflikte ergeben. Diese Knotenpunkte und die sich daraus ergebenden Konflikte kristallisieren sich als die Behandlungsprobleme heraus. Diese Sichtweise wird durch das tagesklinische Setting sicher begünstigt. Die Patienten leben in ihren Familien und bringen die Probleme, die sich daraus ergeben, täglich mit in die Klinik. So wird gerade von den Autoren, die sich mit tagesklinischer Behandlung befassen, auch die Bedeutung der Familie betont (z.B. *Walker* u. *Procter* 1980).

Neutralität der Therapeuten

Mit dieser Sicht erschließen sich die Therapeuten eine Metaebene der Betrachtung. Sie sehen ihre Patienten nicht nur im Hinblick auf die aktuelle Symptomatik, wie sie sich ihnen im klinischen Rahmen darstellt, sondern sie sehen die Patienten als den Mittelpunkt vielfältiger, gestörter Systembeziehungen ihrer außerklinischen Welt. Dort auch lokalisieren sie am häufigsten den Widerstand gegen eine Besserung des Patienten. Nach den behindernden Faktoren bei der Behandlung befragt, nannten die Therapeuten an erster Stelle Familie und Partner, neben der Arbeitsmarktlage (jeweils 9 Nennungen von insgesamt 42 Nennungen zu 33 Patienten). Aber die Komplexität, die sie in den Konflikten sehen, bedingt, daß sie einen tendenziell neutralen Standpunkt gegenüber dem Patienten und den Systembezügen, in denen er lebt, einnehmen können und müssen. Man kann darum sagen, daß die Therapeuten die Konflikte ihrer Patienten, soweit sie sich auf deren Systembezüge beziehen, als problematische Relationen ansehen. Sie versuchen, solche problematischen Relationen in den vielfältigen Konflikten der Patienten zu erkennen. Auf diese Weise gewinnen sie auch einen relativ neutralen Standpunkt.

Durch diese relative Neutralität der Therapeuten gegenüber den Patienten und deren Systembezügen unterscheidet sich die Haltung der Therapeuten von der Situation im ambulanten Bereich, wo der Behandler parteiisch für den Patienten sein muß. Insofern sie die sozialen Relationen, in denen der Patient steht, behandeln, übernehmen die Therapeuten auch eine therapeutische Verantwortung für das Gesamtsystem.

Aktionsfeld Klinik

Problematische Verhaltensweisen der Patienten, die den Therapeuten institutionsbedingt erscheinen oder im Stationsbetrieb stören, kommen in den Therapiebesprechungen relativ wenig zur Sprache. Nur etwa ein Fünftel aller Themen bezieht sich darauf. Überdies sehen die Therapeuten dieses Thema, wenn es denn zur Sprache kommt, signifikant häufiger als andere Themen nicht im Kontext weiterer Themen, sondern betrachten es isoliert. Wenn sie aber den Kontext zu einem anderen Thema herstellen, dann zu einem, das ebenfalls etwas mit der Interaktion Patient-Klinik zu tun hat und weniger etwas mit der psychischen Verfassung oder extramuralen Lebenssituation des Patienten. Das Kontextprofil, also die Verteilung der Häufigkeit, mit der ein Kontext zu einem bestimmten anderen Thema hergestellt wird, ist bei "therapiebedingten Problemen" und "Problemen mit Setting" ähnlich. Für beide Themen wird signifikant öfter als im Durchschnitt überhaupt kein Kontext zu anderen Themen hergestellt (vgl. Tab. 8). Die Therapeuten messen also der Vorstellung, daß das Verhalten der Patienten auf der Station szenischer Ausdruck ihrer psychischen und sozialen Konflikte ist, wie es viele Autoren tun (vgl. *Janssen* 1987), im Rahmen der Therapiebesprechungen weniger Bedeutung bei. Besser gesagt, sie benutzen diese Betrachtungsweise nur wenig für die Erörterung der therapeutischen Ziele und Schritte der Patienten. Wenn sich zum Beispiel der Zustand eines Patienten mit einer schizophrenen Symptomatik unmittelbar nach der Aufnahme in Form einer weiteren Regression massiv verschlechtert, würden die Therapeuten dazu neigen, der Frage, inwieweit das milieubedingt ist, in der Therapiebesprechung weniger Beachtung zu schenken. Sie würden die Symptome eher patientenzentriert sehen oder untersuchen, inwieweit die Situation in der Familie für diese Verschlechterung verantwortlich ist.

Der Patientin 25 (S. 197) zum Beispiel geht es besser. Die Krankenschwester erwähnt dazu, daß sie nicht mehr so oft nach ihr schauen muß. Ob dabei ein Zusammenhang derart bestand, daß es ihr besser geht, weil die Schwester nach ihr schaute, bleibt undiskutiert. Die Therapeuten sehen die Klinik und Station nicht als ein Übertragungsfeld für die Patienten, auch nicht als ein Feld, in dem die Patienten ihre intrapsychischen Konflikte szenisch arrangieren. Darum unterdrücken sie - wie wir später sehen werden - tendenziell auffälliges Verhalten im Stationsmilieu. Insofern unterscheidet sich dieses Behandlungskonzept von vielen anderen Konzepten, die das Verhalten der Patienten im Krankenhausmilieu zum Angriffspunkt therapeutischer Interventionen machen (z.B. *Artiss* 1962, *Janssen* 1987, *Oldham* u. *Russakoff* 1987, *Lohmer* 1988).

Die psychologische Dimension

Die Therapeuten thematisieren in den Therapiebesprechungen den innerseelischen Aspekt der Patienten oft nicht ausdrücklich. Das ist einmal darin begründet, daß es andere Besprechungstermine gibt, in denen gerade diese Seite des Patienten von besonderem Interesse ist, so Supervisionen und Fallbesprechungen. Doch müssen die Therapeuten auch in den Therapiebesprechungen versuchen, die Systembezüge der Patienten, die zur Sprache kommen, auf eine psychologische Ebene zu reduzieren. Anders können sie nicht Psychotherapie betreiben. Wie die bisherigen und noch folgenden Befunde zeigen, reduzieren sie die sozialen Systembezüge des Patienten auf eine psychologische Betrachtungsebene, indem sie die sozialen Relationen als Externalisierungen seiner innerseelischen Konflikte oder gar Strukturen und Prozesse verstehen. So erhalten Beschreibungen der sozialen Relationen auch den Sinn, zugleich Bilder seiner innerseelischen Verfassung zu sein.

Diese hier skizzierte Verbindung von Sozialem mit Psychischem ergänzt und konkretisiert, was wir unter dem Stichwort "Krisenmodell" besprochen haben. Die Berufsaufnahme eines jungen Mannes zum Beispiel stellt ihn vor die Anforderung, seine persönlichen Autoritätsprobleme so weit gelöst zu haben, daß er die Autorität seiner Vorgesetzten ausreichend anerkennen kann. Wenn er daran scheitert, daß er partout alles besser wissen muß als seine Vorgesetzten, weil ihm die mit Lernen verbundene Unterwerfung unmöglich ist, ist das die "Krise". Der soziale Konflikt, daß er nun, die Arbeitsstellen ständig wechselnd, den idealen Vorgesetzten sucht, ist ein szenischer Ausdruck seiner unbewältigten Autoritätsproblematik.

Psychopathologische Symptome sind der Themenbereich, der bei der gewählten Einteilung am häufigsten vorkommt und direkt angesprochen wird. Aber verglichen mit der Gesamtheit der anderen Themenbereiche hat er für die Therapeuten doch nicht die größte Bedeutung. In der Anfangsphase der Behandlung stellen die Therapeuten in 51 Prozent der Fälle keinen Kontext zu anderen Themenbereichen her. Über den gesamten Behandlungsverlauf gesehen, ist die Quote 46 Prozent. Das Kontextprofil dieses Themenbereiches ist ähnlich wie das von therapiebedingten und Settingproblemen, die auch seltener im Kontext anderer Themen gesehen werden. Symptome sind, psychoanalytisch gesehen, Kompromißbildungen verschiedener seelischer Instanzen oder - anders gesagt - Ausdruck innerseelischer Konflikte, die nicht befriedigend gelöst werden können. Symptome sind nicht die seelischen Konflikte selbst, sondern ihre Indikatoren. Wenn also die Therapeuten versuchen, die Systembezüge des Patienten strukturell in Übereinstimmung zu bringen zu innerseelischen Relationen, dann sind die Symptome auch nur Indikatoren für die Konflikthaftigkeit ebenso der sozialen wie psychischen Situation. In anderen Worten: Die Therapeuten gehen davon aus, daß eine geringere Konflikthaftigkeit in der Beziehung zwischen Mutter und Sohn (zum Beispiel Patient Nr. 48, siehe Anhang) die Gefahr der floriden psychotischen Symptomatik verringert. Sie gehen nicht primär davon aus, daß die Symptomatik die Ursache der Konflikte ist. Allenfalls wenn man berücksichtigt, daß Symptome auch den sie verursachenden Konflikt - wenn auch verdichtet und entstellt - darstellen, kann man sie zum Ausgangspunkt von therapeutischen Interventionen machen.

Therapeutische Interventionen

Eine Frage, die eigentlich auf der Hand liegt, aber selten gestellt wird, ist: Was verstehen die Therapeuten im Krankenhaus unter Therapie? Der Analytiker gibt Deutungen, die das Unbewußte des Patienten bewußt machen sollen, der biologisch orientierte Psychiater gibt Psychopharmaka, die den Krankheitsprozeß zum Stillstand bringen sollen. Was machen analytisch orientierte Therapeuten im Krankenhaus? Die Patienten machen Sport, Gestaltungstherapie,[5] beteiligen sich an der Essenszubereitung auf der Station, treffen sich in Gruppen, um darüber zu sprechen, wie sie miteinander auskommen. Das ist sicher alles "gesund" und fördert ihre psychische Regeneration. Aber wie knüpfen die Therapeuten im Einzelfall die Beziehung zu den psychischen oder extramuralen sozialen Problemen der Patienten, um die es doch in der Therapie geht?

Aus der Befragung der Therapeuten ergab sich darüber ein ziemlich klares Bild. Die Therapeuten unterscheiden zwischen Maßnahmen, die dem klinischen Rahmen gelten, also dem Setting, und solchen, die auf eine Klärung der psychischen und extramuralen sozialen Konflikte zielen. Knapp 10 Prozent aller Interventionen, die von den Therapeuten in den Therapiebesprechungen beschlossen werden, bezogen sich auf das Setting. Die anderen hatten die psychische oder soziale Situation der Patienten zum Inhalt. Interventionen, die sich auf das Setting, also die Rahmenbedingungen der Behandlung im weitesten Sinn bezogen, waren überwiegend direktiv. Das heißt, sie hatten die Intention, das Setting zu schützen, ließen dagegen nicht erkennen, daß die Auseinandersetzung um das Setting zum Anlaß genommen

---

5 Eine Beschreibung der gestaltungstherapeutischen Arbeit in der Tagesklinik Alteburger Straße bei *Domma* (1990).

wurde, psychische Prozesse mit den Patienten direkt zu klären. Das wird besonders deutlich daran, wie die Therapeuten Psychopharmaka benutzen.

24 Patienten aus dem Sample der 54 nahmen vor der Aufnahme schon regelmäßig Psychopharmaka.[6] Von den 17 Patienten mit der Diagnose Psychose waren es nach Angabe der Therapeuten 10. Bis zum Ende der Behandlung waren es insgesamt 36, die wenigstens zeitweise medikamentös behandelt wurden, bei den Patienten mit der Diagnose "Psychose" sogar alle. 13 Patienten mit der Diagnose "Neurose" bzw. "Persönlichkeitsstörung" (von 24) erhielten Medikamente irgendwann im Verlauf der Behandlung.

Psychopharmaka wirken nicht heilend auf ein psychisches Krankheitsgeschehen, sondern nur symptomreduzierend. Die Therapeuten haben für ziemlich genau die Hälfte ihrer Patienten als wichtigstes Ziel der Behandlung Reduktion der psychopathologischen Symptome angegeben. Es ist offensichtlich, daß die Therapeuten häufiger Psychopharmaka verwenden, als sie es zu Beginn der Behandlung explizit als Behandlungsziel formulierten. Das gilt auch, wenn man berücksichtigt, daß Psychopharmaka bei Psychosen angewendet werden, um prophylaktisch das Wiederauftreten einer akuten Symptomatik zu verhindern. Die Therapeuten benutzten Psychopharmaka also relativ unabhängig von den antizipierten Therapiezielen.

In den Therapiebesprechungen taucht die Frage, ob und in welcher Dosierung eine Psychopharmakotherapie durchgeführt werden soll, kaum auf, und zwar unabhängig von der Diagnose der Patienten. Nur bei 16 der 36 psychopharmakologisch behandelten Patienten wurde die Medikation in den protokollierten Therapiebesprechungen thematisiert. Nun heißt das nicht, daß die Psychopharmakotherapie von den Teams, in deren Therapiebesprechungen sie nicht oder nur wenig auftauchte, nicht besprochen würde. Eine Besprechung, sowohl im Team als auch mit Patienten, gibt es immer. Wenn sie nicht in den Therapiebesprechungen auftauchte, heißt dies, daß die Therapeuten die Psychopharmakotherapie nicht in ihr sonstiges therapeutisches Handeln integrierten. Die Therapeuten sahen einen Unterschied in ihrer "Behandlung" und in der "Behandlung mit Medikamenten".

Die Medikamente dienen, neben anderem, offensichtlich dazu, Symptome, die den Behandlungsverlauf komplizieren, zu beeinflussen. Die Unruhe eines Patienten, vorübergehende Angst, Aggressivität oder ähnliches werden durch Psychopharmaka reduziert. Sie hel-

---

[6] In der Reihenfolge der Häufigkeit handelte es sich um Neuroleptika, trizyklische Antidepressiva, Benzodiazepine.

fen, eine Beunruhigung des Patienten oder des Stationsmilieus durch eine allzu auffällige Symptomatik abzufangen.

Intentionen therapeutischer Maßnahmen

Die weitaus häufigste Interventionsart, die in den Therapiebesprechungen zur Sprache kommt, ist denn auch nicht mit einer organisatorischen Maßnahme verbunden, sondern betrifft lediglich die inhaltliche Position der Therapeuten zu einem Problem und ihre Entscheidung, einen Sachverhalt in einer der vielen Sitzungen zur Sprache zu bringen. "Beobachtung des Patienten", "Mitteilung an Patienten" oder "Gruppentherapie", das heißt einfach Erörterung einer bestimmten Problematik in den Gruppenveranstaltungen, machen zusammen mehr als 40 Prozent aller eigens artikulierten Interventionen in der Anfangs- und Mittelphase der Behandlung aus (vgl. Tab. 9). Aber diese Zahl ist mit Sicherheit zu niedrig. Das umfangreiche Programm, das die Therapeuten zu absolvieren haben, fordert ja von ihnen ständige Interventionen. Die therapeutischen Interventionen bestehen also zu einem wesentlichen Teil daraus, daß die Therapeuten lediglich eine Entscheidung treffen, wie ihre Haltung zu den Problemen der Patienten ist.

Die Intention, die die Therapeuten mit ihren Interventionen verbinden, verrät eine tendenziell abstinente Haltung. Von 620 Interventionen aus drei Therapiebesprechungen, deren Intention für die Untersucherin klar erkennbar war, waren fast die Hälfte mit der Intention verbunden, weitere Informationen zu gewinnen oder den Patienten eine neue Haltung und Einstellung zu ihren Problemen zu ermöglichen. Relativ selten haben die Therapeuten das Ziel, eine konkrete Lösung für ein anstehendes Problem zu finden, eine konkrete Verhaltensänderung zu erreichen oder real auf bestimmte Umweltbedingungen des Patienten einzuwirken - insgesamt nur etwa bei einem Viertel aller Interventionen (vgl. Tab 10).

Zu Beginn der Behandlung weicht die Gewichtung der Intentionen, die die Therapeuten mit ihren Interventionen verbinden, von der beschriebenen Rangfolge etwas ab. Der Aufbau einer tragfähigen therapeutischen Beziehung stand mehr im Vordergrund. Die Intervention in den ersten Therapiebesprechungen hatte oft die Intention, den Patienten zu stützen. Es geht also den Therapeuten weniger darum, konkrete Vorstellungen, die sie über die Patienten haben, durchzusetzen. Viel öfter verfolgen sie das Ziel, Informationen zu gewinnen, den Patienten Sicherheit zu geben und ihnen eine differenzierte Sicht ihrer Problematik zu ermöglichen. Eine direktive Haltung nehmen die Therapeuten, sieht man von den Fragen des Settings ab, lediglich dann ein, wenn es ihnen um die Lösung sozioökonomischer Probleme der Patienten geht, also zum Beispiel um die Frage ob jemand einen Rentenantrag stellen soll, eine neue Wohnung braucht oder ähnliches. Das ist dann auch überwiegend bei Patienten mit chronisch psychotischem Verlauf und auf den Vollstationen der Fall.

Funktion der unterschiedlichen Berufsgruppen

In den Therapiebesprechungen dominieren die Ärzte. Sie äußern sich mehr als die anderen, und die meisten Interventionen werden, folgt man den Therapiebesprechungen, von ihnen durchgeführt. An 310 von 546 Interventionen, die in drei ausgewählten Therapiebesprechungen erwogen wurden, waren sie beteiligt,
Sozialarbeiter und Pflegepersonal jeweils an etwa 200. Im Verlauf der Behandlung verändert sich dieses Verhältnis nicht wesentlich. Wenn Einzelgespräche beschlossen werden, übernehmen die Ärzte drei Viertel davon. Aber auch von fast allen anderen Interventionen übernehmen sie den größeren Anteil. Mehr auch als die anderen Berufsgruppen führen sie die Interventionen allein durch (vgl. Tab. 11). Schlüsselt man die Interventionen nach den mit ihnen verbundenen Intentionen auf, sieht es nicht anders aus. Wenn es um Informationsgewinnung geht, stützende Hilfen für den Patienten oder um Klärung eines Problems, sind es die Ärzte, die den größten Teil übernehmen. Noch auffälliger ist ihre Dominanz bei den Patienten, die größere Probleme bieten, also Patienten mit einer psychotischen oder Borderline-Störung.

Die Differenzen in der besonderen Funktion der Berufsgruppen kommen in diesen eher dürftigen Daten mehr dadurch zum Ausdruck, daß sie nicht artikuliert sind. Die Interventionen erscheinen sehr auf Arzt und Sozialarbeiter zentriert, so als ob das therapeutische Geschehen im wesentlichen von ihnen unterhalten wird.

Die Arbeitsteilung der Therapeuten folgt damit einem konventionellen Modell. Die aktive, intervenierende Rolle haben die Ärzte, ergänzt durch die Sozialarbeiter. Krankenschwestern und -pfleger haben die klassische pflegende Funktion in der psychiatrischen Modifikation.

Das Pflegepersonal hat eine Form therapeutischer Beziehung zu den Patienten, die von den übrigen Therapeuten nur unvollständig wahrgenommen wird. Mitunter wird der Charakter dieser Beziehungen auch geheimgehalten (*Rubenstein* u. *Lasswell* 1966). In der Tat beobachtet jeder aufmerksame Arzt dies außerhalb der offiziellen Behandlungszeiten. Während seiner Nachtdienste oder am Wochenende sieht er die Nachtschwester mit einem Patienten bei einer Tasse Kaffee oder einer Zigarette reden, oder er bemerkt, wie ein Pfleger einem Patienten an einem ruhigen Wochenende bei irgendeiner Sache zur Hand geht - vielleicht ist es auch umgekehrt. Dabei muß es nicht zur Verwischung der Grenzen zwischen Patienten und Personal kommen.

Es sind die Krankenschwestern und Krankenpfleger, an die sich die Patienten mit ihrer Angst, ihrer Depression, ihrer Wut, ihren Ansprüchen, aber auch ihrer Anhänglichkeit, ihren Hoffnungen und ihrem Vertrauen wenden. An sie halten sie sich, wenn sie etwas brauchen, ihnen verweigern sie sich, machen ihnen Komplimente, sind manchmal ruppig und abweisend im Ton, manchmal hilfreich. Befragt man das Pflegepersonal direkt danach, welcher Art ihre Beziehungen zu den Patienten seien, insbesondere außerhalb der "offiziellen" therapeutischen Kontakte, so bekommt man eine klare Antwort. Es sind die emotionalen Bedürfnisse der Patienten, für die sie ständig präsent sein müssen (vgl. *Caudill* 1958, *Rubenstein* u. *Lasswell* 1966, *Colson* u.a. 1986). Selten vergessen sie hinzuzufügen, daß dies von den Ärzten und der Leitung nicht ausreichend gewürdigt würde.

Eine Gruppe Patienten sitzt mit einer Krankenschwester bei einer Tasse Kaffee zusammen. Es ist vorweihnachtliche Zeit. Plötzlich steht einer der Patienten auf, holt eine Sprühdose und spritzt damit über ein Fenster Bilder mit weihnachtlichen Motiven, so wie man es in der Weihnachtszeit auf vielen Schaufenstern sieht. Die Patienten und die Krankenschwester finden das schön. Später stellt sich heraus, daß es sich um eine Lackfarbe handelte, die nicht mehr zu entfernen war. Das Stationsteam ärgerte sich über den Patienten. Die Krankenschwester bekam nun Schuldgefühle. Sie hatte ja die Handlung des Patienten zunächst gut geheißen. Sie mußte sich eingestehen, daß sie seine unterschwellige Aggressivität irgendwie geteilt hatte. Aber es waren besondere Umstände, die dies ans Licht brachten. Normalerweise wäre die Sache eben so passiert, und die Krankenschwester hätte davon in irgendeiner Personalbesprechung berichtet. Die Therapeuten hätten über das unterschwellig Aggressive der Handlung des Patienten gesprochen. Aber daß die Krankenschwester erst den aggressiven Affekt des Patienten und später seine Schuldgefühle geteilt hatte, das bleibt normalerweise verborgen.

Es scheint so, daß das affektive Leben der Patienten hauptsächlich mit Schwestern und Pflegern abgehandelt wird (vgl. *Caudill* 1958, *Freeman* u.a. 1958, *Cumming* u. *Cumming* 1962 und *Gupta* 1986, die ähnliche Beobachtungen als Supervisorin, unter anderem an der Tagesklinik Alteburger Straße, gemacht hat). Danach befragt, worin sie die Schwerpunkte ihrer Arbeit mit den Patienten sahen, legten die Krankenschwestern und -pfleger das Hauptgewicht auf ihre Beziehung zu den Patienten, die Erleichterung affektiver Äußerungen der Patienten und das Einüben kommunikativen Verhaltens (vgl. Tab. 12). Es scheint aber auch, daß zu dem Bereich des affektiven Lebens eine Intimität gehört, die ihn nur begrenzt - oder allenfalls schrittweise - einer therapeutischen Reflexion im institutionellen Rahmen verfügbar macht.

Haddon (1979), selbst Pfleger in einem psychiatrischen Krankenhaus, geht so weit, zu sagen, daß das Pflegepersonal die Ärzte täuscht. Er bezieht sich dabei zwar auf Anstalten, deren therapeutischen Standard er kritisiert, aber wenn es das im Schlechten gibt, ist wahrscheinlich, daß es dieses strukturelle Element auch im Positiven gibt. Das heißt, es scheint so, daß die Beziehung zwischen Patienten und Pflegepersonal durch ihre affektive Qualität ausgezeichnet ist und insofern nur begrenzt vom Behandlungsteam verbalisiert wird. Ja es scheint notwendig, daß einiges davon geheim bleibt, was sich zwischen Pflegepersonal und Patienten abspielt. Im übrigen ist die affektive Beziehung zwischen Pflegepersonal und Patienten auch in besonderer Weise belastend für das Personal. Darum gibt es normalerweise eine Fülle von Mechanismen, um die affektive Komponente der Beziehung abzuwehren, wie empirische Untersuchungen gezeigt haben (vgl. *Jürgens-Becker* 1987).

Wir hatten bereits bei den Sozialarbeitern beobachtet, daß ihre therapeutische Zielsetzung nicht ganz mit der der Ärzte übereinstimmt. Aber es ist wohl so, daß jede Berufsgruppe in gewissem Umfang separate Prozesse mit den Patienten in Gang setzt. So gewinnt sie auch eine etwas andere Sicht und Bewertung der Patienten (*Doherty* u. *Harry* 1976). Von einem systemtheoretischen Standpunkt aus gesehen ist nun gerade dies notwendig, damit sich der therapeutische Prozeß, als Interaktion zwischen Therapeuten und Patientengruppe betrachtet, entwickeln kann (*Astrachan* u.a. 1970). Ein System - hier die Gesamtheit der Station - entwickelt sich nur, wenn Subsysteme, also zum Beispiel Sozialarbeiter/Patienten oder Pflegepersonal/Patienten, einen eigenständigen Prozeß in Gang setzen, der neue Integrationsleistungen oder Korrekturen des Gesamtsystems notwendig macht.

Amini u.a. (1978) beschreiben ähnliches für die Jugendlichen einer psychotherapeutischen Station. Die Jugendlichen brauchen einen intimen affektiven Kontakt zu einer Person, um durch Identifizierung mit ihr ihre Identität zu sichern. Dieser Kontakt muß zwar therapeutisch gestaltet sein, darf aber der Stationsöffentlichkeit oder dem Team nicht gänzlich offengelegt werden. Wird dies mißachtet, kommt es zu heftigem Agieren, schließlich zum Behandlungsabbruch. Die Autoren betonen, daß intime Kontakte in diesem Sinn notwendig sind für die Jugendlichen, um einen Bereich ihres Selbst zu retten, der nicht "therapeutisch" in der Öffentlichkeit der Station verhandelt werden darf. Diese Überlegungen leuchten unmittelbar ein. Tendenziell gelten sie sicher auch für erwachsene Patienten (vgl. z.B. *Trimborn* 1983).

Stationsreglement und Gruppenstruktur

Die Therapeuten verstehen ihre Therapie als eine Gruppentherapie. So erklären sie es auch ihren Patienten. In der Tat haben die Patienten im tagesklinischen Bereich drei, manchmal vier Stunden, im stationären Bereich durchschnittlich zwei Stunden am Tag Gruppensitzungen. Hinzu kommen informelle Gruppentreffen. Doch ist es eine eigentümliche Gruppenstruktur, die mit dem, was eine psychotherapeutische Gruppe ist, nur wenig gemeinsam hat. Tatsache ist, daß die persönlichsten Angelegenheiten der Patienten in der Öffentlichkeit der Patientengruppe verhandelt werden. Die Therapeuten sind zwar an die Schweigepflicht gebunden und können von sich aus nur das Wissen über den Patienten vor der Patientengruppe zur Sprache bringen, was der Patient zur Sprache gebracht haben will. Aber sie bekräftigen ständig durch ihr Verhalten die Aufforderung an die Patienten, ihre persönlichen Angelegenheiten in der Gruppe zur Diskussion zu stellen.

So ist selbst der tagesklinische Rahmen, der den Patienten noch ihre private Welt als Rückzugsmöglichkeit offen läßt, ein massiver Eingriff in die seelische Ökonomie der Patienten. In der Klinik sind sie gemeinsam mit ihren Schicksalsgenossen einem Reglement unterworfen, das ihr Leben für die Zeit der Krankenhausbehandlung verändert. Die Patienten leben an einem Ort, der ihnen zugewiesen wurde, ohne die Möglichkeit, ihn selbst zu gestalten. Sie legen ihre intimsten Angelegenheiten vor Leuten bloß, die sie sich nicht ausgesucht haben. Sie sind einem Tagesprogramm unterworfen, das sie in eine Systematik zwingt, die sie lange nicht verstehen. Sie bekommen Medikamente, die ihr Selbstgefühl verändern. Ihr Körper, ihr psychisches Erleben, ihre soziale Identität, ihre Angehörigen, ihre persönliche Lebensgeschichte, all das wird zum Gegenstand des Interesses des Personals. Es wird dokumentiert und in einer Weise verwertet, die sie nicht kontrollieren können. Im tagesklinischen Rahmen betrifft das nur einen Teil ihrer Lebenszeit, ist aber dennoch eine Situation, die radikal verschieden ist von jeder anderen Lebenserfahrung (vgl. *Goffman* 1961). Kurz, die Patienten lernen, daß die Aufnahme in eine psychiatrische Klinik ein Ereignis ist, dem sie möglicherweise zu Recht Widerstand entgegengesetzt haben. Wenn sie einmal in der Klinik sind, ist es schwierig, wieder herauszukommen. Nicht, weil man sie physisch daran hindern würde, sondern, weil sie so viel Selbstbestimmung aufgeben müssen, daß es sehr schwer wird, sich gegen die Institution durchzusetzen. So beschreibt auch *Conrad* (o.J.) die Empfindungen von Mitarbeitern psychiatrischer Kliniken, die in einem mehrtägigen Rollenspiel auf einer leeren Krankenstation die Situation von Patienten spielten. Die Erfahrungen waren so bedrohlich, daß die Teilnehmer ihre Rollen als Patienten, Pfleger oder Beobachter meist vorzeitig aufgaben.

Es mag in vielerlei Hinsicht nicht befriedigend sein, Patienten in eine Station zu stecken, die Tür zuzuschließen und ihnen Beruhigungsmittel zu geben, wenn sie sich aufregen. Aber eine solch einfache Maßnahme hat wenigstens eine einsehbare Logik. Die Patienten wissen, daß diese Maßnahme den Zweck hat, sie so lange von ihrer persönlichen Lebenswelt fernzuhalten, bis sie sich wieder angepaßter verhalten können. Es ist schwieriger, den Patienten zu vermitteln, sich freiwillig dem Reglement der Klinik zu unterwerfen; denn sonst wären nicht so viele Türen psychiatrischer Stationen abgeschlossen. Wenn man also die Türe offen läßt, muß man sehr starke Kräfte mobilisieren, um die Patienten an die Klinik zu binden, Kräfte, die so stark sind wie eine abgeschlossene Tür.

Die Handlungs- und Triebkontrolle der Patienten wird, soweit es das Leben in der Klinik betrifft, weitgehend durch die Autorität des Stationsreglements bestimmt. Dies erzwingt, so scheint es, eine Regression, die eine Reflexion der Gruppenprozesse nur eingeschränkt ermöglicht. Auch nicht durch abgegrenzte Gruppensitzungen, die weder durch Thema noch Regulierung der Gesprächsführung strukturiert werden, läßt sich in einem Stationsmilieu der beschriebenen Art ausreichende Neutralität[7] erreichen, so daß die Entfaltung von Unbewußtem und Übertragungsmodi zum Thema werden könnten. Um das möglich zu machen, müßte die Chance bestehen, reglementierte Verhaltensformen zugunsten autonomer Gestaltungsmöglichkeiten zu überwinden. Das aber läßt das Stationsreglement nicht zu.

Aber so eingreifend die institutionellen Rahmenbedingungen auch sein mögen, in den Therapiebesprechungen finden sie nur wenig Erwähnung. Nur ein Fünftel aller Themen, die die Therapeuten in diesen Konferenzen besprechen, befaßt sich mit dem Leben der Patienten im Stationsmilieu. Und nur wenige davon beschäftigen sich mit den Beziehungen der Patienten zu Mitpatienten. Die Situation der Patienten in der Gruppe ist also in den Therapiebesprechungen eigentlich kein Thema. Wird sie doch einmal angesprochen, so stellen die Therapeuten eher selten eine Verbindung zu anderen Themenbereichen

---

7 Die Neutralität des Analytikers ist sein gleichmäßiger Abstand zu Es, Abwehrmaßnahmen und Über-Ich (*A. Freud* 1936). Diese Art Neutralität kann der Klinikarzt nicht haben, weil er durch das von ihm vertretene Reglement einen Teil der Triebkontrolle seiner Patienten übernimmt. Auch durch Trennung der Funktionen Stationsarzt und Psychotherapeut (z.B. *Stanton* u. *Schwartz* 1954), läßt sich dieser Mangel nicht beheben (vgl. *Janssen* 1987), unter anderem darum nicht, weil die Patienten eine Übertragung auf die Institution Krankenhaus als Ganzes entwickeln (*Reider* 1953).

her. Umgekehrt kommen die Therapeuten bei der Besprechung psychologischer oder sozialer Probleme der Patienten nicht oft auf deren Verhalten im Stationsmilieu oder in der Gruppe zu sprechen. Schlüsselt man die Häufigkeit der von den Therapeuten besprochenen Themen, die sich auf das Verhalten der Patienten in der Institution Krankenhaus beziehen, nach "Problemen der Patienten mit den Mitpatienten", "Probleme der Patienten mit Therapeuten", "keine Probleme der ersten oder zweiten Art" auf, dann ergibt sich über den gesamten Therapieverlauf, daß pro Patient 2,5 Probleme der ersten Art, 7,8 der zweiten Art und 3,4mal "keine Probleme" erwähnt werden (N = 34, drei Therapiebesprechungen). Das heißt, wenn die Therapeuten doch das Verhalten der Patienten thematisieren, soweit es ihnen krankenhausbedingt erscheint, dann beziehen sie sich kaum auf die Patientengruppe, sondern überwiegend auf die Beziehung der Patienten zu den Therapeuten. Die Therapeuten sprechen also nicht nur vergleichsweise wenig von der Gruppe, sie achten auch wenig auf Konflikte in der Gruppe. Doch sei hier nochmals betont, daß dies nur für die Besprechungen des Personals gilt, die sich explizit mit den Therapiezielen der Patienten befassen. In anderen Besprechungen werden die Gruppensitzungen anders thematisiert, zum Beispiel mit besonderem Blick auf die Gruppendynamik.

Die Arbeitsgruppe und ihre primäre Aufgabe

Nach der beschriebenen Charakteristik des Stationsreglements liegt es nahe, zu sagen, es erzwinge eine Regression. Doch ist diese Aussage zu präzisieren. Mit Regression ist ja gemeint, daß Menschen auf Verhaltensweisen zurückgreifen, die sie entwicklungsgeschichtlich schon überwunden hatten. Ein Mechanismus der Regression ist es, die Triebkontrolle auf eine äußere Instanz zu delegieren. Das gilt besonders für Gruppen, die sich in einer so ausgeprägt asymmetrischen Position befinden wie die Patientengruppe zum Personal. Doch setzt andererseits eine hierarchisch gegliederte Gruppe nicht unbedingt regressive Verhaltensweisen ihrer Mitglieder voraus. Ein Operationsteam wäre ein Beispiel dafür, daß hierarchisch strukturiertes Handeln und ein hohes Maß an individueller Autonomie einander sogar bedingen können. Aber es ist offensichtlich, daß dies beides nur zusammen geht, wenn die Strukturen, die das Team organisieren, vor allem durch die primäre Aufgabe (*Rice* 1963), also etwa das Operieren, bestimmt werden. In Anlehnung an *Bion* (1961) können wir darum eine Gruppe regressiv nennen, wenn sie hinsichtlich ihrer Strukturen und Prozesse von autochthonen dynamischen Kräften bestimmt wird. Eine

Gruppe ist nicht regressiv, wenn sie eine "Arbeitsgruppe" (*Bion* 1961) ist. Arbeitsgruppen entwickeln Strukturen und Organisationsformen, die sich an der primären Aufgabe orientieren. In ihnen ist Sprache das entscheidende Medium der Interaktion, sie haben ein Bewußtsein von Zeitabläufen und Kontakt zur Realität.

Die Strukturen der klinischen Behandlung, soweit sie sicherstellen, daß die Patienten zu festgelegten Zeiten an festgelegtem Ort zusammenkommen, um in Gruppensitzungen mit festgelegten Experten festgelegte Themen zu bearbeiten, definieren so die Gruppen der Patienten als Arbeitsgruppe.[8] Eine Arbeitsgruppe hat eine primäre Aufgabe. In ihr herrscht das beobachtende Ich, das mit dem Leiter und dem beobachtenden Ich der anderen Gruppenmitglieder ein Bündnis eingeht. So ergibt sich für die Gruppenveranstaltungen folgende ideale Charakteristik: Die Therapeuten sammeln Daten über den Patienten, um sich ein Bild von seiner psychischen Verfassung und seiner sozialen Situation zu machen. Die Therapeuten konfrontieren die Gruppe mit ihrer Analyse der intrapsychischen Konflikte der Patienten und mit ihrer Sicht der Konflikte, die sich zwischen Patient und seiner extramuralen sozialen Realität ergeben. Das impliziert gemeinsame Realitätsprüfung und eine Analyse der Handlungsmöglichkeiten des Patienten. Die primäre Aufgabe der therapeutischen Gruppen ist es also, die Beziehung der Patienten zu ihrer persönlichen sozialen Umwelt zu untersuchen. Implizit sind damit die bedingenden psychischen Strukturen und Prozesse der Patienten gemeint. Diese primäre Aufgabe kann in den unterschiedlichen Gruppen oder Veranstaltungen des Wochenprogramms in Teilaufgaben zergliedert werden. Eine Gruppe kann sich mit dem Leben auf der Station beschäftigen, das Gespräch mit dem Arzt kann der medikamentösen Behandlung dienen. Aber diese Teilaufgaben können als Einzelschritte aufgefaßt werden, um die primäre Aufgabe zu erfüllen, nämlich die Position des Patienten in seinen außerklinischen Systembezügen zu erforschen und gegebenenfalls zu verändern.

Eine Arbeitsgruppe ist immer davon bedroht, daß unbewußte dynamische Faktoren primäre Aufgabe und Realitätskontakt in Frage stellen. Erliegt sie dieser Versuchung, so könnten wir sie regressiv nennen. Diese Tendenz ist aus zwei Gründen in einer psychiatrischen Klinik besonders groß. Anders als sonst im gesellschaftlichen Leben,

---

[8] In vielen psychiatrischen Krankenhäusern und Tageskliniken sind die therapeutischen Programme nach dem Muster von Arbeitsgruppen konzipiert (z.B. *Cumming* u. *Cumming* 1962, *Fullilove* u.a. 1985, *Alce* u. *Griffith* 1986). Doch taucht dieser Begriff nicht immer explizit auf (z.B. *Milne* 1984, *Wendt* u.a. 1983).

wo man leicht eine Grundeinsicht darein haben kann, welche besonderen Strukturen für Gruppen nötig sind, um bestimmte Aufgaben zu lösen, ist das in einer psychotherapeutisch arbeitenden Klinik nicht so. Daß ein Therapeut den äußeren Rahmen einer Gruppenveranstaltung mit festem Reglement sichert, aber den Gruppenteilnehmern in den Sitzungen nicht sagt, was sie zu tun haben, das ist zunächst ziemlich schwer verständlich. Der zweite Grund ist, daß die Menschen, die psychiatrische Behandlung brauchen, meist nichts weniger im Sinn haben, als an einer primären Aufgabe zu arbeiten. Sie haben den Kopf mit ihren Affekten, Phantasien und Ungereimtheiten voll.

Diese Schwierigkeiten sind bei tagesklinischer Behandlung geringer. Das tägliche Kommen der Patienten und ihr Aufenthalt in der Klinik fordert den "Zweck", nämlich an der primären Aufgabe zu arbeiten, eher heraus. Im stationären Rahmen nimmt aber das gemeinsame Leben der Patienten außerhalb definierter therapeutischer Veranstaltungen den größeren Raum ein, und dieses Leben ist durch eine Vielzahl von Vorschriften reglementiert. Die Patienten sind zunächst einfach nur da, und es ist schwerer in ihrem Bewußtsein präsent zu halten, warum. Das gilt in besonderem Maß, wenn die Patienten nicht freiwillig im Krankenhaus sind.[9]

Nicht alle Gruppen und Systeme haben eine primäre Aufgabe oder sind Arbeitsgruppen. Die Familie ist wohl das typischste Beispiel dafür, daß Gruppen- oder Systembildung auch ohne primäre Aufgabe möglich ist. Die Familie gibt den Mitgliedern Gelegenheit, wechselnde und vielfältige affektive Konstellationen zu realisieren. Darum entwickeln sich, wenn die primäre Aufgabe in den Hintergrund tritt, pseudofamiliale Strukturen. Aber die primäre Aufgabe kann den Insassen einer psychiatrischen Anstalt auch vorenthalten werden. Der Begriff "Verwahrpsychiatrie" meint ja eben diesen Sachverhalt.[10] Andererseits kann die primäre Aufgabe auch anders definiert werden als es hier entwickelt wurde. Man könnte als primäre Aufgabe der Patienten definieren, in Ruhe ihre psychische Gesundung abzuwarten. Aus der Definition der primären Aufgabe ist jedenfalls abzuleiten, wie das Stationsmilieu beschaffen sein muß. Patienten mit Knochenbrüchen brauchen Bettruhe oder physikalische Übungen, Patienten im floriden Stadium einer schizophrenen Psychose Ruhe, einen strukturierten Tagesablauf und so weiter. In den Grundsätzen der Milieutherapie sind

---

9 Zur Bedeutung der Arbeitshaltung der Patienten für die Effektivität der Behandlung vgl. *Allen* u.a. (1985) sowie *Clarkin* u.a. (1987).
10 Das Gefangenenlager ist das ansonsten einzige Beispiel dafür, daß Gruppen von Menschen eine primäre Aufgabe vorenthalten wird; während das Personal natürlich die primäre Aufgabe hat, das Lager zu erhalten.

diese Regeln entwickelt. Klärung der außerklinischen Systembezüge muß sich auch nicht notwendigerweise auf der Ebene psychotherapeutischer Gruppensitzungen bewegen. Wenn die Patienten gemeinsam einkaufen und kochen oder ihre Kleider und Räume in Ordnung halten, dient es in diesem Sinn der primären Aufgabe, sofern es geschieht, um das eigenständige Leben zu üben.

Die am Anfang beschriebenen Selektionskriterien der Tagesklinik Alteburger Straße sind auf dieses therapeutische Konzept bezogen. Nicht Diagnose, Schwere der Störung oder Symptomatik bestimmen, ob ein Patient aufgenommen wird, sondern ob er sich dem Arbeitsprogramm der Klinik unterwerfen will und kann. Das Arbeitsprogramm der Stationen bestimmt auch die Grenze ihrer Integrationskapazität. Auch hier sind es weniger Diagnose, Schwere der Störung oder Kompliziertheit der sozialen Situation, die die Grenzen der Behandlungsfähigkeit eines Patienten bestimmen. Entscheidend ist die Fähigkeit des Patienten, sich an dem Arbeitsprogramm zu beteiligen. Aber das ist ein anspruchsvolles Ziel. Es erfordert von den Patienten eine Arbeitshaltung, die sicher viele schnell an die Grenze ihrer Leistungsfähigkeit bringt. Eine Hilfe hierbei ist die Mischung von Patienten mit neurotischen und psychotischen Störungen. Die Therapeuten gehen davon aus, daß die besser strukturierten Patienten mehr als die anderen die Kommunikationsprozesse in den Gruppen unterhalten.

Nicht nur die Gruppendynamik, auch die Interaktionen zwischen Patienten und Therapeuten haben nur einen geringen Stellenwert in der Therapiebesprechung, obwohl Gruppeninterventionen und Einzelkontakte herausragende Formen therapeutischer Interventionen sind. Die Therapeuten vermeiden anhaltende, die Behandlungszeit andauernde therapeutische Einzelbeziehungen. Sie reduzieren dadurch die Wahrscheinlichkeit, daß sich starke Übertragungsphänomene zwischen Patienten und einzelnen Therapeuten entwickeln können. Intensive Übertragungsgefühle eines Patienten zu einem bestimmten Therapeuten können vom Team nur schwer gesteuert und integriert werden, da sie allein auf den systeminternen Prozeß zwischen Therapeut und Patient bezogen sind. Folgt man den Therapiebesprechungen, dann haben Einzelgespräche zwischen Therapeuten und Patienten ebenso wie gruppentherapeutische Interventionen in weit weniger als einem Drittel der Fälle die Funktion der direkten Konfliktlösung. Die Therapeuten tragen ihre Sicht der Problemkonstellation der Patienten in die Gruppenprozesse oder Einzelgespräche hinein. Das sehen sie vor allem als eine Maßnahme an, die den Patienten größere Sicherheit gibt, und ihnen, den Therapeuten, mehr Informationen liefert. Die Therapeuten betrachten es also mehr als ihre Aufgabe, dem Patienten die Möglichkeit zu geben, die primäre Aufgabe selbst zu erfüllen. Das ist lediglich anders in den Familiengesprächen. Hier steht für die Therapeuten in etwa der Hälfte der Fälle das Ziel im Vordergrund, eine konkrete Konfliktlösung zu erreichen.

Die Therapie in der Tagesklinik ist also wirklich eine Gruppentherapie. Die Therapeuten nehmen in der Tendenz eine direktive Haltung ein, wenn es um Fragen des Stationslebens geht. Sie verhalten sich der Tendenz nach abstinent und, wie wir in einem früheren Kapitel gesehen haben, neutral, wenn es um die psychischen und sozialen Konflikte der Patienten geht. Klassische Übertragungskonstellationen werden eher vermieden als therapeutisch genutzt.

Under-life-Strukturen

Wenn wir von der Patientengruppe sprechen, müssen wir berücksichtigen, daß wir immer nur einen Aspekt dieser Gruppe wahrnehmen. Die Beobachtung von *Goffman* (1961), daß sich in Organisationen von der Art eines psychiatrischen Krankenhauses Under-life-Strukturen entwickeln, gilt wohl unabhängig davon, wie die therapeutische Kultur entwickelt ist. Mit Under-life-Strukturen meint *Goffman*, daß die Patienten soziale Strukturen und Kommunikationsmuster entwickeln, die dem Personal weitgehend verschlossen bleiben. In der Art Anstalt, die *Goffman* untersucht hat, ist deren Funktion, den Insassen das Leben angenehmer und würdevoller zu gestalten. In der Tagesklinik Alteburger Straße bekommt man gelegentlich mit, daß die Patienten differenzierte Strukturen entwickeln, um sich bei der Bewältigung ihres Lebens zu helfen. Man trifft sich außerhalb der Klinik, ohne daß dies den Therapeuten bekannt würde. Noch nach der Entlassung gibt es ein weitverzweigtes Kommunikationsnetz. Nicht selten ruft ein ehemaliger Patient an, um mitzuteilen, daß es einem anderen früheren Patienten schlecht gehe und eine Intervention der Klinik erforderlich sei. Die besten Kenntnisse über diese Strukturen haben wahrscheinlich die Krankenschwestern und -pfleger, aber die schreiben normalerweise keine Bücher darüber. Es gibt nur wenige Versuche, sich dem Phänomen überhaupt zu nähern, sieht man von *Goffman* ab, der bei seinen Beobachtungen keine therapeutischen Interessen im Sinn hatte.

Einerseits müssen wir wohl davon ausgehen, daß die sozialen Beziehungen der Patienten untereinander sehr von dem therapeutischen Milieu abhängen, wie es vom Personal strukturiert wird; so die Beobachtungen von *Rowland* (1938, 1939). Aber die Patientengruppe hat andererseits einen von äußeren Faktoren unabhängigen Einfluß auf das Verhalten und die psychische Verfassung der Patienten, wie die

Arbeiten von *Rowland* auch zeigen. Noch eindrücklicher schildern *Caudill* u.a. (1952), die einen als Patienten getarnten Beobachter in eine Station geschleust hatten,[11] wie stark die Patientengruppe das soziale Verhalten der Patienten, auch in therapeutischen Veranstaltungen, kontrolliert. Die therapeutische Gemeinschaft, wie sie von *Jones* (1952) konzipiert wurde, macht diese Tatsache ja mehr oder weniger zum therapeutischen Prinzip. Es geht in ihr wesentlich um den Einfluß der Patientengruppe auf die einzelnen Patienten (*Pomryn* 1952), der sehr wirksam ist (*Haddon* 1979).

Under-life-Strukturen wären nicht das, was sie sind, wenn sie offen wären. Daß die Therapeuten sie allenfalls teilweise zu Gesicht bekommen, muß man als gegeben ansehen. In den Verhandlungen der Therapeuten der Tagesklinik Alteburger Straße kommen in den Therapiebesprechungen keine Hinweise auf dieses Gruppeneigenleben der Patienten vor. In den psychotherapeutischen Gruppen wird sich manches verraten. Aber es ist natürlich auch die Frage, inwieweit in psychotherapeutischen Gruppen wirklich alles offen verhandelt werden kann, wenn es Under-life-Strukturen gibt, die aus strukturellen Gründen geheim bleiben müssen. Ja, es stellt sich sogar die Frage, ob es überhaupt gut wäre, wenn die Strukturen offengelegt würden. Es gibt ja gute Gründe anzunehmen, daß Under-life-Strukturen notwendig sind, um dem einzelnen Patienten persönliche Differenzierungen zu erlauben, die das psychiatrische Krankenhaus nicht offiziell gelten lassen kann (*Matakas* 1988). Die Beobachtung von *Trimborn* (1983), daß die therapeutische "Umzingelung", womit er meint, daß den Patienten dieser Raum nicht mehr bleibt, eher zerstörerisch wirkt, würde in gleicher Weise dafür sprechen. Und schließlich ist zu fragen, ob das, was in psychotherapeutischen Kliniken als Spaltungsprozeß beobachtet wird (z.B. *Lohmer* 1988), nämlich die Tendenz schwer gestörter Patienten, zu den Therapeuten Beziehungen zu realisieren, die sich gegenseitig ausschließen, nicht auch ein verzweifelter Versuch ist, einen Raum zu haben, dessen Kontrolle allein den Patienten unterliegt (*Amini* u.a. 1978). Wir können diese Frage hier nicht weiter im Detail verfolgen. Doch scheint es so, daß die Vorteile tagesklinischer Behandlung wesentlich darin begründet sind, daß solche Under-life-Strukturen weniger notwendig sind. Der Patient bleibt in seinem sozialen Umfeld. Vielleicht hängt damit auch zusammen, daß die typischen Schwierigkeiten bei der Behandlung von Borderline-Patienten (*Alce* u. *Griffith* 1986) im tagesklinischem Rahmen nicht oder nur gemildert auftreten, auch wenn es sich um ein sehr intensives therapeutisches Programm handelt.

---

11 Zur Kritik solcher "Untersuchungsmethoden" siehe *K. T. Erikson* (1966).

*Exkurs: Zur psychoanalytischen Behandlung
schizophrener Störungen*

Es ist in mancher Hinsicht nicht mehr strittig, wie ein Krankenhausmilieu gestaltet sein soll, damit es psychisch Kranken förderlich ist. Ein klar strukturiertes Milieu ohne viel Anforderungen für emotional instabile Patienten, gestufte Anforderungen mit Gestaltungsspielraum für Patienten mit einer Minussymptomatik, das sind Beispiele von Leitlinien, wie sie *Heim* (1985) in seinem Buch über Milieutherapie zusammengefaßt hat. Was uns hier interessiert, ist die viel speziellere Frage, ob durch eine Krankenhausbehandlung strukturelle, psychische Veränderungen bei den psychiatrischen Patienten erzielt werden können.

Wenn das Krankenhausmilieu die Bedingungen von humaner Behandlung, Klarheit und Strukturiertheit erfüllt, kann man zum Beispiel bei der Mehrzahl der Patienten mit einer schizophrenen Erkrankung davon ausgehen, daß die Patienten unter psychopharmakologischer Behandlung ihre Symptomatik so weit verlieren, daß sie entlassen werden können. Bei Patienten mit schweren neurotischen oder Persönlichkeitsstörungen ist es schon schwieriger, eine solche Aussage zu machen. Diese Patienten mögen sich unter den Bedingungen des Krankenhausmilieus stabilisieren. Aber noch mehr als bei psychotischen Erkrankungen ist zu fragen, welchen Bestand die Stabilisierung zeigen wird, wenn die Patienten wieder entlassen sind. Man kann hoffen, daß sie ein bischen an individueller Entwicklungspotenz mobilisieren und an Reifung nachholen können. Ein solches "human care" Modell (*Perrow* 1966) hat zweifellos seinen Wert. Aber man wird im Einzelfall immer fürchten müssen, daß die mit der Hospitalisierung verbundene Regression und die soziale Stigmatisierung dem Patienten vieles schwerer macht, so daß fraglich ist, ob unter dem Strich ein Gewinn für ihn bleibt. Und schließlich bewegt den Therapeuten die Frage, welchen Preis etwa die Familie für die Besserung der psychischen Störung des Patienten zu zahlen hat.

Eine wirklich heilende Wirkung der Krankenhausbehandlung würden wir dann annehmen können, wenn es in der Tat möglich wäre, strukturelle Veränderungen in der psychischen Organisation des Patienten oder in der systemischen Struktur seiner Familie zu bewirken. Wir werden dieses Problem zunächst am Beispiel einer schizophrenen Psychose erörtern. Die schizophrene Psychose, obwohl nicht die häufigste Störung der Patienten in den psychiatrischen Krankenhäusern, ist doch die typischste.

Ich-Grenze

Die Schizophrenie läßt sich als eine psychische Störung verstehen, bei der es nicht zur Ausbildung stabiler Ich-Grenzen gekommen ist.[12] Patienten mit schizophrener Störung, ob nun kompensiert oder nicht, benutzen vorwiegend Mechanismen wie Introjektion und Projektion für die Gestaltung ihrer Objektbeziehungen. Durch Introjektion und Projektion, die, einzeln oder kombiniert, Objektbesetzung und Trennung von Objekten ersetzen, kommt es vor allem zu Unklarheiten, was Bedürfnisse des Selbst und was Bedürfnisse der Objekte sind.[13] Sieht man in der Schizophrenie weniger einen Defekt als einen Zustand tiefer Regression, würde man sagen, daß Introjektion und Projektion vor allem der Abwehr entmischter oder deneutralisierter sexueller und aggressiver Triebe dienen (vgl. *Hartmann* 1964). Immer bestehen primitive Identifizierung und paranoide Abwehr nebeneinander und sind Ausdruck wie auch Ursache der hoch ambivalenten Beziehung zu Objekten. In akuten psychotischen Zuständen wird das Selbst zu einem Spielball unbeinflußbarer Mächte und Welt zu einem Szenarium projizierter Phantasien.

Natürlich ist die psychische Struktur der Schizophrenie damit nicht umfassend beschrieben.[14] Introjektion und Projektion sind auch nicht

---

12 Der Analytiker *Tausk* benutzt diesen Begriff schon 1919. *Freeman* u.a. (1958) beschreiben die Symptomatik der Schizophrenie in Begriffen der psychoanalytischen Theorie, wobei sie die Störung bzw. Schwäche der Ich-Grenze als Ausgangspunkt nehmen. Aber auch z.B. der "Organiker" *K. Schneider* spricht von einer "Durchlässigkeit" der "Ich-Umwelt-Schranke" (1957). Der Begriff der Ich-Grenze ist an sich problematisch. Wir meinen hiermit, daß - aus der Sicht des Beobachters - bei einem Menschen normalerweise Klarheit darüber herrscht, was innere Empfindung und was Wahrnehmung äußerer Dinge ist. Beides wird durch die Ich-Grenze gewissermaßen geschieden. Aber danach ist schon eine einfache Projektion eine Verwischung dieser Grenze. Es widerspricht eigentlich dem Inhalt des Begriffes "Ich", ihm etwas zuzuschreiben, was das Ich als nicht sich zugehörig empfindet und umgekehrt. Aber auch die psychologische Sichtweise, etwa von *Federn* (1932) löst diesen Widerspruch nicht. *Federn* versucht zu erklären, was es heißt, daß das Ich-Gefühl Vorstellungen begleitet. Aber daß es Vorstellungen gibt, die nicht vom Ich-Gefühl begleitet werden, ist ebenso widersprüchlich.
13 Zur inhaltlichen Erläuterung der Begriffe Introjektion, Identifizierung usw. vgl. *Schafer* (1968).
14 Für eine vollständige psychologische oder psychoanalytische Beschreibung der schizophrenen Psychose ist hier kein Raum. Wir beziehen uns lediglich auf einige Charakteristika, die zur Erklärung der therapeutischen Strategien bedeutsam sind. Aus Gründen, die wir bereits erläutert haben, geht es im Rahmen einer Krankenhausbehandlung vor allem um die Objektbeziehung der Patienten und die ich-strukturellen Besonderheiten oder Abwehrmechanismen, die in den Objektbeziehungen augenfällig werden. Im übrigen sind psychoanalytisch eru-

das Privileg schizophrener Menschen und allein noch kein Indikator für instabile Ich-Grenzen. Auch neurotisch strukturierte Menschen benutzen diese Abwehrmechanismen. Doch haben sie unterschiedliche Funktionen bei Patienten mit einer psychotischen Störung und solchen mit einer bis zur ödipalen Konfiguration gereiften psychischen Struktur. Im Falle des neurotischen Gebrauches der Projektion wird eine verpönte Triebregung einem anderen zugeschrieben mit dem Ziel, dadurch indirekt eine eigene Triebbefriedigung oder wenigstens Vermeidung von Unlust zu erreichen. Man projiziert den Wunsch, bewundert und umworben zu werden, auf die Freundin und identifiziert sich mit ihr (*A. Freud* 1936).

Die Projektion des schizophrenen Patienten ist, zwar wohl nicht immer, aber doch häufig, von anderer Art. Auch hier wird dem anderen eine dem Selbst entspringende Triebregung zugeschrieben. Aber wir beobachten klinisch oft, daß der Zweck der Projektion nicht ist, dadurch eine Triebbefriedigung, sondern eine Kontrolle der Triebregung durch das Objekt, auf das projiziert wird, zu erreichen. In seiner Erklärung der Paranoia im Rahmen seines Schreberaufsatzes (1911) verweist *Freud* auf diese Funktion implizit, ohne sie zu thematisieren. Der Satz "Ich liebe ihn" wird nach seiner Verkehrung auf das Objekt projiziert und heißt dann, "Er haßt (verfolgt) mich, was mich dann berechtigen wird, ihn zu hassen." (S. 299)[15] Wir müssen uns nur die Verhaltensweisen, die dem resultierenden eigenen Haß entsprechen, hinzudenken, um zu erkennen, daß das auf diese Weise unbewußt geliebte Objekt sich so verhalten wird, daß die eigene

---

ierbare Phänomene komplex. In den Objektbeziehungen wird auch die Triebstruktur deutlich ebenso wie das Muster vorherrschender Abwehrmechanismen und so weiter. - Die Autoren, auf deren Erkenntnisse über die psychischen Mechanismen der Schizophrenie wir uns im wesentlichen stützen, sind *Freud* (1911, 1922, 1924a, 1924 b) *Fromm-Reichmann* (1959), *Hartmann* (1964), *Searles* (1965), *Jacobson* (1967).

15 Die Rückführung der Paranoia (und schizophrenen Erkrankung) auf psychische Konflikte um die homosexuellen Strebungen ist in der psychiatrischen und analytischen Literatur nicht weiter verfolgt worden. Aber Freud hat damit die Erklärung für ein Faktum versucht, das bis heute auf andere Weise auch nicht beantwortet wurde. Die schizophrenen Psychosen sind ihrer Phänomenologie nach eine Aufkündigung des sozialen Konsensus. Die Fähigkeit des Menschen, sich als Mitglied einer Gruppe oder, wie wir heute sagen würden, eines sozialen Systems zu betrachten, setzt aber voraus, daß es Triebkräfte in ihm gibt, die ihn an andere Individuen binden. Wenn es denn in der Tat so etwas wie einen Herdentrieb nicht gibt (*Freud* 1921), müssen es doch die libidinösen Kräfte sein, die in spezifischer Weise auch Bindemittel für die wechselseitige Identifizierung von Mitgliedern einer Gruppe sind. Freuds Vermutung war, daß es die homosexuellen Libidoanteile sind.

Liebe nicht manifest werden kann. In dem Aufsatz "Mitteilung eines der psychoanalytischen Theorie widersprechenden Falles von Paranoia" (1915) ist das Resultat ähnlich. Den Grundkonflikt der von *Freud* untersuchten paranoischen Frau erklärt er damit, daß sie sich durch die Liebe zu einem Mann nicht von der unbewußten Bindung an die Mutter frei machen kann. Durch Projektion der eigenen Feindseligkeit der Mutter gegenüber auf den Mann, die zur paranoischen Wahnbildung führt, erwehrt "... sich die Kranke der Liebe zum Manne ...", (S. 244), weil sie sich von dem Einspruch der Mutter nicht freimachen kann. *Freud* geht nicht erklärend auf die Tatsache ein, daß die Frau diese Abwehrkonstellation als soziales Ereignis konstelliert. Sie geht gerichtlich gegen den geliebten Mann vor. So erzwingt sie die Abwendung des geliebten Objektes, offensichtlich um dadurch die eigene Liebesregung unter Kontrolle zu bekommen. In der Regel führt ein solches Manöver zu Abwehrkonstellation der projektiven Identifizierung.

Analog verhält es sich mit der Introjektion, wie das folgende Beispiel zeigt. Eine Patientin hatte sich lange und intensiv nach einer Stelle umgesehen und war an eine Ladeninhaberin geraten, die ihr auch Hoffnung machte. Später sagte die Ladeninhaberin der Patientin aber ab, und zwar mit einem langen Gespräch, in dem sie der Patientin mit subtiler Feindseligkeit erklärte, wie wenig geeignet sie für die Stelle sei. Die Patientin machte sich dieses Urteil ganz zu eigen, und klagend beschrieb sie ihre Unzulänglichkeit in den Worten der Ladeninhaberin. Wie die weitere Untersuchung ergab, war dies aber ein Manöver, um die eigene Feindseligkeit abzuwehren, die aus dem Bewerbungsgespräch entstanden war. Es ist fast eine pathognomonische Reaktion schizophrener Patienten, daß sie, wenn danach gefragt, ob sie das Verhalten eines Menschen verletzt hat, sehr ausführlich und einfühlsam die Interessenlage des anderen beschreiben, aber nichts von ihren Gefühlen äußern. Das Besondere an dem beschriebenen Abwehrvorgang ist nicht, daß sich die Patientin durch die Introjektion das bewußte Gefühl von Neid, Ohnmacht oder Wut erspart. Mit Hilfe der Introjektion kann die Patientin scheinbar autonom entscheiden, daß sie gar nicht für die Stelle in Frage kommt. Das Besondere ist, daß sie auf eine soziale Konstellation angewiesen ist, die sie selbst herstellt, um dieses Abwehrmanöver durchführen zu können.

Feindseligkeit wird auf das Objekt projiziert und führt zu paranoider Reaktion. Oder die Abwehrhaltung des Objekts gegen die eigene Feindseligkeit wird introjiziert. Durch Flucht wird sodann die eigene Feindseligkeit unter Kontrolle gehalten. Wir können also sagen, daß bei der schizophrenen Psychose durch die Abwehrmechanismen eine Funktion des Ichs, nämlich die Triebkontrolle, teilweise an Objekte "delegiert" wird, oder die Objekte werden dazu gebracht, sich so zu verhalten, daß die Triebkontrolle erleichtert wird. Das entspricht dem, was wenigstens teilweise mit instabilen Ich-Grenzen gemeint ist.[16] Im Abschnitt über "Ich-Funktion und soziale Systeme" sind wir darauf schon eingegangen.

Neurotische Abwehrmechanismen folgen einem ökonomischen Prinzip. Für eine verpönte Triebregung wird ein Abwehrmechanismus gewählt, der ein Maximum an Triebbefriedigung noch erlaubt. Das Selbst projiziert etwa Feindseligkeit, um einen Grund zu haben, die eigene Feindseligkeit doch zuzulassen, also nach dem Muster: "Ich bin nicht feindselig. Der Nachbar ist feindselig. Weil er so feindselig ist, bin ich ihm böse - nur darum". Diese Form gibt den Abwehrmechanismen eine gewisse Rationalität. Sie werden nach ihrem ökonomischen Wert gewählt. In der Regel ist das, was abgewehrt wird, auch wenigstens als Phantasie vorstellbar. In der schizophrenen Situation gilt das ökonomische Prinzip nicht in der gleichen Weise. Feindseligkeit wird nicht projiziert, um einen Kompromiß zwischen Triebanspruch und Über-Ich-Verbot zu finden, sondern um die Kontrolle der Triebregung zu sichern. Diese Patienten sind nicht oder nur sehr eingeschränkt in der Lage zu sagen: Ich will dies oder jenes, aber tue es nicht, weil es meinen Normen widerspricht. Kurz, sie haben wenig Fähigkeit, wenigstens in der Phantasie zu tun, was sie sich verbieten.

Doch führt auch im Fall der Paranoia die Projektion dazu, daß etwas an Feindseligkeit beim Paranoiker verbleibt, und zwar scheinbar ebenso wie beim neurotischen Mechanismus als Reaktion auf die projizierte Feindseligkeit des Objekts. "Ich bin selbst feindselig, weil ich mich gegen Angriffe von anderen wehren muß". Aber es ist hier der nicht abzuwehrende Rest und nicht das, was noch erlaubt ist. Während im neurotischen Fall der beim Selbst verbleibende Rest an feindseligem Affekt ein Zeichen von Ich-Stärke ist, ist es beim Schizophrenen ein Ausdruck nicht gelingender Abwehr. Unter Belastung versagt unter Umständen die Abwehr, durch Projektion der Feindseligkeit Herr zu werden, und der Patient dekompensiert in Form einer aggressiven Entladung. Angst und Rückzug sind dagegen Zeichen einer gelungenen, wenn auch pathologischen Stabilisierung. - Analoges gilt von dem Abwehrmechanismus der Introjektion.

---

16 Bei *Reiss* u.a. (1984) Beobachtungen der emotionalen Reaktion des Personals auf die Patienten, die in diesem Sinn interpretiert werden können.

Der systemische Aspekt

Wir haben diese beiden Abwehrmechanismen und eine ihrer Funktionen hier herausgegriffen, weil sie etwas über die Art der Objektbeziehungen schizophrener Menschen aussagen. Wir finden nämlich in Familien mit einem schizophrenen Mitglied Objektbeziehungen bei den "gesunden" Familienmitgliedern, die komplementär sind zu denen des Kranken. Der Introjektion des Indexpatienten entsprechen Projektionen anderer Personen der Familie (*Bowen* 1965). Der Indexpatient bringt Familienmitglieder dazu, die Kontrolle seiner innerseelischen Prozesse teilweise zu übernehmen, womit er unbewußten Wünschen der Familienmitglieder entgegenkommt. So wird er in Gefühlen, Denken und Handeln von unbewußten Intentionen anderer Familienmitglieder bestimmt; er lebt unbewußte Bedürfnisse zum Beispiel der Eltern aus, ohne daß dies eindeutig und offen würde. Er ist nicht nur einfach krank, um dadurch der Familie Wachstumsprozesse, Trauerarbeit und ähnliches zu ersparen, sondern in den Inhalten seiner psychotischen Symptome drückt sich verzerrt und entstellt aus, was in der Familie an Wahrheit verleugnet und abgewehrt wird. Die schizophrenen Patienten spüren es oft deutlich, wie sehr sie dafür gebraucht werden, durch Introjektion "böser" Phantasien die Eltern zu entlasten. Die Familienmitglieder weisen darum teilweise ebenfalls schwere psychische Störungen auf, die sich in spezifischer Weise auf die Pathologie des Indexpatienten beziehen. In der Regel haben sie für die Beteiligten die Funktion, schwere narzißtische Defekte zu "heilen".

In psychotischen Familien finden wir darum Beziehungsmuster des Indexpatienten zu der Familie, die für die Beteiligten in dieser Form eine wichtige stabilisierende Funktion haben. Es ist eine Form interpersoneller Abwehr (*Mentzos* 1976), die freilich, um wirksam sein zu können, die Interaktion braucht. Die stabilisierende Funktion, die schizophrene Patienten für ihre Familienmitglieder haben, bedingt, daß einer Reifung der Patienten Widerstände bei ihren Familien entgegenstehen. Ihre Heilung beraubt die Familie der Möglichkeit, sich über die Patienten zu entlasten. In der Familientherapie ist das Allgemeingut. Aber selbst wenn Familienmitglieder nicht mehr zur Verfügung stehen, finden sich Personen, oft aus dem Feld psychosozialer Helfer, die deren Rolle einnehmen. Offensichtlich gibt es ausreichend Valenzen bei den meisten Menschen, die es den Schizophrenen erlauben, immer wieder ihre bewährten Beziehungsmuster zu realisieren.[17]

---

17 Man lese das viel zitierte Buch von *Sechehaye* (1954). Es ist eine wunderschöne Illustration dafür, wie zwei erwachsene Menschen Beziehungsmuster realisieren, die für die Zeit vor der Individuation charakteristisch sind - mit all den Verzerrungen und Abstrusitäten.

Es ist eine merkwürdige Tatsache, daß in der Literatur über die Psychotherapie schizophrener Patienten dieses Problem nicht oder nur am Rande auftaucht. *Boyer* zum Beispiel (1967, S. 133) erwähnt eher beiläufig, daß der Ehemann einer Patientin schwer erkrankte, wenn es ihr besser ging. Aber er sagt nichts darüber, wie sich dieser Widerstand des Ehemanns auf die Behandlung seiner Patientin auswirkte. Und doch beobachtet man es immer wieder, wie sich die besondere Beziehung der schizophrenen Patienten zur Familie oder zu gleichwertigen Bezugspersonen als Fallstrick für eine Heilung entpuppt. Eine Patientin beginnt die Therapie mit dem Hinweis, daß sie von einer Ärztin, die eine Freundin der Familie ist, regelmäßig ihre neuroleptische Depotspritze erhält und das auch nicht ändern könne, da die Ärztin die Familie genauestens über ihren Zustand auf dem laufenden hält. Ein anderer Patient macht die Feststellung, jetzt, wo es ihm besser ginge, werde die Mutter den Arzt anrufen, um von ihm eine Erhöhung der neuroleptischen Medikation zu fordern, da sie denke, daß er immer dann krank ist, wenn er sich besser fühle.

Die Behandlung schizophrener Patienten hat es also einmal mit einem Widerstand zu tun, der wie in jeder analytischen Behandlung vom Patienten ausgeht. Daneben gibt es einen Widerstand, der in sozialen Systemzusammenhängen externalisiert ist. Die Behandlung des Indexpatienten kann zu schwerer Dekompensation oder zur körperlichen Erkrankung von Familienangehörigen führen. Oder bevor es dazu kommt, erweist sich der Behandlungswiderstand des Patienten als unüberwindlich, weil er durch die systemische Beziehung fixiert wird.

Aus all dem folgt nun nicht zwingend, daß die Behandlung eines schizophrenen Patienten nur möglich ist, wenn sie von einer Familientherapie begleitet wird. Der in den familialen Interaktionen zementierte Widerstand ist wirksam nur auf der Basis der spezifischen psychischen Störung des Patienten. Je mehr er an Reifung seiner psychischen Strukturen erreicht, um so mehr kann er sich aus diesen Beziehungen lösen. Ein Patient, der seine Selbständigkeit nicht wagt, weil die Mutter ihn braucht, um nicht zu dekompensieren, wird diese Dekompensation dann ertragen, wenn er ein kohärentes Selbstbild hat, das ihm die Sicherheit gibt, ohne die Mutter existenzfähig zu sein. Der Wert dieser systemischen Sicht besteht unter anderem darin, daß in den pathologischen Systembezügen die spezifischen Widerstände des Patienten entdeckt werden können.

Der therapeutische Angelpunkt

Bei der Behandlung der Patienten ergibt sich ein weiteres Problem. Es gibt keine überzeugende Theorie über die psychotherapeutische Behandlung psychotischer Patienten und keine entwickelte Technik. Wir haben die Ergebnisse einer Vielzahl von sehr ausdauernden Versuchen, solche Patienten analytisch zu behandeln,[18] aber keiner dieser Versuche war bislang in der Weise überzeugend, daß sich so etwas wie eine Standardmethode entwickelt hätte. Noch mehr gilt dies für die psychotherapeutische Behandlung im klinischen Rahmen, die in der Regel mit dem klinischen Setting unverbunden gehandhabt wurde (z.B. *Stanton* u. *Schwartz* 1954, *Fromm-Reichmann* 1959, *Searles* 1965, *Federn* 1952). Wir können an dieser Stelle diesen Mangel nicht beheben. Doch lassen sich einige Forderungen an eine Behandlung formulieren, die zu stellen wären, damit sie das Attribut *psychoanalytisch* verdiente.

Wir haben die Schizophrenie oben als eine Schwäche der Ich-Grenzen des Patienten charakterisiert. Damit sind die strukturellen psychischen Besonderheiten der Schizophrenie natürlich nicht umfassend beschrieben. Doch ist gerade mit diesem Charakteristikum, das gleichbedeutend mit mangelnder Integrationskraft des Ich ist, ein Angelpunkt genannt, der für das Selbsterleben der Patienten in der Kommunikation mit anderen entscheidend ist. Jede Kommunikation dieser Menschen basiert auf der unklaren Abgrenzung von Selbst und Objekt. Darum ist es die therapeutische Aufgabe, dem Patienten dazu zu verhelfen, stabilere Ich-Grenzen zu entwickeln. Wie kann das geschehen? Ob durch Deutung, erscheint fraglich. Deutungen sind Aussagen des Therapeuten über den Patienten. Sie sind insofern Übergriffe, die die Ich-Grenzen möglicherweise eher noch schwächen. Und wie sollen Ich-Grenzen durch bloße Erkenntnis entstehen? Zur analytischen Einsicht des Analysanden gehört eine dem Erkenntnisanteil der Deutung entsprechende Erfahrung des Patienten mit sich. In der klassischen analytischen Behandlung ist diese Erfahrung das Bewußtwerden von Triebabkömmlingen, spürbar unter anderem an den begleitenden Affekten. Die durch die Abstinenz des Analytikers erzwungene Zielgehemmtheit, die als Frustration erlebt wird, erlaubt es, affektiv erlebte Triebabkömmlinge mit Hilfe von Deutungen bewußt werden zu lassen.

Das Analoge für den Patienten mit schwachen oder defekten Ich-

---

18 Z.B. *Brody* u. *Redlich* (1952), *Federn* (1952), *Fromm-Reichmann* (1959), *Rosen* (1962), *Rosenfeld* (1965), *Searles* (1965), *Boyer* (1967), *Jacobson* (1967), *T. Lidz* (1973), *Bettelheim* (1974), *Benedetti* (1983), *Spotnitz* (1985).

Grenzen wäre also, eine von dem adäquaten Affekt begleitete Erkenntnis zu haben, daß das Objekt vom Ich getrennt ist. Der adäquate Affekt wäre aus der Frustration geboren, daß das Objekt nicht Teil des Selbst ist. Die Grenze des Selbst jedenfalls muß irgendwie erfahren werden können. Dabei legen wir die Ansicht von *Loewald* (1951) zugrunde, daß die Bildung von Objektrepräsentanzen in der Differenz zu Selbstrepräsentanzen ein Prozeß der Ausdifferenzierung aus einer primären, die Welt bildenden Matrix ist, in der Objekte und Selbst noch undifferenziert sind.

Dabei scheint es wichtig zu entscheiden, ob die Schizophrenie als Defekt des psychischen Apparates oder als Regression zu verstehen ist. Ist sie nämlich ein Defekt und die Differenzierung von Selbst und Objekten nicht gelungen, dann sind Deutungen des Analytikers, die Objekte meinen, für den Patienten insofern nicht verständlich, als der Patient keine adäquaten Objektrepräsentanzen hat, denen er zuschreiben könnte, was ihm der Analytiker sagt. Ist sie aber eine Regression, dann sollte der Patient wohl verstehen, was Objekte und das Selbst sind, wenn er auch Muster der "Objektbeziehung" aktiviert hat, die vor der abgeschlossenen Individuation der psychischen Entwicklung bestimmend waren. Aber auch für diesen Fall können Deutungen nach dem klassischen Muster nichts ausrichten. Deutungen beziehen sich immer auf Triebregungen. Die Triebregungen und die Vorstellungen, an die sich der Triebwunsch heftet, sind es ja, die als so bedrohlich erlebt werden, daß sie eine Regression auf früheste Stufen der "Objektbeziehung" notwendig machen. Jede Deutung würde somit nur das Trauma aktualisieren und die Abwehr verstärken, in diesem Fall die Regression auf früheste Stufen der psychischen Entwicklung (vgl. *A. Freud* 1936).

Das Problem wird etwas deutlicher, wenn wir die Technik der analytischen Behandlung hinsichtlich dieses Problems etwas genauer betrachten, und zwar am Beispiel einer Neurose, einer narzißtischen Störung und der Schizophrenie. Im Fall der ödipalen neurotischen Störung besteht der intrapsychische Konflikt zwischen Es- und Über-Ich-Forderung. Deutungen des Analytikers, die Triebwünsche benennen, aktualisieren den Konflikt. Daß die Abwehr dadurch nicht noch verstärkt, sondern gelockert werden kann, ist nur möglich, weil in der Übertragungssituation Über-Ich-Anteile auf den Analytiker projiziert werden und der Analytiker zugleich zum Objekt der Triebwünsche wird. Seine neutrale und abstinente, aber nicht repressive Haltung reduziert die Angst, die mit dem Bewußtwerden der Triebregung verbunden ist.

Im Fall der narzißtischen Störung muß dieses einfache Verfahren schon mißlingen. Die Triebregung aktualisiert nicht vornehmlich einen Konflikt mit Über-Ich-Verboten, sondern aktualisiert ein narzißtisches Trauma. Das Bewußtwerden von verpönten Triebregungen wird nicht nur abgewehrt, weil es mit Schuldgefühlen verbunden wäre, sondern die antizipierte Gefahr, daß die Triebregung unerfüllt bleibt, bedeutet zugleich eine Erschütterung des narzißtischen Gleichgewichts. Somit ist eine Minderung des Über-Ich-Druckes nicht ausreichend, um abgewehrte Triebregungen bewußt werden zu lassen. Der Analytiker muß vielmehr vorrangig das damit verknüpfte narzißtische Problem erlebbar und bewußt machen. Die Abwehr gegen das Bewußtwerden des narzißtischen Konflikts kann nur gemildert werden, wenn - analog zur Situation bei der Behandlung ödipaler Neurosen - in der therapeutischen Beziehung die Gefahr der erneuten narzißtischen Kränkung gemildert wird. Das gelingt nun nicht dadurch, daß der Analytiker den Patienten mit narzißtischen Gratifikationen versorgt, also ihm sagt, was für ein wunderbarer Mensch er ist. Das wäre etwa so wirksam, wie einem Hysteriker zu sagen, inzestuöse Phantasien seien normal. Es gelingt nur dadurch, daß nicht Triebregungen, die den narzißtischen Konflikt beleben, sondern der Konflikt selbst zur Sprache kommt. Das narzißtische Trauma ist aber natürlich das, was die Übertragungsbeziehung des Patienten beherrscht. Es kommt also darauf an, daß in der therapeutischen Beziehung für den Patienten ausreichende Stabilität seines narzißtischen Gleichgewichts gesichert ist und Kränkungen vermieden werden. Im einzelnen mag das so geschehen, daß der Analytiker gegenüber aggressiven Tendenzen des Patienten eine wohlwollend neutrale, arbeitsorientierte und interessierte Haltung einnimmt. Worauf es hier ankommt, ist, daß in der therapeutischen Beziehung der Patient seinen spezifischen psychischen Konflikt aktualisiert und daß darum der Behandler darauf sehen muß, wie er die Abwehr des Patienten aufheben oder mildern kann, indem er sie in der aktuellen Beziehung unnötig macht.

Auch im Fall der schizophrenen Psychose werden Angst, die aus verbotenen Triebregungen resultiert, und narzißtische Traumatisierung durch die spezifischen Abwehrmechanismen verhindert. Die Abwehr ist hier die Regression auf Zustände vor der Individuation. Eine psychoanalytische Behandlung müßte also an dem Punkt ansetzen, der Individuations- und Integrationsprozesse möglich macht. Wie beim ödipalen Konflikt Über-Ich-Angst, beim narzißtischen Trauma Entwertung des Selbst in der therapeutischen Beziehung gemildert werden muß, ist im Fall der schizophrenen Psychose die Angst zu mildern, die aus der Gefahr resultiert, die mit der Individuation verbunden zu sein scheint. Was der schizophrene Patient fürchtet, ist die Desintegration und Vernichtung des Selbst. Libidinöse Triebregungen bergen die Gefahr, daß das geliebte Objekt Besitz vom Selbst ergreift, aggressive Tendenzen drohen das Objekt zu zerstören. Die Aufhebung oder Schwächung der Ich-Grenzen ist der Versuch, diesen Gefahren zu entgehen. Trennung ist nun nicht möglich, weil Objekte Teile des Selbst sind. Liebe ist aus dem gleichen Grund nicht nötig. So werden Begrenzung und Abhängigkeit vermieden. Die analytische Behandlung müßte darum Trennung möglich machen, die nicht als Zerstörung des Objekts, und Liebe, die nicht als Überwältigung erlebt wird.

Eine Gruppensitzung: Die Arbeit an den außerklinischen Systembezügen der Patienten in der Gruppe

Die Gruppe, das Protokoll einer Sitzung

Die Gruppe, von der im folgenden die Rede sein wird, umfaßt 13 Patienten einer tagesklinischen Station. Während der Sitzung sind 11 der Patienten anwesend, 2 fehlen. An der Sitzung nimmt auch das Behandlungsteam der Station teil, eine Ärztin, eine Krankenschwester, ein Krankenpfleger, ein Sozialarbeiter, als Gast ein junger Sportlehrer sowie der ausscheidende Stationsarzt. Die Gruppensitzung ist eine der täglich von 9.00 - 9.45 h stattfindenden morgendlichen Versammlungen aller Patienten. Das Thema dieser Sitzungen ist: die Besprechung aller Probleme der Patienten, die sich aus ihrem Zusammenleben in der Tagesklinik ergeben.

Von den 13 Patienten hatten 9 die Diagnose schizophrene Psychose, 4 eine Diagnose aus der Gruppe der Persönlichkeitsstörungen bzw. Neurosen. 9 waren Frauen, 4 Männer. Die Protagonisten in der Sitzung waren Frau S., Herr N., Frau Q. und Frau R. Frau S. mit einer Borderline-Persönlichkeitsorganisation war alleinerziehende Mutter von drei kleinen Kindern. Das Jugendamt hatte eines der Kinder schon in ein Erziehungsheim eingewiesen und drohte, der Mutter das Sorgerecht auch für die beiden anderen zu entziehen, weil sie ihre Kinder vernachlässigte. Herr N. war ein 26jähriger schizophrener Patient, der eine lange Leidensgeschichte mit seiner Mutter hatte, nachdem der Vater früh gestorben war. Er war ein ungebärdiger, rauflustiger Junge gewesen, den die Mutter mit drakonischen Strafen unter Kontrolle zu bringen versuchte. Vergeblich hatte er darum geworben, die Anerkennung der Mutter zu gewinnen. Frau Q. war eine depressive junge Frau mit großer Angst vor engen Bindungen. Frau R. war eine junge Frau nach einer schizophrenen Psychose, die andere ständig durch ihre kritisch herabsetzende Art reizte.

Das Gedächtnisprotokoll der Gruppensitzung:

Krankenschwester: Wer fehlt denn?
Patienten: Frau R., Herr W., Frau T.
(Pause.)
Krankenschwester: Was gibt es heute zu besprechen?
(Pause.)
Sozialarbeiter: Die Einteilung der neuen Patienten in die Sportgruppen muß noch nachgeholt werden. (Klärt es für 2 Patienten, dann zu Patientin S.:) Haben Sie Ihren Namen unter- oder durchgestrichen auf dem Zettel?
Patientin S.: Das soll nichts bedeuten. Heute morgen wollte ich nicht mehr am Sport teilnehmen. Aber jetzt gilt es nicht mehr.
Sozialarbeiter: Gut.
Krankenschwester: (zu Sozialarbeiter) Warum regelst Du die Sache mit dem Sport? Warum nicht der Martin? (Damit ist der Sportlehrer gemeint.)
Sportlehrer: Wir hatten das abgesprochen. Ich bin nur einmal in der Woche hier und kann das nicht so gut.
Krankenschwester: Ach so.
(Pause.)
Krankenpfleger: Da waren doch gestern noch Probleme.
(Lange Pause.)
Ärztin: Was ist denn heute los?
(Lange Pause.)
Patient N.: Ich wüßte gern, was die anderen von mir halten, so wie das gestern war mit der Frau R. (Es folgt eine etwas zähe Diskussion, die die Meinung der Patienten über den Patienten N. zum Inhalt hat. Inzwischen ist die Patientin R. erschienen.)
Patientin Q.: Ich wünsche mir Harmonie in der Gruppe.
Krankenpfleger: Frau R., Sie haben mit mir doch gestern beim Spaziergang auch darüber gesprochen, daß Sie das Gefühl brauchen, in der Gruppe akzeptiert zu werden.
Mehrere Patienten: Wir möchten gerne eine richtige Gruppe sein. Oft fühlt man sich allein.
Ärztin: Sie sprechen von Ihrem Bedürfnis nach Harmonie. Aber sind es nicht Konflikte innerhalb der Gruppe, die Sie eigentlich beschäftigen?
Patientin R.: Ich habe Probleme mit Frau S. Sie hat den anderen was weggegessen.
Patientin S.: (bedroht, beleidigt) Ich habe niemandem was weggegessen. Du kannst mich nicht leiden. Es hat hier alles keinen Zweck. Mir ist es immer so gegangen. Recht bekommt man hier nicht. Man will mir nur eins auswischen (und so weiter und so weiter).
Patientin R.: Und Deine Kinder läßt Du frieren.
Patientin S.: (wütend, gekränkt, ohne Punkt und Komma) Ihr hört mir ja nicht zu. Was soll ich denn machen? Ich sage nichts mehr. Wenn man hier offen ist, wird es nur ausgenützt. Dann kriegt man noch eins reingewürgt.

Alle seid Ihr gegen mich. Ich werde nicht verstanden. Mir ist es immer so gegangen (und so weiter und so weiter).
Ärztin: Offensichtlich ist es gerade Ihr ständiges Beleidigtsein, was die Gruppe gegen Sie aufbringt und als Aggression erlebt.
Patientin S.: (heult) Ich esse keinem was weg. Es war Frau Z, und meine Kinder frieren nicht. Das mit der Heizung habe ich nur so gesagt. Und wenn der Klempner nicht gekommen ist, dann kann ich doch nichts dafür. Und die Kinder waren auch gar nicht da. Sie haben nicht gefroren. Mir geht es so schlecht. Ich habe Schmerzen. Es hat alles hier keinen Zweck (und so weiter und so weiter).
Patient N. und Patientin V. und andere: Du bist auch immer beleidigt. Jeder hat mir Dir Schwierigkeiten. Dir kann man es nicht recht machen.
Krankenschwester (zu Patientin S.): Die Situation ist jetzt sehr schwierig für Sie. Scheinbar sind alle gegen Sie. Und Sie sollen in dieser Situation auch noch überlegen, ob Sie Fehler machen. Es geht jetzt ganz unter, daß Sie sehr verletzt sind.
Patientin S.: Ja, wir haben doch alle Fehler. Ich habe mit allen Leuten immer diese Schwierigkeiten gehabt. Ich weiß nicht, woran das liegt.
Patientin R.: (noch nicht ganz zufrieden) Nun ja, ist ja jetzt Vergangenheit. Wenn Du sagst, das sei nicht so mit dem Essen und der Heizung, ist es ja gut.
Patient N.: So ein Streit ist nicht schön.
Krankenschwester: Sie sehen aber nicht so aus.
Patient N.: (versucht sich zu entschuldigen)
Krankenpfleger: Herr N., Sie haben sich doch heute sehr engagiert hier.
Sozialarbeiter: Aber da ist noch ein Problem. War der Klempner inzwischen nun da oder nicht?
Patientin S.: Nein, aber die Kinder waren auch nicht da und darum war es nicht so schlimm.

Das Gruppengeschehen

Fragen wir danach, was in der Sitzung geschehen ist, können wir drei Ereignisebenen unterscheiden. In der Sitzung werden erstens eine Reihe von Problemen genannt, die die Patienten beschäftigen:

- Drei Patienten fehlen oder kommen zu spät in die Klinik.
- Herr N. möchte wissen, was die anderen von ihm halten. Die Begeisterung der anderen, ihm das mitzuteilen, ist nur mäßig.
- Mehrere Patienten fühlen sich in der Gruppe nicht wohl.
- Frau S. teilt sich in eine Sportgruppe ein, zieht das zurück, zieht den Rückzug zurück. Sie ißt anderen Patienten was weg. Ihre Kinder scheinen zu frieren, weil die Heizung in ihrer Wohnung defekt ist. Sie fühlt sich in der Patientengruppe massiv angefeindet.
- Die Mehrheit der Patienten hat Streit mit Frau S.

In dieser Auflistung sind nicht die zum Teil sehr drängenden Probleme der anderen Patienten enthalten, die den Therapeuten und Patienten aber natürlich präsent waren. Zum Beispiel das Gefühl von Frau R., ständig mit einem Helm herumzulaufen, oder die Tatsache, daß Herr L. seit Monaten kein Wort mehr gesprochen hatte oder die Frage von Frau M., ob sie nun von zu Hause ausziehen sollte oder nicht. In dieser Auflistung sind auch nicht die Probleme der Therapeuten enthalten, wovon etwas in dem Mißverständnis zwischen Sportlehrer und Krankenschwester durchscheint.

In der Gruppensitzung wird zweitens etwas von der individuellen Psychodynamik der Patienten sichtbar. Frau S. braucht die Angriffe anderer, um sich unschuldig verfolgt fühlen zu können. Wie es scheint, kann sie so auch ihre Schuldgefühle wegen der Kinder beschwichtigen. Frau R., die den Streit in der Gruppe durch ihre Bemerkung, Frau S. habe den anderen was weggegessen, inszeniert hatte, projiziert ihren Neid auf Frau S. Herr N., der die Gruppe um eine Beurteilung seiner Person bittet, meidet offenen Streit, weil er sich vor seinen aggressiven Impulsen fürchtet. Aber er hält sich schadlos am Streit der anderen.

Es gibt drittens eine Dynamik der Gruppe. Sie wird in der Sitzung offensichtlich beherrscht von der Aggressivität der Patienten gegenüber Frau S. Notdürftig versucht die Gruppe, Harmonie aufrecht zu erhalten. Induziert durch die Ärztin bricht die Wut gegen Frau S. los. Aber diese Wut verursacht Schuldgefühle, man entschuldigt sich und versucht oberflächlich eine Versöhnung. Die Dynamik der dargestellten Stunde hatte sich vor dem Hintergrund einer Veränderung in der Teamstruktur entwickelt. Der leitende Stationsarzt hatte sich, um andere Funktionen wahrzunehmen, aus der Stationsarbeit etwas zurückgezogen. Er nahm nur für eine Übergangszeit noch an den Gruppensitzungen teil. Die Hoffnung der Patienten, daß durch die größere Distanz des strengen Stationsvaters die mütterlichen Repräsentanten des Teams mehr verfügbar sein würden, hatte getrogen. So waren mit den Vorwürfen gegen Frau S., daß sie eine schlechte Mutter sei, auch das Team, besonders die Ärztin und die Krankenschwester, gemeint. Die ließen ihre Stationskinder hungern und in der Kälte stehen. Drei Patienten hatten es deswegen vorgezogen, überhaupt nicht oder verspätet zu der Sitzung zu erscheinen.

Wie sollen die Therapeuten intervenieren? Das Problem der Gegenübertragung

Die Aufgabe der Gruppensitzung war, die Probleme, die sich aus dem Zusammenleben der Patienten auf der Station ergeben, zu besprechen.

Die Therapeuten hätten also darauf hinweisen können, daß die Patienten pünktlich erscheinen sollen, daß man anderen nichts wegessen soll und daß Differenzen schlecht gelöst werden, wenn alle über einen herfallen. Die Frage von Herrn N., was die anderen von ihm halten, hätten sie weiterverfolgen und als eine konstruktive Art ansehen können, die sozialen Interaktionen der Gruppe zu befördern. Aber das befriedigt natürlich so nicht. Es war ja offensichtlich, daß die Lösung der Sachprobleme von der Bearbeitung psychischer Konflikte abhing. Es ging um das, was Frau S. daran hinderte, zu tun, was sie selbst auch als das Richtige und Notwendige erkannt hatte. Aber eine Bearbeitung der je individuellen psychischen Problematik hätte in diesem Rahmen auch nicht weitergeholfen und wäre, von anderen Gründen abgesehen, auch gar nicht praktikabel gewesen.

So ist es näherliegend, danach zu sehen, wie sich die individuellen Konflikte in der Gruppendynamik manifestieren. Aber was wird inzwischen aus der defekten Heizung und den Kindern von Frau S.? Die können doch nicht auf die Wirkung der Gruppenpsychotherapie warten. Und ob der Frau S. mit einer Gruppenpsychotherapie wirklich geholfen werden kann, erscheint etwas zweifelhaft, wenn man berücksichtigt, wie die Beziehung zwischen ihr und den anderen Patienten war. Mehr noch, sind wir so sicher, was die Patienten wirklich so wütend auf Frau S. machte? Es ist immer schwierig, Sicherheit über ein psychodynamisches Geschehen zu gewinnen. Aber im Falle der Krankenhausgruppe kommt ein Faktor hinzu, der die Sache noch um vieles schwieriger macht. Dieser Faktor ist, daß Gegenübertragungsprozesse der Therapeuten in eine soziale Struktur des Behandlungsteams verwandelt werden und dadurch sehr wirksam abgewehrt werden können. Umgekehrt können auf analoge Weise Konflikte in den Behandlungsteams durch die Patienten ausagiert werden (*Stanton* u. *Schwartz* 1954). Im folgenden wollen wir diesen Mechanismus im Detail verfolgen.

Im Verlauf der Sitzung nahm die Ärztin eine tendenziell aggressive und fordernde Haltung ein. Sie legte die Lunte ans Pulverfaß mit ihrer Bemerkung, es gebe doch noch Konflikte unter den Patienten, und verweist Frau S. darauf, daß sie die Aggression der anderen selbst hervorrufe. Die Krankenschwester nimmt dagegen Partei für Frau S. und leistet ihr Beistand gegenüber allen anderen. Objektiv gesehen hatte Frau S. die Ärztin und die Krankenschwester gespalten. Aber diese von Frau S. ausgehende Spaltung entsprach der Lösung, die Ärztin und Krankenschwester für ihre Beziehung im Team gefunden hatten, nachdem die Ärztin einige Tage vorher Stationsleiterin geworden war. Sie hatten den Positionen Stationsärztin, Krankenschwester die Bedeutung Vater, Mutter gegeben. Mit diesem Beziehungsmuster konnten beide ihre Rivalität unter Kontrolle bringen. So war Frau S. dem Team durch ihre Spaltungstendenz zu Hilfe gekommen. Wir können auch sagen, daß im Team für die von Frau S. ausgehende Spaltung zwischen Ärztin und Krankenschwester eine strukturelle Lösung bestand. - Dieses Beispiel illustriert, daß Gegenübertragungsprozesse im klinischen Rahmen sehr schwer zu identifizieren sind. Das ist aber noch um ein Vielfaches schwieriger, wenn es um psychotische Mechanismen geht. Der psychodynamische Zugang zu einer Gruppe im Rahmen eines Krankenhauses wirft also gewisse Probleme auf, die eine kunstgerechte Gruppenpsychotherapie erschweren.

Die Bedeutung des Krankenhauses für die außerklinischen Systeme der Patienten

Frau S. hatte Probleme mit ihren Kindern. Aufgrund ihrer Persönlichkeitsstörung konnte sie Abgrenzungsversuche ihrer Kinder nicht vertragen und reagierte mit deren Vernachlässigung. In den Augen ihrer Familie und des Jugendamtes war sie eine schlechte Mutter. Mit dem Eintritt in das Krankenhaus war Frau S. aber plötzlich etwas anderes, nämlich krank. Frau S. war nun nicht einfach eine schlechte Mutter, sondern in einem Zustand, der es ihr gar nicht erlaubte, ihren Mutterpflichten nachzukommen. Das war die Bedeutung ihrer Attributierung als krank.

Als Analytiker gehen wir freilich davon aus, daß psychische Symptome oder Krankheiten durch soziale Konflikte bedingt sind. Sie sind der zur psychischen Struktur geronnene infantile soziale Konflikt. Zum Beispiel wird die ödipale Feindseligkeit des Sohnes gegenüber dem Vater zum neurotischen Angstsymptom. Neurotische psychische Strukturen sind nach Abschluß der psychischen Entwicklung weitgehend stabil, das heißt unabhängig von der aktuellen sozialen Situation. Ein Zwangsneurotiker hat seine Zwänge mehr oder weniger immer und überall. Wie wir gesehen haben, ist es bei psychotischen Störungen anders. Bei diesen kommt hinzu, daß eine bestimmte aktuelle soziale Situation notwendig ist, um eine minimale psychische Stabilität des Patienten zu gewährleisten. Ein schizophrener Patient hat unter unterschiedlichen sozialen Bedingungen eine unterschiedliche Ausprägung seiner psychopathologischen Symptome. Normalerweise ist er in der Familie durch spezifische Interaktionsmuster so fixiert, daß seine Stabilität gesichert wird, aber die Pathologie auch sozial verankert ist. Herr N. wird von seiner Mutter kontrolliert und so an der Entfaltung seiner männlichen Identität gehindert. Aber er braucht diese Triebkontrolle durch seine Mutter auch, um nicht psychotisch zu dekompensieren. Umgekehrt haben solche Interaktionsmuster für die nicht psychotischen beteiligten Personen eine wichtige Abwehrfunktion. Die Behandlung eines solchen Patienten muß also die Abwehrfunktion der familiären Interaktionsmuster beachten. Eine Entwicklung des Indexpatienten ist nur möglich, wenn es eine parallel verlaufende Entwicklung im familiären System gibt. Der Angst von Herrn N. vor seiner sexuellen Potenz entsprach die Angst seiner Mutter vor der Phallizität des Mannes. Die Wut und das Aufbegehren von Herrn N. dagegen waren in seiner schizophrenen Krankheit bewahrt. Eine Behandlung von Herrn N., die nur darauf abzielte, sein widersprüchliches Selbstbild zu verändern, hätte den Widerstand der Mutter heraufbeschworen. Von der Mutter aber ist Herr N. in der Weise abhängig, daß er nur mit ihrer Hilfe psychisch stabil sein kann.

Dieser Tatsache kann man nicht dadurch Rechnung tragen, daß man Familientherapie nach den üblichen Regeln in der Klinik macht. Es wäre doch absurd, zuerst einen Patienten in ein Krankenhaus aufzunehmen, damit die Natur seiner Störung als Krankheit zu bekräftigen und dann mit der Familie darüber zu verhandeln, daß es kein krankes Familienmitglied gibt, sondern nur einen Konflikt in der Familiendynamik. Wenn man im Krankenhaus Familientherapie durchführen will, muß man wohl an den Anfang die Tatsache setzen, daß ein Mitglied der Familie als krank definiert ist, und zwar gerade von den Therapeuten des Krankenhauses. Die Auflösung der Krankheit in einen Familienkonflikt kann in diesem Fall allenfalls das Ziel, nicht aber der Ausgangspunkt sein.

Doch hat das Krankenhaus gegenüber der Familie noch eine zweite Funktion. Im Krankenhaus sind die Patienten Teil eines sozialen Systems. Insofern müssen sie gewissen Anforderungen genügen. Sie haben die Verpflichtung, ihre Beschwerden mitzuteilen, sie müssen sich im Krankenhaus aufhalten und so weiter. Das soziale System Familie muß also Rücksicht darauf nehmen, daß eines seiner Mitglieder diesem neuen System Krankenhaus angehört. Die Mutter von Herrn N. muß während seiner Behandlung ihren Garten von jemand anderem pflegen lassen. Sie muß es dulden, daß ihr Sohn von ihr und seiner Beziehung zu ihr den Ärzten und anderen Patienten erzählt, wenn er es für wichtig hält. Das tut Herr N. nicht in der privaten Atmosphäre eines psychotherapeutischen Behandlungszimmers, sondern in der Öffentlichkeit des Krankenhauses. Nun kann aber die Familie die Verpflichtungen des Patienten, die er gegenüber dem neuen System Krankenhaus übernehmen muß, und die Folgen, die daraus entstehen, nicht antizipieren. Wenn ein Mitglied einer Familie zum Beispiel einem religiösen Orden beitritt, weiß die Familie vorher, welche Konsequenzen das für sie hat. Was aber der Patient und damit seine Familie im Krankenhaus erfahren wird, ist nicht vorhersehbar. Wird er es je wieder verlassen können? Wird er gesund? Aus der Rücksichtnahme, die die Familien der Patienten auf deren Mitgliedschaft im System Krankenhaus nehmen, folgen umgekehrt Verpflichtungen des Krankenhauses gegenüber der Familie. Darum ist es auch so selbstverständlich, daß die Angehörigen eines Patienten im Krankenhaus mit den Ärzten über den Patienten zu sprechen verlangen. Die ärztliche Schweigepflicht, die sie in der Regel beim niedergelassenen Arzt respektieren, ziehen sie hier kaum in Betracht.

Es gibt also einen doppelten Grund dafür, daß die Therapeuten nicht nur ihre Patienten, sondern auch deren Familien bei ihren therapeutischen Überlegungen im Blick haben. Zum ersten ist es die enge Bindung der Patienten an ihre Angehörigen, von der das psychische Wohlbefinden sowohl der Patienten wie der Angehörigen abhängt. Der zweite Grund ist, daß das Krankenhaus eine Verpflichtung auch gegenüber der Familie hat, woraus eine gewisse Form von Neutralität resultiert.

Auf der Basis dieser Ergebnisse können wir die therapeutische Aufgabe des Krankenhauses folgendermaßen definieren: Es sollen psychische Entwicklungs- und Reifungsprozesse für die Patienten möglich gemacht werden unter Berücksichtigung der Erfordernisse ihrer außerklinischen Systembedingungen, das heißt in erster Linie der Familie. Sehen wir die Sache so, dann wäre das Ziel der Therapie, daß Herr N. sein Verhältnis zur Mutter konfliktfreier gestaltet. Das setzt Entwicklung nicht nur bei Herrn N., sondern auch seiner Mutter und vielleicht weiteren Familienmitgliedern voraus. Bei Frau S. hatte das Jugendamt weitere Maßnahmen aufgeschoben, da Frau S. nun in Behandlung war. Aber das Jugendamt brachte sich bei den Therapeuten der Klinik wiederholt durch die Nachfrage in Erinnerung, ob Frau S. nach der Behandlung in der Lage sein würde, ihre Kinder angemessen zu versorgen. Die Therapeuten konnten gar nicht anders und hätten ihre Funktion schlecht erfüllt, wenn sie auf die Interessenlage dieser Repräsentanten außerklinischer Systeme nicht Rücksicht genommen hätten.

Aus dieser Definition der primären Aufgabe des Krankenhauses ergeben sich jedoch neue Fragen. Wir haben in der Klinik ja nur den Patienten. Wie kann durch die Behandlung des Indexpatienten die Familie eine Entwicklung machen? Und überhaupt, wie werden durch Interventionen am Familiensystem psychische Entwicklungen der Individuen möglich? Zur Beantwortung dieser Fragen müssen wir noch einmal auf das Gruppengeschehen im Krankenhaus zurückkommen.

Die Dynamik der Krankenhausgruppe

Der kurative Effekt der Psychoanalyse gründet darauf, daß der Patient bis zu einem Zustand regrediert, in dem das Symptom in der Übertragung als Beziehungskonflikt erscheint. In Begriffen der Systemtheorie ausgedrückt, bedeutet Regression, daß sich das System, also hier das psychische System, entdifferenziert. Abwehrmechanismen, die in diesen Begriffen Differenzierungen sind, werden aufgegeben, mindestens gelockert. Entdifferenzierung im Sinne von Regression gibt es auch in sozialen Systemen. Beschrieben hat sie *Bion* (1961) mit seinem Konzept der Grundannahmen von Gruppen und der Arbeitsgruppe. Die Grundannahmen sind Einstellungen der Gruppenmitglieder, die einem Verhalten gleichen, das durch Kampf/Flucht, Abhängigkeit oder Paarbildung beschrieben werden kann. Sie charakterisieren eine Gruppenkonstellation, in der Zeit, Sprache, Realität und vor allem arbeitsorientierte Differenzierungen keine Rolle spielen. Dem steht die Arbeitsgruppe gegenüber, womit *Bion* eine Vorstellung konzeptualisiert hat, wie soziale Systeme regressive Phänomene überwinden. Damit in sozialen Systemen Entwicklung mit veränderter Richtung, das heißt neue Strukturbildung und veränderte Differenzierung stattfinden kann, müssen vorher alte Strukturen aufgegeben werden, muß vorher ein Prozeß der Entdifferenzierung stattfinden. An die Stelle der Arbeitsorientierung treten regressive Phänomene, die bestehende Differenzierungen beseitigen. Aber sie machen neue Differenzierungen und Strukturen möglich. Das ist in großen politischen Systemen nicht anders als in Organisationen und therapeutischen Gruppen.

Auch die Familie ist ein soziales System. Wenn sie eines ihrer Mitglieder ins Krankenhaus schickt, versucht sie einen familiären Konflikt dadurch zu lösen, daß sie, vermittelt durch den Indexpatienten, in einen systemischen Kontext zum Krankenhaus tritt. Dieser Vorgang ist selbst schon ein Akt der Entdifferenzierung beziehungsweise Regression, weil familiale Strukturen aufgegeben werden und dem Krankenhaus die Rolle zufällt, in der Familie strukturbildend zu wirken. Die Familie bringt einen trotzigen Sohn ins Krankenhaus und bekommt einen pflegebedürftigen schizophrenen Kranken zurück. Auf der anderen Seite hat die Familie einem familiären Konflikt durch die Attributierung *krank* einen Namen gegeben, der zugleich schon eine Festlegung neuer familialer Strukturen bedeutet. Die Indizierung des Patienten als krank erfüllt damit die Merkmale eines Symptoms. Der Indexpatient repräsentiert den Familienkonflikt, aber zugleich ist seine Indizierung ein Lösungsversuch.

Die therapeutische Aufgabe ist es also, zwischen Familie und Krankenhaus eine Interaktion herzustellen, in der die Indizierung als die Kompromißlösung deutlich wird, die sie ist. Sie ist der Lösungsversuch für ein anders nicht lösbar erscheinendes Beziehungsproblem in der Familie. So wie in der analytischen Situation die Übertragungsbeziehung Schlüssel zum Verständnis der Pathologie des Patienten und Aktionsfeld ist, kann es im Falle der Krankenhausbehandlung die Beziehung zwischen Familie und Krankenhaus sein.

Das Ganze ist zu sehen vor der primären Aufgabe des Krankenhauses, nämlich die Position des Patienten in seinen außerklinischen Systembezügen konfliktfreier zu gestalten. Die Patientengruppe ist also dann eine Arbeitsgruppe, sie arbeitet dann an ihrer primären Aufgabe, wenn sie die in den Gruppen auftauchenden Phänomene der einzelnen Patienten daraufhin untersucht, wie sie in Beziehung zur familiären Beziehungskonstellation und zu den Erwartungen der Familie stehen. So geschieht alles im Krankenhaus gewissermaßen vor den Augen der Familie. Aber es geschieht im Krankenhaus in einem öffentlichen Kontext. Das von Herrn N. geäußerte Bedürfnis nach Anerkennung ist nicht nur sein privates Interesse, sondern bekommt den Charakter einer Definition seiner Person im Familienkontext. Die Mutter kann das Bedürfnis ablehnen, aber sie kann nicht mehr übersehen oder leugnen, daß er es hat. Mit der Krankenhausaufnahme des Sohnes hat die Mutter grundsätzlich anerkannt, daß diese Frage nicht mehr nur zwischen ihr und dem Sohn ausgehandelt wird. Das Krankenhaus übernimmt in dieser Frage einen Teil der Realitätskontrolle. Aber die Mutter kann ihrerseits erwarten, daß die Therapeuten auch im Blick haben, was sie braucht, um diesem Bedürfnis zu genügen. So werden, vermittelt durch den Patienten, im Krankenhaus neue Strukturen im Familienkontext geschaffen.

Das ist nicht Familientherapie in Abwesenheit der Familie mit nur einem Repräsentanten. In einer analytisch arbeitenden Klinik geht es vor allem um unbewußte Prozesse. Aber nach den vorangehenden Überlegungen würden wir den Therapeuten keine Intervention empfehlen, die Frau S. darauf aufmerksam macht, daß sie den äußeren Streit braucht, um ihrer inneren verfolgenden Objekte Herr zu werden. Wir würden ihnen auch nicht raten, der Gruppe zu sagen, daß sie in Frau S. einen Sündenbock gefunden hat, der ihren Konflikt mit den Therapeuten kaschiert. Da es die primäre Aufgabe der Krankenhausgruppe ist, die Position der Patienten in ihren außerklinischen Systemen zu erforschen, sollte die Intervention vielmehr darauf abzielen, wie Frau S. durch ihre eigene Bedürftigkeit und Angst bei der Wahrnehmung ihrer Mutter-Rolle behindert wird. Die Therapeuten sollten darauf abzielen, daß Herr N. klären kann, wie er das Bedürfnis nach Anerkennung seiner wahren Identität auch seiner Mutter gegenüber äußern kann. Da im Krankenhaus in der Regel keine Einzeltherapie mit vielen gemacht wird, sondern Gruppentherapie, könnte die Intervention der Therapeuten etwa so lauten: Die Mitglieder der Gruppe sind erschreckt darüber, daß Mütter manchmal überfordert sind und ihre Kinder nicht angemessen versorgen.

Die Therapeuten hätten mit dieser Intervention zunächst einmal darauf hingewiesen, daß die Patienten vor einem Faktum, das ihnen Angst macht, ausgewichen sind in eine regressive Haltung, die eine kollektive Abwehr darstellt. Sie könnten, je nach Situation, den Abwehrcharakter dieser Haltung betonen, aber sollten auf jeden Fall hinzufügen: Wir sollten aber prüfen, wie wir Frau S. helfen können, daß sie ihren Aufgaben besser gerecht wird. Wie kann Herr N. bei seiner Mutter mehr Anerkennung finden? Je nach Definition der Gruppenveranstaltung ginge es dabei um soziale Voraussetzungen, unbewußte psychische Implikationen oder anderes. In der Gruppensitzung, die hier zur Diskussion steht, ging es um das Zusammenleben der Patienten im Krankenhaus. Also sollten die Patienten daran arbeiten, wie sich aus dem Zusammenleben Hilfen für die Probleme von Frau S. und Herrn N. in ihren Familien ergeben. Was Frau S., Herrn N., aber auch allen anderen fehlte, war Loyalität. Lediglich die Krankenschwester und der Krankenpfleger haben etwas davon erkennen lassen. So wäre vielleicht die primäre Aufgabe dieser Gruppe in der konkreten Situation gewesen, daran zu arbeiten, wie sich das Gefühl wechselseitiger Loyalität sichern läßt. Die Patienten brauchen es, um an ihrer Aufgabe arbeiten zu können. Aber indem sie die Bedingungen für Loyalität untersuchen, arbeiten sie an ihrer primären Aufgabe; denn Loyalität ist die basale Beziehung in der Familie. Für Frau S. hätte in dieser Sitzung herauskommen können, daß sie nicht darum schon illoyal gegenüber ihren Kindern ist, wenn sie sie nicht gut versorgt, aber auch, daß es nicht unbedingt ein Zeichen für Illoyalität ist, wenn die Kinder durch den Mund der Gruppe darüber klagen.

Die primäre Aufgabe der Krankenhausgruppe ist darum, strenggenommen, nicht die Gesundung des Indexpatienten, sondern, seine Funktion in den systemischen Bezügen außerhalb des Krankenhauses zu erforschen. Regressive Phänomene der einzelnen Patienten, Übertragungskonstellationen, Aufarbeitung infantiler Konflikte und anderes sind im Hinblick darauf zu bewerten.

Die Wirkfaktoren der Krankenhausgruppe

Die primäre Aufgabe der Krankenhausgruppe besteht darin, die außerklinischen Systembezüge der Patienten zu klären. Das schließt grundsätzlich die Klärung realer Probleme wie individueller psychischer Konflikte ein. Es ist eine Frage der Behandlungstechnik und der therapeutischen Zielsetzung, ob man auf der Ebene bleibt, das Heizungsproblem von Frau S. zu lösen oder ihre pathologischen Abwehrmechanismen zu bearbeiten.

Wenn die Gruppe an ihrer primären Aufgabe arbeitet, ist sie eine Arbeitsgruppe. Die Arbeit an der primären Aufgabe ist inhaltsgleich mit der Entwicklungsaufgabe der Familie. Frau S. müßte klären, wie sie eine ausreichend gute Mutter sein kann, Herr N., wie er Anerkennung für seine Eigenständigkeit bei der Mutter erwirken kann. Die Patientengruppe neigt aber dazu, vor der primären Aufgabe in einen regressiven Zustand auszuweichen, in dem primärprozeßhafte Aktionsweisen vorherrschen. Die Angst vor der primären Aufgabe ist die Angst der Gruppenmitglieder, sich zu verändern. Diese Angst ist inhaltsgleich mit der Angst der Familien, sich zu verändern. Wenn Herr N. Anerkennung seiner männlichen Identität will, müssen er, seine Mutter und vielleicht auch weitere Familienmitglieder ihre Beziehung zueinander verändern. In gewisser Weise sind die Ängste der Patientengruppe für jeden Patienten die Ängste der Familie. Jeder Patient findet im Stationsfeld leicht die Projektionsfiguren, die es ihm erlauben, seine Familiensituation szenisch darzustellen (vgl. *Foulkes* 1964). Der regressive Zustand der Patienten repräsentiert so auch die Pathologie der Familie.

Die Patienten sind im Krankenhaus die Abgesandten ihrer Familie. Ihre Pathologie ist zugleich Symptom eines Familienkonflikts. Mit dem Eintritt in das Krankenhaus wird konflikthaftes Verhalten eines Familienmitglieds als Krankheit definiert. Die Attribution *krank* bedeutet den Versuch einer Konfliktlösung mit neuen Mitteln. Grundsätzlich ist die Familie oder sind die außerklinischen Systeme des Patienten bereit, neue Interaktionsmuster und Strukturen zu akzeptieren. Das muß nicht immer zum Nutzen des Indexpatienten sein. Für das Jugendamt etwa war die Erkenntnis, daß Frau S. krank ist, eine Legitimation, möglichst alle Kinder ins Heim zu verfrachten.

Eine Krankenhausbehandlung ist vielleicht selten lang genug, um pathologische psychische Strukturen wirklich zu verändern. Aber sie kann wahrscheinlich viel an dem Bild ändern, das ein Patient und seine Familie von ihm haben. Der Patient wird im Krankenhaus Mitglied einer Gruppe und muß insofern viele seiner individuellen Eigenschaften aufgeben. Andererseits werden durch Strukturbildung in der Krankenhausgruppe neue Differenzierungen geschaffen. Diese Differenzierung, zum Beispiel in Anführer und Anhängerschaft, definiert die Personen. Die Krankenhausgruppe, wenn sie an ihrer primären Aufgabe arbeitet, klärt insofern auf, daß Differenzierungen der Patienten in der Familie kontingent sind. Es sind auch andere möglich. Herr N. mußte nicht aufsässig werden. Seine Aufsässigkeit gegenüber der Mutter definiert nicht seinen Charakter, wie die Mutter glaubt. Seine Aufsässigkeit ist eine kontingente Reaktion, mit der er seine Identität zu retten versuchte. Diese anderen Möglichkeiten definieren die Persönlichkeit der Patienten auf neue Weise. Die Familie akzeptiert das oder mobilisiert Widerstände. Aber mit den Erfahrungen des Patienten, die er im Krankenhaus an sich und mit sich macht, verändert er indirekt auch die Dynamik der Familie. Die Familie hat diesen Prozeß grundsätzlich anerkannt, wenn sie eines ihrer Mitglieder in das Krankenhaus entläßt.

Es liegt nahe, daß Strukturveränderungen in der Familie über diesen Mechanismus laufen. Manchmal ist es wohl einfach so, daß Familienmitglieder zur Entfaltung bestimmter Beziehungsqualitäten nur einen äußeren Anstoß brauchen, wie etwa die Krankenhausbehandlung eines Familienmitglieds. Die Familie hat ausreichende eigene Entwicklungspotenz. Aber in vielen Fällen haben Familienstrukturen die Funktion von Abwehrmechanismen, die nicht so ohne weiteres aufgegeben werden können. Sofern aber familiäre Interaktionsmuster in der Krankenhausgruppe reproduziert und analysiert werden, wird den Patienten das Gemachte dieser Art Realität deutlich. Die Gruppenmitglieder erkennen damit im günstigen Fall, wie sie durch ihre Interaktionsmuster soziale Strukturen schaffen, womit sie Ängste abwehren oder Triebwünsche realisieren.[19] Wenn also Herr N. eine gewisse Einsicht darin hat, daß er mit der Mutter kämpft, weil er glaubt, nur so seine männliche Identität retten zu können, wird er weniger kämpfen müssen.

Die primäre Aufgabe der Krankenhausgruppe ist es nicht, die individuellen psychischen Konflikte der Mitglieder zu bearbeiten, sondern die Funktion und Bedeutung, die diese Konflikte in den außerklinischen Systembezügen haben. Wenn die Krankenhausgruppe an dieser Aufgabe arbeitet, befördert sie tendenziell schon eine Entwicklung der Familiensysteme. Dadurch aber wird der familiäre Konflikt, also zum Beispiel der zwischen Herrn N. und seiner Mutter, nämlich "Braucht die Männlichkeit von Herrn N. eine aggressive Kontrolle von seiten der Mutter?" wenigstens teilweise transformiert in das Problem, das beide gemeinsam mit dem Krankenhaus haben, nämlich "Wird die Behandlung von Herrn N. ihn von seiner Mutter trennen?" Die Ängste davor äußern sich in der Tendenz der Mutter, das Krankenhaus zu kontrollieren, des Sohnes, das Therapeutenteam für das anzuklagen, was ihm von der Mutter angetan wurde. Die

---

19 Wie es *Jaques* (1955) noch vor *Bion* formuliert hat: soziale Systeme als Abwehr gegen archaische Ängste.

Angst der Mutter vor der Männlichkeit des Sohnes hat also einen Weg gefunden, zu der Angst vor den Eingriffen des Krankenhauses zu werden. Damit ist das Symptom aber in den ursprünglichen Konflikt zurückgeführt. Die Männlichkeit ihres Sohnes anzuerkennen, hieße für die Mutter, ihn zu verlieren, so wie sie ihren Mann als junge Frau verloren hatte, kurz nachdem ihr Vater gestorben war. Sofern diese eigentliche Angst gemildert werden kann, ist sie auch in der Lage, ihr Bild von ihrem Sohn zu verändern und tendenziell eine Einsicht darein zu gewinnen, daß das Bild von ihrem Sohn zum Teil von ihr gemacht wurde, das heißt, eigenen unbewußten Triebbedürfnissen entspricht.

Die Interventionen der Therapeuten klären nicht primär individuelle Abwehrmechanismen oder Triebbedürfnisse der Patienten. Die Therapeuten intervenieren auch nicht allein auf die Gruppe bezogen. Ihr Augenmerk ist darauf gerichtet, daß die Vermeidung der primären Aufgabe, an den außerklinischen Systembezügen zu arbeiten, den Ängsten gilt, die durch die Entwicklungsanforderung in den außerklinischen Systemen ausgelöst werden. Diese Tatsache hilft die dynamischen Verstrickungen im Behandlungsteam zwar nicht ganz zu vermeiden, aber doch zu mildern.

Triebbedürfnisse der Patienten, die in der Krankenhausgruppe beherrschend werden, geben der Organisation Krankenhaus die Bedeutung der außerklinischen Systeme. Herr N. versucht sich im Krankenhaus das zu holen, was ihm die Mutter vorenthält. Frau S. behandelt ihre Mitpatienten ebenso neidvoll wie ihre Kinder.

Im Behandlungsteam bildet sich die familiäre Konstellation des Patienten mehr oder weniger deutlich ab, und zwar dann, wenn das Team die Sache des Patienten in seiner Besprechung verhandelt. Darum können alle affektiven Reaktionen, Differenzen, Sichtweisen und so weiter im Behandlungsteam als Aspekte davon gesehen werden, wie die Position des Patienten in der Familie ist. Das Behandlungsteam orientiert sich insofern an seiner primären Aufgabe, die Beziehungen des Patienten zu seinen Systembezügen zu klären. Wenn also die Ärztin und die Krankenschwester sich nach der Sitzung darüber unterhalten sollten, ob es richtig war, Frau S. zu fordern oder zu unterstützen, so sollten sie wissen, daß dies wahrscheinlich das Problem ist, das Frau S. mit ihren Eltern hatte. Das ist die Containerfunktion, die das Behandlungsteam hat (vgl. *Janssen* 1987, *Lohmer* 1988). Sie basiert darauf, daß es eine Isomorphie gibt zwischen den Beziehungen der Therapeuten zu den Patienten und der Therapeuten untereinander. Je vielfältiger, kontroverser aber zugleich auch integrierter ein Behandlungsteam die Sache seiner Patienten verhandeln kann, um so eher wird es also den Patienten Entwicklungsmöglichkeiten bieten können.

Frau S. hat die Behandlung in keinem guten Zustand nach etwa 3 Monaten beendet. Nach 7 Jahren hat sich ihr Zustand nicht wesentlich verändert. Immer wieder sucht sie den Schutz psychiatrischer Krankenhäuser. Die Erziehung ihrer Kinder überfordert sie nach wie vor. Sie sind teils bei ihrer Mutter, teils im Heim. Herr N. macht nach Beendigung der tagesklinischen Behandlung mit gutem Erfolg eine Ausbildung als Kaufmann. Kurz vor der Prüfung wird er noch mal psychotisch und braucht eine kurze klinische Behandlung. 7 Jahre nach der Behandlung in der Tagesklinik Alteburger Straße hat er die Ausbildung bereits lange abgeschlossen. Er lebt in einer eigenen Wohnung und hat leidlich befriedigende soziale Kontakte. Das Verhältnis zur Mutter scheint weniger von Ambivalenz geprägt. Herr N. findet freilich wegen seiner psychiatrischen Vorgeschichte keine Arbeit. Darunter leidet er sehr. Er wäre auch gern verheiratet, findet aber keine Frau. Auch das bekümmert ihn sehr.

Patientengeschichte: Individuationsversuche im Rahmen einer psychotischen Erkrankung

Die Vorgeschichte

Frau F. ist eine 27jährige Frau, die gut ein Jahr vor der Aufnahme in die Tagesklinik Alteburger Straße erstmals an einer schizophrenen Psychose erkrankte. In der akuten Phase wurde sie stationär behandelt, nach einigen Wochen mit einer Minussymptomatik entlassen und von einem Nervenarzt ambulant weiterbehandelt. Der behandelnde Arzt schickte sie nach einigen Monaten in die Tagesklinik Alteburger Straße, da sie zunehmend depressiv und suizidal wurde.

Beim Aufnahmegespräch erklärt sie, auf Empfehlung ihres Arztes zu kommen. Der habe gemeint, sie brauche tagesklinische Behandlung. Und sie selbst? Sie tue es, weil der Arzt es so empfohlen habe. Sie studiere seit einem Jahr und sei unschlüssig, ob sie ihr Studium fortsetzen oder zu den Eltern zurückkehren soll.

Der aufnehmende Arzt entschloß sich aus bestimmten äußeren Gründen, die Patientin nicht tagesklinisch, was von der Symptomatik her eher indiziert gewesen wäre, sondern stationär aufzunehmen. Seine Überlegung war, daß die Patientin mit ihrer Unentschlossenheit, ob sie weiter studieren sollte, den Konflikt meinte, der aus ihrem Wunsch nach Unabhängigkeit und ihrer Bindung an die Eltern resultierte.

Die Indikation für eine Aufnahme ergab sich aus ihrem Befund. Sie befand sich in einem aggressiv gefärbten depressiven Zustand mit unverhüllten suizidalen Tendenzen. Man ahnte zwar, daß sie auch sehr liebenswürdige Seiten hatte, doch verhielt sie sich mürrisch, anklagend und mißtrauisch. Produktive Symptome, die laut Arztbericht nach dem akuten Ausbruch der

Krankheit bestanden hatten, waren nicht erkennbar. Als Behandlungsziel wurde mit der Patientin definiert, eine Entscheidung zu finden, ob sie ihr Studium fortsetzen wolle. - Doch war das ein konflikthaftes Ergebnis. Beim ersten Termin wirkte die Patientin so suizidal, daß der Aufnahmearzt eine sofortige stationäre Behandlung erwog, die unter den gegebenen Umständen nur unter Zwang möglich gewesen wäre. Erst nach langer Verhandlung und auf Basis dieser Behandlungsvereinbarung entspannte sich die Patient.

Noch vor der Krankenhausaufnahme wurden einige wichtige Ereignisse aus dem Leben der Familie und der Patientin bekannt. Die Mutter von Frau F. hatte als junge Frau ihre eigene Mutter lange wegen einer schweren, schließlich tödlichen Krankheit gepflegt. Diese Bemühungen waren aber von ihrem Vater nicht anerkannt worden. Der Vater der Patientin war ein relativ erfolgreicher Geschäftsmann.

In der Familie hatte es, wie alle Familienmitglieder bestätigten, ständig Streit gegeben, besonders zwischen der Mutter und der Patientin. Die Patientin war eine schlechte Schülerin gewesen. Nach Abschluß der Mittleren Reife hatte sie aber gegen den Widerstand der Eltern durchgesetzt, doch noch das Abitur zu machen. In der Schule lernte sie einen jungen Mann kennen, mit dem sie auch nach dem Abitur eng befreundet blieb, obwohl er in einer anderen Stadt wohnte. Sie habe ihm lange Zeit täglich einen Brief geschrieben und zu ihrem Kummer nur selten eine Antwort erhalten, berichtete sie. Schließlich kündigte ihr der Freund die Freundschaft. Frau F., die inzwischen gegen den Willen der Eltern ihr Studium begonnen hatte, geriet in einen Zustand euphorischer Stimmung, was man retrospektiv als maniformen Beginn ihrer Psychose deuten muß. Die Patientin mußte sich schließlich ihrer Psychose wegen für einige Wochen in stationäre Behandlung begeben. Obwohl die Patientin bei der Aufnahme eingehend nach früheren Suizidversuchen befragt wurde, erzählte sie erst später beiläufig, daß sie als 17jährige einen ernsthaften Suizidversuch unternommen hatte.

Das waren die wesentlichen biographischen Fakten, die bekannt wurden. Die Aufnahmediagnose lautete: Depression mit Suizidalität nach akuter schizophrener Episode.

Psychischer Konflikt der Patientin und Familiendynamik:
Die Kollusion

Zur Psychodynamik der Patientin entwickelten die Therapeuten folgende Hypothesen: Das konflikthafte Verhältnis der Patientin zur Familie, insbesondere der Mutter, ihr Versagen in der Schule, aber auch das nachgeholte Abitur und das Studium waren Abgrenzungsversuche der Patientin. Doch mußte das Streiten mit der Mutter auch die Funktion gehabt haben, die primärnarzißtische Bindung der Patientin an die Mutter zu unterhalten, ohne daß zunächst ersichtlich war, wieso die Bindung gerade durch Streiten gesichert werden konnte. Aber es schien so, daß die Unbotmäßigkeiten der Tochter weniger dazu dienten, ihr Freiheiten zu verschaffen als vielmehr die Identifikation mit der Mutter zu bestärken. Den Anforderungen an Verselbständigung, die mit der Aufnahme des Studiums verbunden waren, konnte die Patientin nur gerecht werden, indem sie ihr "primärnarzißtisches Objekt", die Mutter, wenigstens partiell durch den Freund ersetzte. Diese Beziehung war notwendig, um ihr fragiles Selbst zu stabilisieren. Mit dem Auseinanderbrechen der Beziehung zu ihrem Freund war ihre Integrationskraft überfordert, und sie dekompensierte psychotisch. Der maniforme Zustand war Ausdruck ihres Wunsches, selbständig und unabhängig zu sein, freilich auf Kosten ihres Realitätskontakts.

Frau F. stand jetzt vor einem Dilemma. Setzte sie ihr Studium fort, so bedeutete das Trennung von den Primärobjekten, ohne die ihr Selbst unvollkommen und von Fragmentation bedroht war. Ging sie aber zu den Eltern, müßte sie sich ebenso unvollständig, weil abhängig, fühlen. Das würde Aggressivität als verzweifelten Versuch, eine Abgrenzung doch noch zu ermöglichen, auslösen. Aggressivität schien aber andererseits ihre Abhängigkeit nur zu verstärken, so daß Depression und womöglich Suizidalität die Folgen wären.

Es ist im Einzelfall immer schwer zu begründen, warum eine besondere psychische und soziale Konfliktsituation bei einem Menschen zur Suizidalität führt. Es sind wohl, wie *Menninger* (1938) sagt, mindestens drei dynamische Faktoren daran beteiligt: Aggression gegen das Selbst, Aggression gegen die Objekte und die Tendenz, durch den Tod einen Zustand harmonischer Verschmelzung mit den Objekten herzustellen. Die suizidale Intention zielt somit auf die radikale Trennung von allen Objekten. Da dies aber ein innerpsychischer Prozeß ist, vereinigt sie den Widerspruch, sich aller Objekte zu entledigen, indem Selbst und Objekte wieder als Eines phantasiert werden. Die Beziehung von Frau F. zu ihrer Mutter war lange schon von depressiven Zügen überschattet gewesen. Die aktuelle Suizidalität mußte durch den Verlust kompensierender, weniger konflikthafter Objektbeziehungen ausgelöst worden sein, wahrscheinlich durch den Verlust des Freundes und den drohenden Verlust der Studienmöglichkeit.

Die Familiendynamik wurde so verstanden, daß die Mutter an einer Depression litt, die durch den frühen Tod ihrer Mutter und dessen Begleitumstände geprägt war. Im Streit mit der Tochter versuchte sie, unerledigte Konflikte mit ihrer Mutter zu bearbeiten. Das half ihr offensichtlich, ihre Depression zu kompensieren. Die Depression der Mutter war im übrigen im Kontakt mit ihr direkt sichtbar. Die Hypothese der Therapeuten war, daß im Verhalten der Mutter eine "double bind"-Situation (*Bateson* u.a. 1956) für Frau F. entstand. Unbotmäßiges, streitsüchtiges Verhalten der Tochter traf auf Mißbilligung der Eltern. Aber die Mutter - so die Hypothese - signalisierte gleichzeitig, daß sie den Streit brauchte, daß liebevolles, angepaßtes Verhalten der Tochter ihr noch mehr psychisches Unwohlsein verursacht hätte. So gab es für Frau F. keine Orientierung. Sie konnte keine "böse" Identität bilden, um sich so abzugrenzen; denn ihre Streitsucht wurde von den Eltern mißbilligt und zugleich induziert. Sie hatte den elterlichen Auftrag, aggressiv zu sein. Die Aggressivität verlor so ihre abgrenzende Funktion. Sie konnte aber auch nicht abgewehrt werden, weil sie für die Abwehr der Eltern notwendig war. Die Objektbeziehungen blieben so von einer alles durchziehenden Paradoxie beherrscht (vgl. *Racamier* 1980). Die einzige Lösung für Frau F. war, durch ihre Aggressivität die Kontrolle dieser Aggressivität durch die Eltern zu provozieren. In dieser Beziehungsform war sie von den Eltern zugleich getrennt und ihnen doch verbunden. Im übrigen entspricht dies dem, was wir oben über den Gebrauch von Projektion und Introjektion in den schizophrenen Objektbeziehungen gesagt haben.[20]

Diese Erklärung der Familiendynamik hat Mängel. Die Rolle des Vaters in der Familie war ungeklärt. Vor allem konnte unsere Hypothese im therapeutischen Gespräch mit der Familie nicht verifiziert werden. Aber nach den vorliegenden Informationen schien sie doch plausibel.

Durch die Erkrankung der Tochter hatte sich einiges geändert. Der Vater, früher viel außer Haus, ließ sich von der Mutter mehr in die Familie einbinden. Es war auch offensichtlich, daß sich die Mutter mit der kranken Tochter besser identifizieren konnte als mit der gesunden, so weit jedenfalls, daß sie sich - wie sie unverblümt zugab - jetzt wohler fühlte als früher. Die Streitigkeiten in der Familie hatten mit der psychotischen Erkrankung von Frau F. schlagartig aufgehört. Doch machte der Mutter die Krankheit von Frau F. auch Kummer. Die Therapeuten hatten im übrigen den Verdacht, daß für die Patientin Loyalität zur Mutter Opposition zum Vater bedeutete und umgekehrt, also daß sie in einem Konflikt gespaltener Loyalität steckte. Doch konnten sie diesen Verdacht nicht wirklich bestätigen.

Was die aktuelle psychische Verfassung der Patientin anging, so war sie darum bemüht, ihre eigenen und die Vorstellungen der Eltern, insbesondere der Mutter, über ihre Zukunft zu entwirren. Sie hatte mindestens zweimal in ihrem Leben, nämlich als sie ihr Abitur machte und als sie das Studium begann, äußerlich gesehen wichtige Entscheidungen *gegen* die Intention der Eltern durchgesetzt. Aber was sie über ihre maniforme Phase sagte, nämlich daß ihr das Studium in dieser Zeit erstmals wirklich Spaß gemacht habe, verriet, daß diese Entschei-

---

20 Aus dieser dynamischen Hypothese folgt natürlich nicht, daß das Verhalten der Mutter die psychotische Erkrankung der Tochter verursacht hat. Welche "Ursachen" eine Psychose auslösen, wissen wir nicht. Die Hypothese erklärt nur, in welcher Konstellation sich die Psychose entwickelt und welche dynamische Funktion sie hatte.

dungen sehr ambivalent geblieben waren. Aus ihrem anhaltend mürrischen Verhalten und der Art, wie sie ständig die Regeln der Station in Frage stellte, oft auch mißachtete, war auch ersichtlich, daß sie nicht wirklich zu oppositionellem Verhalten in der Lage war. Sie reagierte mit tendenziell suizidaler Depression, wenn sie sich doch einmal durchsetzen konnte. Daraus mußte man schließen, daß wirkliche Trennung, die sie einerseits mit ihrer oppositionellen Haltung intendierte, unbewußt von ihr als ein gefährlicher aggressiver Akt verstanden wurde, den sie durch Wendung der Feindseligkeit gegen sich selbst zu kompensieren versuchte. Ebensogut konnte man das auch so verstehen, daß wirkliche Selbständigkeit, also Abgrenzung von den Objekten, von ihr wie ein totaler Objektverlust erlebt wurde (vgl. *Guntrip* 1968).

Das therapeutische Ziel für Frau F. bestand darin, wenigstens die suizidale Depression zu überwinden. Dazu war es nötig, ihr aus dem Dilemma herauszuhelfen, daß ihr Studium radikale Trennung von den Eltern, Rückkehr ins Elternhaus hingegen Aufgabe ihrer Selbstbestimmung bedeutete. Psychologisch gesehen hieß das erste Widerspruch zu ihrem Mutterintrojekt, das zweite Widerspruch zu ihrem Selbst.

Wie dieses Ziel familiendynamisch zu interpretieren war, ist nicht so ohne weiteres klar. Unterstellen wir, daß die Therapeuten eine richtige Vorstellung von der Familiendynamik und der Rolle, die Frau F. darin spielte, hatten, so ergab sich daraus noch keine therapeutische Interventionsmöglichkeit. Etwa die Depression der Mutter in einer familientherapeutischen Sitzung zum Thema zu machen, wäre unsinnig gewesen. Es hätte die Tatsache außer acht gelassen, daß es in Frau F. die Indexpatientin gab. Durch die Krankenhausaufnahme hatten die Therapeuten die Krankheit der Tochter ja bekräftigt. Familiendynamisch gesehen war diese Krankheit die Abwehr des Familienkonfliktes, und man kann Abwehrmechanismen nicht dadurch aufheben, daß man sie ignoriert.[21] Die Krankheit von Frau F. hatte der Familie

---

21 Liest man die Falldarstellungen systemisch arbeitender Familientherapeuten, so scheinen diese doch das Gegenteil zu beweisen. Die Familien werden von Beginn an mit der Hypothese konfrontiert, daß die familiären Interaktionen Einfluß auf die Krankheit eines Familienmitgliedes haben. Aber es ist eben ein Unterschied, ob das im klinischen Rahmen geschieht oder ambulant. Bei einer ambulanten Familientherapie bekundet die Familie durch ihr Kommen ihr vorgängiges Einverständnis damit, die Krankheit eines einzelnen unter familiendynamischen Aspekten zu sehen. - Im übrigen haben viele familientherapeutische Berichte den Mangel, daß sie zwar die Wirksamkeit des Verfahrens unter Beweis stellen, aber offen lassen, wie sie zustande kommt, weil sie z.B. die psychologische Dimension des Unternehmens ausblenden. So kann man sich des Eindruckes von Zauberei nicht ganz erwehren. Es passiert viel auf der Bühne, aber der wahre Mechanismus, der etwas verschwinden läßt, bleibt verborgen.

überdies den Leidensdruck genommen und in Sorge um Frau F. verwandelt. So ergab sich eine Situation, wie sie für die Krankenhaussituation typisch ist. Die Familie nahm viel Mühe auf sich, um zu gemeinsamen Gesprächen zu kommen. Sie sprach - soweit erkennbar - offen über alles. Aber das einzige Thema, dem sie einen Sinn geben konnte war: Wie können wir der kranken Tochter helfen? Jeden Versuch, die "Krankheit" als Beziehungsproblem der Familie zu sehen, hätte sie mit Unverständnis, wenn nicht Empörung quittiert. Der einzige Ansatzpunkt war die Tatsache, daß die Mutter offen die Rückkehr der Tochter nach Hause wünschte, die Tochter aber Widerstände hatte. Die Familie hat diesen Widerstand zwar nicht geleugnet, aber seine Bedeutsamkeit nicht zur Kenntnis nehmen wollen, indem sie die Krankheit der Tochter bagatellisierte. Sehr energisch mußte sie wiederholt auf die suizidalen Tendenzen der Tochter hingewiesen werden.

Der Behandlungsverlauf: Der Kampf um die Regeln

Im Verlauf der Behandlung verlor Frau F. ihre depressiv mürrische Haltung nicht, wenngleich sich das etwas besserte. Sie blieb distanziert, was aber wohl auch ein Ausdruck ihres Gefühls von Einsamkeit war. Sie versuchte ständig, das Behandlungsarrangement in Frage zu stellen, und verhielt sich so, als ob es überhaupt keine Veranlassung für eine Behandlung gäbe. Unvermittelt wollte sie bei irgendwelchen Freundinnen übernachten, Ausgang bis in die Nacht haben, mit den Eltern Urlaub machen und so weiter. Auch wenn sie zu diesen Unternehmungen keine Erlaubnis erhielt, kam sie doch schon mal verspätet von einem genehmigten Ausgang zurück, meldete sich nicht ab und ähnliches. Dann wieder verlangte sie, daß ihre Medikation verringert wurde (sie erhielt eine mittlere Erhaltungsdosis Neuroleptika). Von Symptomen (zum Beispiel ihrer depressiven Stimmung, der Antriebsschwäche, den medikamentös bedingten Nebenwirkungen) sprach sie nie spontan und, wenn danach befragt, mit sichtlichem Ärger. Ob sie dabei wirklich alles erzählte, blieb bis zur Entlassung unklar. Damit befand sie sich auf einer Linie mit den Bagatellisierungstendenzen der Eltern. Wurde die Patientin auf das Stationsreglement oder die Behandlungsgrundlage (zum Beispiel Medikamente) hingewiesen, reagierte sie mit Ärger und Empörung - aber sie erfüllte dann die Erwartungen. Es war unübersehbar, daß es ihr nach solchen verlorenen Gefechten besser ging. In einigen Fällen, in denen es ihr gelang, teilweise aufgrund von Unachtsamkeiten der Therapeuten, sich durchzusetzen, reagierte sie überraschend inadäquat mit Verstärkung ihrer Depression und sogar suizidalen Phantasien.

Frau F. benutzte die Auseinandersetzung um die Stationsregeln offensichtlich, um verdeckt inhaltliche Fragen ihrer Lebensplanung zu verhandeln. Der Besuch einer Freundin etwa hatte im geheimen für sie weitreichende Implikationen, was ihre berufliche Zukunft, ihr Verhältnis zu den Eltern und so weiter betraf. Sie gehen lassen, hieß diese Intentionen gutzuheißen. "Wenn mich die Therapeuten zu meiner Freundin gehen lassen, wollen sie, daß ich den Kontakt zu meiner Freundin intensiviere. Damit wollen sie auch, daß ich den Vorschlägen meiner Eltern folge." Frau F. hätte einen solchen Besuch auch für die Zeit planen können, der nach dem Stationsplan solchen Unternehmungen Raum gab. Aber dann hätte sie keinen Streitpunkt daraus machen können. Was sie wollte, war aber, den Regeln der Station ihre eigenen entgegensetzen, weil sie den Sinn der Regeln nicht verstand.

Dieses Mißverständnis bei Frau F. - das möglicherweise auch dem Kommunikationsstil der Familie F. entsprach - wies darauf hin, daß sie das Stationsreglement als Regeln verstand, die von den Therapeuten um ihretwillen so getroffen waren. Die Regeln hatten eine Bedeutung für sie, die ihre konkrete Lebenssituation betraf. Psychopathologisch würde man das als Eigenbeziehung bezeichnen. In dieser Haltung kam zum Ausdruck, daß sie Beziehungen nur als dyadische Beziehungen verstehen konnte. Sie konnte nicht im Reflex auf sachliche Gegebenheiten, mit Rücksicht auf die therapeutischen und institutionellen Gegebenheiten handeln. Sie sagte nicht: "Ich möchte für mein Anliegen in Abweichung vom Stationsreglement eine besondere Abmachung treffen, weil...". Damit hätte sie schon auf ein Drittes Bezug genommen und die primäre Aufgabe des Behandlungsarrangements anerkannt. Und natürlich wäre es dann auch sinnvoll, bei überzeugenden Gründen ihren Vorstellungen Raum zu geben. Sie sagte vielmehr: "Ich möchte zu meiner Freundin. Und daß ich Kontakte zu Freundinnen habe, wollen Sie doch auch." Das heißt, sie unterstellte eine Beziehung, in der allein zwischen ihr und den Therapeuten ihre aktuelle und längerfristige Lebenssituation ausgehandelt werden sollte ohne Berücksichtigung von Realitäten, die sie ebenso wie die Therapeuten begrenzten. Es ist darum auch richtig zu sagen, daß dahinter Omnipotenzphantasien steckten, die sie auf die Therapeuten bezog. Ihr Beziehungsmuster war noch ohne Triangulierung (*Loewald* 1951) und enthielt keinen adäquaten Begriff von Realität. In der psychischen Entwicklung gibt es "verschiedene Stadien narzißtischer und magischer Realität" (*Loewald* 1986, S. 34) bevor sich schließlich eine Vorstellung von objektiver Realität entwickelt. Die schizophrene Regression führt in die frühen Stadien zurück. Da wo die Realität noch primär-narzißtischen oder magischen Charakter hat, ist sie noch nicht klar vom Selbst geschieden. Auseinandersetzungen um die Regeln sind darum bei psychotischen Patienten auch nicht primär Ausdruck von Autoritätsproblemen. Sie sind Ausdruck ihres Verhältnisses zur Realität; denn Regeln verkörpern das Dritte, was die Therapeuten nicht weniger bindet als die Patienten. Auseinandersetzungen um die Regeln sind darum vielfach auch der Angelpunkt der psychiatrischen Behandlung von Patienten im Krankenhaus.

Die Krankenhausregeln sind soziale Wirklichkeit für die Patienten. Man kann sie insofern als Abbild der gesellschaftlichen Wirklichkeit verstehen, die als solche zu akzeptieren der Patient lernen soll. Therapie kann sich darauf konzentrieren, diesen Lernprozeß zu ermöglichen. Das entspräche dem Motto "die Anstalt eine Lebensschule". Man kann einen Schritt weitergehen und den Umgang des Patienten mit dieser Wirklichkeit analytisch deuten. Das setzt freilich beim Patienten schon eine adäquate Vorstellung von Wirklichkeit voraus. Ein in diesem Sinn psychotherapeutisches Verfahren müßte auch berücksichtigen, daß die Regeln gemacht sind, und zwar von den Repräsentanten der Organisation (*Matakas* 1988). Es ginge in diesem Fall also um Autoritätsfragen oder Probleme der Autonomie. Die Regeln können auch - etwa auf Stationen für chronisch Kranke - den Zweck haben, die Interaktion zwischen Patienten und Personal erträglich zu gestalten. Sie werden dann schließlich zu einer Wirklichkeit, in der sich die pathologische Verstrickung der Patienten mit dem Personal (vgl. *Belknap* 1956) unverrückbar realisiert. Schließlich kann man die Gestaltung der Regeln auch den Regulationskräften der Patienten weitgehend überlassen, um ihnen in einem geschützten Rahmen psychisches Wachstum durch soziales Experimentieren zu ermöglichen. Das ist vielleicht die ursprüngliche Idee der therapeutischen Gemeinschaft. Aber das hieße für psychotische Patienten, ihre Phantasien in Realität umzusetzen.

Nach welcher Idee auch immer die Regeln der Station konzipiert werden, sie haben auch die Funktion, den Therapeuten und der Organisation zu ermöglichen, mit den Problemen ihrer Patienten besser fertig zu werden. Der Arzt hat die Regel, daß ihm sein Patient alle Beschwerden schildern soll. Wie sonst kann er dem Patienten helfen? Der Analytiker hat die Regel, daß er abstinent und neutral bleibt. Wie anders kann er das Unbewußte seines Analysanden erkennen und deuten? Im Falle des psychiatrischen Krankenhauses haben die Regeln auch die Funktion, die Therapeuten zu schützen. Jedenfalls steht dieser Aspekt sehr viel stärker im Vordergrund. Die Symptomatik des psychotischen Patienten ist ihrer Natur nach auch ein Angriff auf den Therapeuten. Das ist nicht nur in Extremfällen aggressiver oder suizidaler Impulse so, sondern immer (vgl. *Searles* 1965). Das dyadische "Weltbild" des psychotischen Patienten, seine Vorstellungen von der eigenen und therapeutischen Omnipotenz machen alle Konflikte zu Beziehungskonflikten zwischen Patient und Therapeut. Das ist es, was Frau F. mit ihren Regelverstößen intendierte.

Die Regeln des Krankenhauses sind, insofern sie die Therapeuten schützen, ein Spiegel der begrenzten Fähigkeiten des Personals. Die Fähigkeit, das Klagen eines Depressiven zu ertragen, ist bei den Menschen eben begrenzt. Die Regeln sind aber auch Ausdruck gesellschaftlicher Normen, denen sich das Personal des Krankenhauses ebenfalls beugen muß. Einer Anstalt etwa, die den Patienten gestatten würde, alle Konventionen über die persönliche Hygiene zu mißachten, würde von der Gewerbeaufsicht die Lizenz entzogen. Schließlich müssen die Regeln auch so beschaffen sein, daß sie ein reibungsloses Funktionieren der Organisation ermöglichen. Ein Psychotherapeut des Krankenhauses kann nur zu den Dienstzeiten Psychotherapie machen.

Die Regeln der Station begrenzen Therapeuten und Organisation gegenüber den Ansprüchen der Patienten. Sie tun das unter Beachtung der gesellschaftlichen Normen. Die Regeln repräsentieren insofern auch die gesellschaftliche Wirklichkeit.[22] Frau F. versucht, die sachliche Arbeit, die sie auf der Station leisten soll, aufzulösen in eine Beziehungsfrage. Das ist die Tendenz eines jeden psychotischen Patienten. Für sie ist, etwas vereinfacht gesprochen, jedes Sachproblem durch die Therapeuten lösbar, wenn diese nur wollen. Die Regeln sind demnach aus der Perspektive von Frau F. willkürliche Beschränkungen. Die Antwort der Therapeuten auf diese Haltung von Frau F. sind die Regeln. Sie sind das Instrument, mit dem die Bedürfnisse von Frau F. reguliert werden können. Aber, wie wir gesehen haben, begrenzen die Regeln vor allem die Therapeuten. Sie schützen sie auch, zum Beispiel vor Ausbeutung. Die Regeln schaffen auf diese Weise eine triangulierte Situation. Sie stören die primärnarzißtische Beziehung zwischen Patient und Therapeut, indem sie deutlich machen, daß es neben dem Bedürfnis der Patienten und dem Vermögen der Therapeuten ein Drittes gibt, nämlich das begrenzende Realitätsprinzip. Im optimalen Fall wird es durch die Begrenzung der Therapeuten sichtbar. Nur innerhalb des Rahmens, den die Regeln schaffen, kann die Frage des Besuches einer Freundin verhandelt werden. Wenn dies geschieht, arbeiten die Therapeuten mit den Patienten an der primären Aufgabe. In dieser Haltung kommt zweimal der Bezug auf das Dritte, nämlich die Realität, zum Ausdruck. Zum ersten hat die Frage einen

---

22 Auch der Arzt in der freien Praxis ist nicht ganz frei davon. Seine Einbindung in die Standesorganisation verpflichtet ihn gegenüber anderen Instanzen als nur dem Patienten. Diese Verpflichtung erwächst aus der Tatsache, daß gesellschaftliche Organisationen die Bedingungen der Möglichkeit, ärztlich zu handeln, festlegen. Auf diese Weise finden normative gesellschaftliche Vorstellungen Eingang in die Behandlung und definieren körperliches oder seelisches Leiden als einen gesellschaftlich relevanten Sachverhalt. Nur in diesem Rahmen kann der Arzt parteiisch für seinen Patienten sein.

Ort, wo sie verhandelt wird, nämlich die Stationsversammlung. Zum zweiten gibt es Regeln, die für den Besuch gelten: Er kann nur zu Zeiten stattfinden, in denen keine Therapie stattfindet, er muß angekündigt sein und so weiter.

Es ist wohl eine noch offene Frage, wie es psychodynamisch funktioniert, daß die menschliche Psyche eine adäquate Vorstellung von Wirklichkeit ausdifferenziert, also angemessen zwischen Selbst- und Objektrepräsentanz unterscheidet. Aber die klinische Erfahrung legt nahe, daß drei Momente eine wichtige Rolle dabei spielen: (1) die Frustration, die aus eigenen Begrenzungen und der Begrenzung des Primärobjekts entsteht; (2) eine instrumentelle Vorstellung darüber, mit welchen Mitteln Bedürfnisse befriedigt werden können, was voraussetzt, daß die Frustration dosiert und nicht überwältigend ist; (3) die Möglichkeit, die aus der Frustration entstehenden Affekte von Enttäuschung, Wut, Trauer, Hoffnung etc. mit einem interessierten Menschen zu teilen. Diese drei Momente sollten bei der Behandlung psychotischer Patienten gegeben sein. Sie können die Voraussetzungen dazu schaffen, daß die Patienten wenigstens den Differenzierungsgrad ihrer seelischen Kräfte wieder erlangen, den sie vor der psychotischen Krise schon erreicht hatten.

Die Stationsregeln enthalten Strukturmomente, die den Restitutionsprozeß bei Frau F. befördern können. Sie können die primär-narzißtischen Beziehungswünsche von Frau F. in progressiver Weise stören. Insofern frustrieren sie. Das ist das erste. Die Regeln der Station begrenzen zweitens die Therapeuten und indirekt so auch Frau F. Aber diese Art Begrenzung entsteht aus dem Angebot, realistische Formen der Bedürfnisbefriedigung zu erarbeiten. Die Einhaltung des Stationsreglements, wenn damit die Absicht verbunden ist, die primäre Aufgabe der Therapie zu sichern, schafft zugleich die Möglichkeit für die Patienten, primärnarzißtische Objektbeziehungen, die eine unmittelbare Triebbefriedigung zu erlauben scheinen, aufzugeben. Statt dessen kann die Einsicht reifen, daß Triebbefriedigung immer an Bedingungen geknüpft ist, womit der Differenzierungsprozeß vom Selbst und Objekt befördert wird. Im Kampf um das Stationsreglement findet der Möglichkeit nach zugleich der Prozeß der Individuation statt. Das ist das zweite.

Das Problem der Affekte

Der erste Schritt, Frau F. bei der Entwicklung einer adäquaten Realitätsvorstellung zu helfen, wäre also, ihr magisches Denken zu stören. Das hieße, auf ihre Form des Aushandelns von Tagesproblemen nicht einzugehen. Der Verweis auf die im Stundenplan der Station gegebenen Möglichkeiten des realitätsbezogenen Aushandelns enthielt implizit die Rücksichtnahme auf die Realität, die es in einer Organisation wie dem Krankenhaus eben gibt. Es war insofern der Intention nach keine Begrenzung von Frau F., kein bloßes Abschlagen dessen, was Frau F. wollte. Der Verweis auf den notwendigen Umweg, den man bei jeder Realisierung von Wünschen machen muß, nämlich die Berücksichtigung der Realitäten, war Begrenzung der therapeutischen Potenz. Doch ist es mit dieser Haltung allein sicher nicht getan. Es muß ja im therapeutischen Geschehen auch der Widerstand, der es Frau F. nicht möglich machte, von sich aus diesen Weg zu gehen, sichtbar und verhandlungsfähig werden.

Frau F. hat einen Hinweis gegeben, wo dieser Widerstand lag. Wenn man ihren Regelverletzungen nicht Einhalt gebot, wurde sie depressiv. Das läßt sich nur so verstehen, daß sie mit ihren Regelverletzungen Aggressivität verband, also pathologische Abgrenzungsversuche, die sie bei "Erfolg" zu überwältigen drohten. Die Kontrolle der Regelverletzungen war insofern auch eine Kontrolle ihrer Aggressivität gegen das mütterliche Objekt Klinik. Die äußerliche Kontrolle durch die Therapeuten quittierte Frau F. dennoch mit Aggressivität. Sie schimpfte. Aber diese zweite Aggressivität war der Tendenz nach von neuer Qualität, weil sie der Patientin die Möglichkeit bot, sich von den Therapeuten zugleich abzugrenzen und doch mit ihnen verbunden zu bleiben. Voraussetzung dazu war, daß ihr Schimpfen als Ausdruck von Enttäuschung über die Begrenzung wahrgenommen wurde und nicht als Fortsetzung des Kampfes, die Regeln außer Kraft zu setzen.

Es ist ein wesentlicher Punkt, daß die Patienten in solcher Situation die Möglichkeit haben, die entstehenden Affekte auszuhalten und in das Selbst zu integrieren. Affekte wollen geteilt werden. Einen Affekt teilen ist das Gegenteil von projektiver oder introjektiver Abwehr nach dem Muster: "Aha, Sie sind aggressiv". Es heißt bei aller Distanz, die von Therapeuten immer auch gefordert ist, den Affekt selbst zu spüren. Es heißt, sich gestatten, Sympathie zu fühlen, ohne die Grenzen zu verwischen, sich gestatten, Haß zu fühlen, ohne die Beziehung aufzugeben.

Obwohl Affekte diese eigentümliche Wirkung haben, daß sie nach jemandem suchen, der sie teilt, haben sie - vielleicht gerade deswegen - die Funktion, Selbstanteile integrierbar zu machen. Ein Tötungswunsch ohne begleitenden Haß kann nicht in das Selbst integriert werden. Er bleibt ich-fremd und erscheint darum auch unkontrollierbar. "Etwas in mir will töten". Der gefühlte Haß dagegen erlaubt es, den Wunsch sich selbst zuzuschreiben. "Ich will töten". Damit wird der Wunsch auch erst kontrollierbar. Wenn ich es bin, der töten will, dann kann ich auch wollen, nicht zu töten. Wie es scheint, sind Triebregungen nur mittels des begleitenden Affekts in ein konsistentes Selbst integrierbar.[23] Zwischen der Störung des magischen Denkens von Frau F. und der Arbeit mit ihr an der primären Aufgabe lag also das Erfordernis, daß sie jemanden hatte, mit dem sie ihre Affekte von Wut und Trauer teilen konnte.

Psychoanalytische Interpretationen können verifiziert werden nur dadurch, daß der Patient ihre Gültigkeit im Prozeß der Behandlung bestätigt. Davon bleibt man aber bei der Behandlung so schwer gestörter Patienten, wie sie im psychiatrischen Krankenhaus sind, oft weit entfernt. So verbleibt immer viel Spekulatives bei dem Versuch, zu verstehen, was mit dem Patienten los ist. Aber was die Therapeuten an Affekten ihrer Patienten spüren können, erlaubt es oft, diese Schwierigkeit zu überspringen. Diese affektive Bezogenheit kann psychische Symptome sinnvoll machen, bevor ihre Struktur offen ist. Es ist sicher nicht Sache von Krankenschwestern und -pflegern allein, sich um die Affekte der Patienten zu kümmern, aber es ist das Schwergewicht ihrer Arbeit.

Frau F. hat es freilich gerade in dieser Hinsicht mit den Therapeuten sehr schwer gehabt. Ihre vorwurfsvolle und zugleich widerspenstige Art hat immer wieder dazu geführt, daß der depressive Charakter dieser Haltung aus dem Blick geriet. Sie hat ihre Depression oft auf den Verlust ihrer beruflichen Möglichkeiten bezogen. Der erfolgreiche Abschluß des Studiums hätte ihr viele Möglichkeiten geboten, kreativ zu sein. Möglicherweise war darin ihre gute Erfahrung mit ihren Eltern aufgehoben, die sich aber nicht als stark genug erwiesen hatte, um ihr das gewünschte Maß an Selbständigkeit zu ermöglichen, jedenfalls nicht bis zu dem Zeitpunkt ihrer Erkrankung. Aber das blieb offen.

Das Behandlungsergebnis: Krankheit als Kompromiß

Der Konflikt um die Regeln kulminierte, als Frau F. eines Tages zu einer Gruppensitzung nicht erschien. Sie war auf eigene Faust zu einem niedergelassenen Arzt gegangen, weil sie Schmerzen hatte. Dabei entfuhr es ihr: "Ich kann doch damit nicht eine Lehre machen". Das war der Vorschlag der Mutter gewesen, wovon die Therapeuten aber bis dahin nichts erfahren hatten. Frau F. sollte ihr Studium aufgeben, nach Hause zurückkehren und eine Lehre machen. Der Arzt fand denn auch keinen Grund für die Schmerzen. Sie waren auch nichts an-

---

[23] Auf diese Funktion der Affekte wird in der psychoanalytischen Literatur allenfalls am Rande hingewiesen (z.B. *D. Rapaport* 1953).

deres als der in ein Körpersymptom verschobene Protest gegen diesen Plan. Aber zugleich ging sie zum Arzt mit der Absicht, sich von diesen Schmerzen zu befreien, um sich als gefügige Tochter zu erweisen.

Frau F. war aufgenommen worden, damit sie ihre Suizidalität überwinden konnte. Die Hypothese der Therapeuten war, daß dies gelänge, wenn sie größere Klarheit hätte, ob sie ihr Studium fortsetzen sollte. Tatsächlich aber hat Frau F. diese Frage während der mehrwöchigen Behandlung nicht ein einziges Mal von sich aus zum Thema gemacht. Sie hat es vielmehr ständig in eine Fülle von scheinbar belanglosen Nebensächlichkeiten verschoben. Es blieb bei Deklarationen der Therapeuten, daß es ein Problem war.

Die Geschichte mit den Schmerzen war ein erstes Signal: Sie würde zu den Eltern zurückkehren. Das tat sie schließlich auch. Aber es gelang nicht, diese Entscheidung zu thematisieren. Frau F. teilte es anläßlich einer kurzen Urlaubsreise der Eltern mit, und damit war die Behandlung abgeschlossen. Die Eltern hatten den Vorschlag gemacht, die Patientin mit in Urlaub zu nehmen. Die Therapeuten hatten mit dem Hinweis auf die Krankheit der Patientin abgelehnt. Während des Urlaubs wurde die Patientin wieder suizidal. Die Therapeuten verordneten daher, daß die Eltern sie täglich anrufen sollten. Das half. Kurze Zeit später teilte die Patientin kategorisch mit, sie habe sich entschlossen, zu den Eltern zu gehen. Nach insgesamt 2 1/2monatiger Behandlung wurde sie zu den Eltern entlassen.

Die Patientin konnte nach Hause unter der Voraussetzung, daß die Eltern ihre Krankheit und Behandlungsbedürftigkeit anerkennen. Am Entlassungstag inszenierte sie das Problem nochmals. Der Arzt hatte ihr aufgegeben, am Tag nach der Entlassung zum niedergelassenen Arzt zu gehen, um sich Medikamente verschreiben zu lassen. Mit dem Hinweis, daß sie eine Freundin zu Besuch erwarte, lehnte sie das ab. Die Therapeuten verstanden das Signal und beauftragten die Eltern, dafür zu sorgen, daß die Patientin sogleich nach der Entlassung zum Arzt ging. Die Patientin hatte es darauf anlegt, mit dem Stigma "krank" entlassen zu werden. Unter dieser Voraussetzung, aber auch nur unter dieser, konnte sie zu den Eltern zurück. Unter den gegebenen Umständen war es eine Lösung, die zumindest ihr Überleben möglich machte. "Krank" hieß in diesem Fall, an einem seelischen Konflikt leiden, der mit einer altersgerechten Unabhängigkeit und Arbeit nicht vereinbar war.

Möglicherweise hat die Auseinandersetzung um die Schmerzen eine Entscheidung von Frau F. möglich gemacht. Sie hat damit vorexerziert, was sie meinte. "Ich bin bereit zu tun, was man von mir will. Aber ich bin krank und kann es nicht." Hinzu kam der Urlaub der Eltern. Die Reise der Eltern und der damit unterbrochene Kontakt machte der Patientin klar, daß sie die Trennung von den Eltern nicht wollte oder konnte. Sie entschied sich also für die Eltern. Der Vorbehalt, den sie damit verband, war ihre Krankheit. In ihr war verborgen, was sie selbst für sich wollte; denn als sie krank wurde, fühlte sie erstmals ihre Begeisterung für das Studium. Mit der Krankheit konnte sie so einen Teil ihres Selbst abkapseln und dem Zugriff ihrer ichfremden Introjekte entziehen. Insofern war es eine Form der Individuation, wenn auch eben in krankhafter Form. Die Krankheit, war hier eine Bewältigungsstrategie, wie sie es sicher oft ist. Daß die Eltern aber nicht sehr bereit waren, diese Lösung zu akzeptieren, ließ die Prognose eher ungünstig erscheinen.

Es hatte insgesamt vier Gespräche mit der Familie gegeben mit dem Ziel, die Funktion der Krankheit der Tochter für die Familiendynamik zu klären. Die Eltern waren in diesen Gesprächen von bemerkenswerter Offenheit gewesen und konnten anerkennen, daß durch die Krankheit der Tochter der Streit in der Familie verschwunden und insofern für die Eltern vieles leichter geworden war. Aber daß sie am Ende doch die ernste Situation der Tochter bagatellisierten, ließ den Verdacht aufkommen, daß ein wichtiges Faktum, nämlich die gespaltene Loyalität der Tochter, nicht aufgedeckt werden konnte.[24] Patienten, die in einer gespaltenen Loyalität stecken, erzeugen häufig eine analoge Spaltung im Behandlungsteam, was einem stabilen Team hilft, diesen Sachverhalt zu entdecken. Eine solche Spaltung des Teams war während der Behandlung nicht offenbar geworden. Erst nach der Entlassung von Frau F. fiel auf, daß das Verhältnis des Pflegepersonals zu Frau F. recht distanziert geblieben war, jedenfalls distanzierter, als es für diese Station und Patienten wie Frau F. sonst die Regel ist. Insofern ergab sich ein Widerspruch zu der Haltung des behandelnden Arztes, der sehr besorgt um sie gewesen war. So blieb Frau F. während ihrer Behandlung weitgehend allein mit ihrem Groll und den Enttäuschungen. Die Forderung, daß sie sich gerade mit ihren Gefühlen verstanden fühlen konnte, war nicht optimal erfüllt worden. Aber sie hat es dem Behandlungsteam auch nicht leicht gemacht mit ihrer Tendenz, das therapeutische Milieu zu stören und sich aus einer verständnisvollen Beziehung herauszuhalten. Insofern war es eine typische Schwierigkeit bei der Behandlung psychotischer Patienten (*Colson* u.a. 1986, *Friis* 1986).

Frau F. hat sich kurz nach der Entlassung erneut in stationäre Behandlung in einem anderen Krankenhaus weit weg vom Elternhaus

---

[24] Wie dieser Zusammenhang zwischen Bagatellisierungstendenz und gespaltener Loyalität begründet ist, können wir nicht sagen. Wir haben ihn nur oft beobachtet.

begeben. Ein Jahr nach Abschluß dieser Behandlung ging es Frau F. gut. In ihrer Lebenssituation hatte sie eine Konstellation genau wie vor der ersten Erkrankung hergestellt. Sie hatte wieder einen Freund und lebte weit weg von den Eltern. Sie hatte aber den Wunsch der Mutter respektiert und eine Lehre begonnen. Frau F. war immer noch unzufrieden mit ihrer Behandlung in der Tagesklinik Alteburger Straße. Sie fühlte sich dort nicht verstanden. Die nachfolgende zweite Behandlung kommentierte sie jedoch positiv. Zwischen Eltern und Tochter war wieder der alte Streit ausgebrochen.

Epikrise: Die Funktion des Krankenhauses

Wir haben den Behandlungsverlauf einer Patientin geschildert, die an einer schizophrenen Psychose mit nachfolgender schwerer Depression erkrankt war. Die Schilderung sollte zeigen, in welcher Weise die für das psychiatrische Krankenhaus wesentlichen organisatorischen Rahmenbedingungen psychotherapeutisch nutzbar werden können. Dennoch ergibt sich aus der Darstellung des Verlaufs dieser Behandlung noch nicht zwingend, inwiefern die Behandlung im Rahmen eines Krankenhauses von Vorteil war. Die typischen Verhaltensweisen dieser Patientin wären vielleicht auch im Rahmen einer ambulanten Behandlung enstanden, wenn auch möglicherweise in anderer Ausprägung. Was in der Verlaufsschilderung fehlte, ist das behandlungstechnisch entscheidende Merkmal der Krankenhausbehandlung.

Unsere Interpretation der Symptome von Frau F. haben diese teilweise aufgelöst in intrapsychische Konflikte. Wäre Frau F. in der Lage gewesen, diese Interpretation anzunehmen - wir unterstellen für den Augenblick, daß sie richtig ist - hätte sie die Symptome anders bewerten, vielleicht sogar als sinnlos aufgeben können. Doch waren es eben keine neurotischen Symptome und Konflikte. Sie waren psychotischer Natur und hatten folglich eine essentielle Bedeutung auch für den Familienkontext. Nach dem, was wir früher zu Introjektion, Projektion und Triebkontrolle gesagt haben, hatten die Symptome eine Funktion für die Integration des Selbst dadurch, daß sie eine bestimmte Objektbeziehungskonstellation sicherstellten. Wie es schien, gelang dies durch eine Introjektion gewisser Anteile der Mutter. Abgrenzungstendenzen der Tochter äußerten sich als aggressives Verhalten, das einerseits von der Mutter kontrolliert wurde, aber ihr auch Gelegenheit gab, an der Tochter eigene Mutterkonflikte abzuhandeln.

Nach der Erkrankung der Tochter hatte sich die Kollusion verändert. Frau F.s Wendung der Aggression gegen sich selbst wurde in dem Symptom Depression ausgedrückt. Dies sicherte der Tochter eine narzißtische Bestätigung durch die Mutter. Die Mutter konnte nun, vielleicht durch Reaktionsbildung, die Tochter liebevoller behandeln. Im übrigen war es eine Wiederholung der Situation, in der sie die eigene Mutter gepflegt hatte. Ob schließlich die Mutter damit die Intention verband, nun in der Tochter die eigene Mutter mit besserem Ausgang zu pflegen oder ob sie unbewußt aus einem "Wiederholungszwang" handelte, der auch den unglücklichen Ausgang einschloß, ließ sich nicht entscheiden.

Deutlich geworden ist die Verschränkung psychischer und interaktioneller Aspekte, die zu der Aussage berechtigt, daß psychotische Patienten an Objekte, meist die Primärobjekte, fixiert sind und daß ihre Symptome, wie es die Familientherapeuten sagen, eine stabilisierende Funktion für die Familie haben. Sie können ihre Symptome jedenfalls nicht aufgeben, ohne daß auch die Widerstände im Familiensystem überwunden werden. An der Urlaubsplanung der Familie F. waren die unbewußten Widerstände gegen unsere Behandlung unübersehbar geworden.

Wir haben dieses Beispiel einer psychotischen Patientin gewählt, um daran zu zeigen, daß die Behandlungstechnik im Krankenhaus, so wie sie in diesem Buch beschrieben ist, die besondere Funktion haben kann, Individuationsprozesse bei den Patienten zu befördern. Wir haben ein Beispiel gewählt, das all die Schwierigkeiten, die sich oft mit der Behandlung verbinden, enthält: unklarer Behandlungsauftrag, Geheimnisse, Widerstände bei Patienten und seiner Familie und schließlich auch ein ungewisser Ausgang.

Je mehr Individuationsprobleme bei einem Patienten im Vordergrund stehen, desto mehr ist die Behandlung des Indexpatienten eine Sache auch der außerklinischen Systeme, in denen er lebt, besonders der Familie. Darum neigen solche Patienten dazu, das Krankenhaus als Behandlungsort zu wählen, und haben Widerstände, sich einer ambulanten Psychotherapie zu unterziehen; denn obwohl der Patient im Krankenhaus stärker unter Kontrolle gerät, haben die Familien eine größere Kontrolle über das, was mit dem Indexpatienten dort geschieht. Diese Tatsache ist in der Struktur psychiatrischer Krankenhäuser begründet. Dieses Kontrollbedürfnis ist ein Ausdruck dafür, daß die Familie tendenziell mitbehandelt werden muß und in einem gewissen Sinn auch mitbehandelt werden will.

Es gibt wohl noch einen anderen Grund für die Präferenz der Krankenhausbehandlung bei diesen Patienten. Die unvollständig gelungene Individuation wird in besonderer Weise ein Problem, wenn sich Menschen in ihre erwachsene gesellschaftliche Rolle einfinden sollen. Der Übertritt von der Primärfamilie zur Gesellschaft mißlingt. Diese Familien wenden sich darum folgerichtig an eine gesellschaftliche Instanz, die überdies in ihrer inneren Organisation nicht familiale, sondern gesellschaftliche Strukturen hat, um diesen Mangel zu heilen. Die Stigmatisierung, die damit oft verbunden ist, bedeutet zugleich den Dispens von gesellschaftlichen Anforderungen.

Der aufnehmende Arzt von Frau F. hatte ebenso wie der überweisende Arzt die Indikation zu einer klinischen Behandlung aufgrund der akuten Suizidalität gestellt. Diese war zwar nicht mit einer so weitgehenden Einschränkung ihrer aktuellen Beziehungsfähigkeit verbunden, daß eine vollstationäre Behandlung notwendig gewesen wäre, doch entschied er sich aus bestimmten Gründen gegen eine tagesklinische Behandlung. Wenn aber Psychiater bei akuter psychischer Symptomatik eine Krankenhausbehandlung für notwendig halten, meinen sie damit, daß es eine psychische oder soziale Konfliktsituation des Patienten gibt, die eine ständige therapeutische Intervention notwendig macht. Sie stellen die Indikation für psychiatrische Pflege. So war es wegen ihrer Suizidalität auch bei Frau F. Was sie brauchte, war die ständige Präsenz von Hilfspersonen, die sie von der Akuität ihres Konfliktes entlasteten. In dem mürrischen, gereizten, vorwurfsvollen und enttäuscht wirkenden Verhalten von Frau F. und ihrem angepaßten Verhalten gegenüber der Mutter kam zum Ausdruck, daß es archaischer, unstrukturierter Haß auf die Mutter war, der sich zu einem für sie unerträglichen inneren Konflikt ausgeweitet hatte. Frau F. war weit davon entfernt, sich diesen Haß bewußt zu machen. Was ihr in ihrer Situation neben der Entlastung von der anstehenden Entscheidung half, war, daß sie ihre Affekte mit den Therapeuten, womit hier besonders die Krankenschwestern und Pfleger gemeint sind, teilen konnte.

Wir hatten zwar oben bemerkt, daß gerade die affektive Problematik von Frau F. dem Behandlungsteam einige Schwierigkeiten bereitete, aber in der Sorge um die latente Suizidalität von Frau F., die das Team während der gesamten Behandlung nicht verließ, war eine Minimalbasis gegeben, die Frau F. entlassungsfähig machte.

Tagesklinische Behandlung einer Depression

Die Vorgeschichte

Herr E. ist 32 Jahre, als er zur Behandlung kommt. Er war zwar von einem Nervenarzt überwiesen worden, doch geschah dies auf seine eigene Initiative. Als Grund gibt er seine Kontaktschwierigkeiten zu Menschen an. Er könne den Menschen nicht einmal in die Augen sehen. Er habe keine Freunde und nie eine Freundin gehabt. Die Familie wohne weit weg. Er habe eine handwerkliche Lehre gemacht, danach das Abitur und dann versucht, Sprachen zu studieren. Vor drei Jahren habe er das Studium abgebrochen. Während des Studiums hatte er es ständig mit der Angst zu tun, er werde versagen. Schließlich konnte er in den Seminaren nicht einmal mehr sprechen. Seitdem lebe er einsam und isoliert ohne Arbeit von der Sozialhilfe.

Das Bild, das Herr E. von der Mutter zeichnet, bleibt blaß. Er berichtet von ihr nur, daß sie während seiner Kindheit auch gearbeitet habe. Der Vater war Gießereiarbeiter. Er sei die beherrschende Person in der Familie gewesen. Er habe ihn nie hochkommen lassen. Vor dem Vater habe er als Kind ständig Angst gehabt. Nicht, daß er geschlagen worden sei, aber gedroht habe er ihm oft. Und nie habe der ihm etwas zugetraut. Als er das Studium begann, sei der Vater erstmals stolz auf ihn gewesen. Jetzt aber, nach dem Abbruch, wollte er nichts mehr von ihm wissen. Herr E. hat einen sechs Jahre älteren Bruder, zu dem er so gut wie keinen Kontakt hat. Die zwei Jahre ältere Schwester sei in Frankreich verheiratet. Er sehe sie daher selten. Aber der Kontakt zu ihr sei dann sehr gut.

Herr E. ist ein großer, sympathisch wirkender Mann. Er spricht ruhig, zu ruhig. Er ist sehr höflich und aufmerksam. Spricht er länger, wirkt sein Reden monoton und weckt bei seinem Gegenüber schließlich eine gewisse Gereiztheit. Man hat das Gefühl, daß er nie vom Eigentlichen spricht. Affektive Regungen zeigt er so gut wie keine. Allenfalls eine gewisse Ängstlichkeit ist manchmal spürbar, aber auch das wird überdeckt von seiner monotonen, nichtssagend wirkenden Art zu sprechen.

Die Aufnahmediagnose lautete "schwere neurotische Depression bei Persönlichkeitsstörung". Nach den Kriterien des DSM III handelte es sich um eine "Depressive Neurose" (ICD Nr. 300.40), doch paßte keine Persönlichkeitsstörung des DSM III auf Herrn E. Die Indikation zur Klinikaufnahme wurde gestellt, weil die soziale Situation von Herrn E. völlig desolat war. Herr E. wurde tagesklinisch behandelt.

Das psychische Problem von Herrn E.

In analytischen Begriffen hatte Herr E. ein narzißtisches Problem, das auf seinen starken Abhängigkeitswünschen oder der Tendenz zu einer Regression in eine Objektbeziehung, die seine narzißtische Wunde heilen würde, gründete. Eine gute Beziehung phantasierte er unbewußt als eine Beziehung zu einem grandiosen, vollkommenen Objekt, das ihn seiner eigenen Grandiosität versichern würde. Das bedeutete natürlich auch die uneingeschränkte Verfügbarkeit über das Objekt. Die aus der tatsächlichen Ohnmacht resultierende Enttäuschung und Aggressivität hatte er abgewehrt und sich dadurch die Illusion der Unabhängigkeit geschaffen. So konnte er auch einen Abglanz des grandiosen Selbstbildes retten. Das behinderte ihn aber in seinen Beziehungen zu Menschen; denn eine Lockerung dieser Abwehr seiner Enttäuschung, die drohte, sobald er sich mit positiven Erwartungen auf Menschen eingelassen hätte, beschwor die Gefahr herauf, daß die Aggressivität nicht mehr kontrollierbar war. Nur in seinem Neid war ein Affekt noch spürbar und in der Angst, die wohl den nicht kontrollierbaren Rest seiner Aggressivität ausdrückte. Beziehungen zu Frauen waren für ihn in vielfacher Weise problematisch. Der Verdacht bestand, daß Herr E. Potenzprobleme hatte, wenn er dazu auch keine klaren Aussagen machte.

Die erste Frage, die hier interessiert, ist, warum Herr E. sich an die Klinik gewandt und nicht um eine ambulante Psychotherapie bemüht hatte. Er war ausreichend gebildet, um zu wissen, daß es diese Behandlungsmöglichkeit gibt, und er wußte auch, daß die Schwierigkeiten, die er hatte, in seiner psychischen Verfassung begründet waren. Objektiv gesehen bestand keine Gegenindikation für eine ambulante Behandlung.

Der anfängliche Behandlungsverlauf gab eine Antwort auf diese Frage. Herr E. wollte oder konnte die Kraft nicht aufbringen, sich auf eine entbehrungsreiche therapeutische Beziehung einzulassen. Die Aufnahme in die Klinik bot ihm dagegen eine Entlastung, gerade im Hinblick auf seine Unfähigkeit, Objekte ausreichend libidinös zu besetzen. In der Gruppe der Patienten konnte er das Gefühl der Abhängigkeit dadurch vermeiden, daß er sehr bald eine Führungsposition einnahm. Er sorgte sich um andere Patienten, war um die Arbeitsatmosphäre in den Gruppen bemüht und versuchte, den anderen Patienten ein Vorbild zu sein. In dieser Position konnte er aber auch die Fürsorge anderer in Anspruch nehmen, somit eine bestimmte Form narzißtischer Gratifikation genießen, was ihm außerhalb der Klinik weder geboten worden wäre noch sein Ich-Ideal ihm gestattet hätte zu akzeptieren. So war denn auch die tiefe Mutlosigkeit und Antriebsschwäche von Herrn E. nach der Aufnahme in die Klinik schlagartig verschwunden. Es war schwer, in ihm den gehemmten Studenten wiederzuerkennen. Doch behielt er eine ängstlich distanzierte Haltung gegenüber den Therapeuten.

So hilfreich diese Situation für Herrn E. war, so war sie natürlich auch ein Widerstand. Herr E. vermied es so, sich die Abhängigkeitswünsche einzugestehen. Er versuchte, seine pseudoautonome Haltung durch eine Quasi-Therapeutenrolle zu bewahren. Das tat er freilich so vorsichtig, daß er keine aggressiven Auseinandersetzungen riskierte. Seine Aggressionshemmung hatte verschiedene Gründe. Aber ein Grund war, daß aggressive Äußerungen seine wahren Bedürfnisse verraten hätten. Den sichtbaren Neid auf die Therapeuten wehrte er durch pflichtbewußte Übernahme der Patientenrolle ab. Insofern war er der vollkommene Patient. Aber im geheimen war er der wahre Therapeut. Wenn die Therapeuten etwas zu seiner Person sagten, kommentierte er das meistens mit der Bemerkung, daß er ähnliches selbst schon gedacht habe und fügte klagend, jedoch nicht vorwurfsvoll hinzu: "Das gibt mir nichts."

Behandlungsverlauf

Die Krise in der Behandlung von Herrn E. kam dadurch, daß er sich zwei Mal hintereinander heftig in eine Mitpatientin verliebte. Das geschah jedesmal kurz bevor die Patientinnen die Behandlung beendeten. Mit dem Austritt der Frauen aus der Klinik erlosch auch seine Liebe. Herr E. reagierte darauf mit Depression und Rückzug. Er fiel in den Zustand zurück, der vor der Aufnahme bestanden hatte.

Verliebtheit ist sicher alles andere als Ausdruck eines pathologischen Seelenzustandes. So ist dieses Ereignis wohl auch eher als Zeichen der Ich-Stärke von Herrn E. zu verstehen. Es war angesichts der Störung von Herrn E. eher das Problem, daß er in seinem bisherigen Leben so wenig dazu in der Lage war, seine narzißtische Beschädigung dadurch zu "heilen". Die Idealisierung des Objekts, die mit der Verliebtheit verbunden ist, resultiert aus der Projektion des Ich-Ideals, bei Herrn E. sein grandioses Selbst, auf das geliebte Objekt (vgl. *Freud* 1921). Damit wird ein Zustand scheinbar Wirklichkeit, den die unbewußte Phantasie verheißt. Das vollkommene Objekt ist durch phantasierte oder reale Gegenliebe die Bestätigung der eigenen Grandiosität (*Specht* 1977).

Für eine analytische Behandlung boten sich mithin zwei Ansatzpunkte: die besondere Position in der Patientengruppe, die ihm zwar narzißtischen Gewinn, aber um den Gewinn der Therapie brachte, und die Verliebtheit mit der nachfolgenden Enttäuschung. Mit der Liebe zu den Mitpatientinnen hatte Herr E. sich mit seinen Bedürfnissen vorgewagt und einen Teil seiner Abwehr lockern können. Möglich war ihm dies wohl durch die relativ große narzißtische Sicherheit, die er im klinischen Rahmen hatte. Dies bot ihm die Möglichkeit zur Entwicklung, wenn sie auch letztlich ebenso als Widerstand zu verstehen war.

Eine analytische Behandlung von Herrn E. würde darauf abzielen, in der Übertragungssituation gegenüber den Therapeuten den Konflikt zwischen seinem Bedürfnis nach Anlehnung und narzißtischer Bestätigung, die ihm positive Identifikation erlaubt, und seinen Abwehrmechanismen aufzuspüren. Seine Verliebtheit könnte man als Verschiebung sehr heftiger Übertragungsgefühle von den Therapeuten auf eine Patientin verstehen. Dafür gab es in der Tat einige Anhaltspunkte. Deutung und Durcharbeiten würden die charakteristischen Affekte dieser Konstellation, also den Schmerz über die Kränkung, die mit der Unerfülltheit seiner Wünsche verbunden ist, Neid, Wut und Angst an den Tag bringen. Damit wäre bei günstigem Verlauf der Behandlung eine gewisse Umorganisation der psychischen Struktur von Herrn E. möglich.

Das Verhalten von Herrn E. ist also einerseits als Übertragungsphänomen verstehbar. Sieht man es so, beschreibt man einen psychologischen Tatbestand. Aber es war im Gruppenkontext, in dem es auftrat, zugleich ein soziales Phänomen. Seine Verliebtheit zum Beispiel bestimmte die Relationen der Patienten untereinander. Frau G., der die Zuneigung von Herrn E. galt, mußte sich irgendwie dazu verhalten. Sollte sie sich neben ihn setzen, Abstand wahren? Was besprachen die beiden miteinander? Die anderen Patienten fühlten sich teils ausgeschlossen, teils waren sie fasziniert. All diese Folgen lassen sich auf einer zweiten Ebene als gruppendynamische Fakten verstehen und gegebenenfalls auch interpretieren. Was in der analytischen Dyade die Übertragung ist, ist in der Gruppe der soziale Kontext. Man könnte also das Verhalten von Herrn E. als eine Konstellation betrachten, die sich im Verlauf eines gruppendynamischen Prozesses entwickelt hatte. Man könnte den gruppentheoretischen Ideen von *Foulkes* (1964), *Bion* (1961), *Argelander* (1972) oder anderen folgen und die Situation entsprechend deuten.

Wie es schien, symbolisierte Herr E. für die Gruppe den therapeutischen Leiter der Station. So war seine Verliebtheit und die Zurückhaltung der Patientin eine szenische Darstellung der Wünsche aller Patienten, von den Therapeuten geliebt zu werden, und zugleich ihrer Angst davor. Diese Konstellation hätte demnach die Funktion, der Gruppe durch eine gemeinsame unbewußte Phantasie Kohäsion zu geben und individuelle, jeweils spezifische Beziehungen unter den Mitgliedern zu vermeiden. Gleichzeitig war es der Versuch, Beziehungswünsche, die sich die Gruppenmitglieder nicht eingestehen wollten, durch die Transposition in eine äußere Gruppenstruktur doch integrierbar zu machen. Daß sich die Gruppe in Herrn E. ein Symbol des therapeutischen Leiters gesucht hatte, der zwar mit großem Anspruch, aber mit dem Verdacht auf mangelnde Potenz ausgestattet war, verriet einiges der Phantasien über den Leiter und von den Mechanismen, die der Abwehr dieser Phantasien dienten.

Die möglichen Einsichten

Damit eine solche analytische Einzel- oder Gruppentherapie geleistet werden kann, muß der Klinikrahmen eine klare und einsehbare Struktur haben. Die Therapeuten müssen ihren Patienten Wohlwollen und Interesse entgegenbringen. Sie müssen dem Verhalten der Patienten mit Abstinenz und Neutralität begegnen. Das sind die anerkannten Voraussetzungen einer analytischen Therapie, die wir hier nicht begründen müssen. Doch gibt es zwei Schwierigkeiten bei ihrer Realisierung im Krankenhaus. Die erste betrifft die Neutralität der Therapeuten, von der wir sagten, daß sie, anders als in der ambulanten Behandlung, prinzipiell auch gegenüber den außerklinischen Systemen des Patienten gilt. Mit dem Eintritt ins Krankenhaus haben auch die sozialen Systeme, denen der Patient angehört, einen Bezug zum Krankenhaus. Die Familien erwarten darum auch, am Behandlungsprozeß des Krankenhauses beteiligt zu werden (z.B. *Hell* 1982). Das zweite betrifft die Schwierigkeit, Übertragungsprozesse der Patienten und Gegenübertragungsprozesse der Therapeuten auseinanderzuhalten.

Die wechselseitigen projektiven oder introjektiven Mechanismen wirken sich massiv auf die Dynamik der Patientengruppe und des Teams aus. Unter dem Stichwort "Gegenübertragung" sind die Auswirkungen dieses Prozesses auf das Verhalten des Behandlungsteams vielfach beschrieben worden (*Searles* 1965, *Harty* 1979, *Reiss* u.a. 1984). Im Falle einer Einzeltherapie lassen sich solche Verstrickungen für den Therapeuten klären. Seine analytische Neutralität kann er durch einen selbstanalytischen Prozeß immer wieder neu sichern. Wenn aber mehrere Therapeuten in solche projektiv-introjektive Beziehungen verstrickt werden, wird ein Klärungsprozeß schwierig; denn das, was ein einzelner vom Patienten in sich aufnimmt, wird er unmittelbar als Beziehungsmuster in der Gruppe des Teams realisieren. Die Gegenübertragung hat sich immer schon gleich in Strukturen oder Prozesse des Behandlungsteams verwandelt (vgl. *Bardé* u. *Mattke* 1991). Gab es eine subtile Verführungshaltung einer Krankenschwester gegenüber Herrn E., die seine Verliebtheit letztlich ausgelöst hat? War der therapeutische Leiter selbst frei von Rivalität gegenüber Herrn E.? Das sind normale Probleme der Gegenübertragung. Aber hier kommt hinzu, daß zu klären wäre, ob nicht etwa die Dynamik im Behandlungsteam Krankenschwester oder therapeutischen Leiter zu solcher Gegenübertragung motivierten. Und es ist, wenn man sich einmal daran macht, das Unbewußte von Herrn E. zu erforschen, von erheblicher Bedeutung, ob er auf subtile Verführungs- oder Rivalitätsangebote reagierte oder sie seinerseits provozierte. Ein analytisches Durcharbeiten der Übertragungskonstellationen der Patienten erscheint von daher mindestens sehr schwierig.

Wir hatten an früherer Stelle gesagt, daß die Arbeit an den außerklinischen Systembezügen der Patienten die zweite Schwierigkeit einigermaßen zu umschiffen erlaubt. Die Frage, die uns hier interessiert, ist, ob und wie die beschriebene Problematik von Herrn E. durch die Arbeit an den außerklinischen Systembezügen bearbeitbar ist. Nun hat aber Herr E. durch sein Verhalten den Bezug zwischen Klinikgeschehen und seinen außerklinischen Systemen sehr deutlich gemacht. Sowohl seine Führungsposition wie seine Verliebtheit waren progressive Abwehrmanöver. Es waren Strategien, die Schwächen und Defizite in seinen Objektbeziehungen zu überspielen. Sein Verhalten in der Klinik war insofern ein Üben im geschützen Rahmen. Nun ist es zwar selten möglich, in allen Lebenslagen ein Anführer oder ständig frisch verliebt zu sein, insofern waren diese Strategien auch nur von beschränktem Wert. Aber immerhin waren es Möglichkeiten. Er hat die eine davon so genutzt, daß er noch lange nach seiner Entlassung aus der Klinik eine Selbsthilfegruppe von ehemaligen Patienten geleitet hat. Seine Verliebtheit machte andererseits deutlich, wie sehr Herr E. die Klinik mit seiner Wirklichkeit gleichsetzte, das heißt wie er vor seiner Wirklichkeit in die Scheinwirklichkeit der Klinik floh. Sich in der Patientengruppe Anerkennung holen und sich dort verlieben war eben auch ein Ausweichen vor der Härte und den Enttäuschungen, die das Leben Herrn E. bereitet hatte. Die Arbeit an der primären Aufgabe hieß für Herrn E. darum, an diesen Enttäuschungen zu arbeiten. Die Enttäuschungen führten aber geradewegs zu der narzißtischen und depressiven Symptomatik von Herrn E. Die günstige Konstellation im Falle von Herrn E. war freilich, daß er solche Abwehrmanöver wählte, die einen progressiven Charakter hatten.

Die Einsicht, die Herr E. günstigenfalls gewinnen konnte, war also, warum er sich seine Sehnsucht nach Liebe und seinen Wunsch nach Bewunderung nur im Schutz der Klinik gestatten konnte. Diese Einsicht wäre aber gleichbedeutend gewesen mit der Einsicht, daß beide Manöver dazu dienten, ihm das Gefühl der Ohnmacht und Abhängigkeit zu ersparen. Er hätte so die Einsicht gehabt, daß die soziale Struktur der Patientengruppe, das heißt seine Position als ihr Anführer, für ihn eine Abwehrfunktion hatte.

Neudefinition der außerklinischen Wirklichkeit

Mit der Aufnahme ins Krankenhaus wird konstatiert, daß der Patient in irgendeiner Weise seinen Rollenfunktionen nicht mehr nachkommen kann (*Parsons* 1951). Es ist dies eine Definition des Patienten, von der die außerklinischen sozialen Systeme des Patienten Kenntnis nehmen müssen. Der Behandlungsprozeß selbst läuft darauf hinaus, daß geklärt wird, ob und in welchem Umfang der Patient in Zukunft seinen normalen Rollenfunktionen wieder nachkommen kann oder nicht. Das Krankenhaus tritt also in der Regel wieder zurück, der Patient wird entlassen. Aber er wird mit einer Definition der Rollen, die er nun übernehmen kann, entlassen.[25] Betrachten wir unter diesen Aspekten noch einmal die Situation von Herrn E.

Die Aufnahme von Herrn E. in die Klinik definiert ihn als krank. Damit war zugleich seine Funktion im Familiensystem und in der Öffentlichkeit berührt. Die Krankenhausbehandlung legitimiert nachträglich die soziale Dysfunktion von Herrn E. Der Abbruch des Studiums etwa mag dem Vater von Herrn E. als Faulheit des Sohnes erschienen sein, jetzt war sie "krankheitsbedingte Leistungseinschränkung". Diese Neudefinition von Herrn E. ist aber, wie wir gesehen haben, sozial bindend. Sie erhält die Dignität einer sozialen Realität. Das betrifft nicht nur das Verhalten von Herrn E., sondern auch seine Geschichte. Wenn die Therapeuten mit Herrn E. erarbeiteten, daß seine Schwierigkeiten, sich in konstruktiver Weise von Autoritäten abhängig zu machen, daher rührten, daß er nie Gelegenheit hatte, sich in positiver Weise mit dem Vater zu identifizieren, so war das nicht nur ein Konstrukt der Erlebnisweisen von Herrn E., sondern ein Tat-

---

[25] Krankenhäuser für organische Leiden haben heute die Funktion, Leiden zu behandeln, die einer intensiven Überwachung vitaler Funktionen bedürfen. Eingriffe, die im Krankenhaus vorgenommen werden, sollen die physische Existenzfähigkeit des Kranken sichern. Gegebenenfalls wird die physische Existenzfähigkeit durch den Eingriff - etwa eine Operation - überhaupt erst in Frage gestellt. Aber wie immer auch diese Funktion rational in der medizinischen Indikation begründet ist, ist es doch auch eine bis aufs äußerste verschärfte Situation, wie sie auch für das psychiatrische Krankenhaus gilt. Das Krankenhaus integriert den Patienten in das System Krankenhaus, weil er, entweder aufgrund seiner körperlichen Verfassung oder verursacht durch den intendierten Eingriff, außerhalb des Krankenhauses in seiner physischen Existenz gefährdet ist. Das Krankenhaus entläßt den Patienten mit einem Urteil über seine Leistungsfähigkeit. Diese muß am Ende der Behandlung ganz neu definiert werden, weil sie grundsätzlich in Frage gestellt war. Es wird keinesfalls wie bei einem Menschen, der erwachsen werdend eine autonome soziale Rolle übernimmt, automatisch davon ausgegangen, daß er alle üblichen Funktionen, die von ihm verlangt werden, auch erfüllen kann.

bestand. Es definierte die Familiensituation. Es ist damit noch nicht gesagt, daß der Vater sich auch tatsächlich so verhalten hätte. Darüber läßt sich letztlich nicht ohne den Vater entscheiden. Es wurde aber die Erlebnisweise des Sohnes als Realität anerkannt, eben auch dem Vater gegenüber. Die Verliebtheit von Herrn E. mochte aus einer Übertragungskonstellation herrühren. Daß er sich in dem sozialen Kontext Krankenhaus verliebt hatte, erwies ihn "objektiv" als liebesfähig.

Alles, was der Patient in der Klinik tut und äußert, seien es Phantasien oder seine infantile Familiengeschichte, bekommt diese Bedeutung. Der aggressive Impuls, den ein Analysand in ambulanter Behandlung gegenüber seinem Vater empfindet, kann eine Phantasie bleiben. Der Impuls kann durch die Behandlung aufgegeben werden und ist danach nur eine untergegangene, unwirkliche Phantasie. Der gleiche Impuls, im klinischen Rahmen geäußert, ist tendenziell ein Ereignis der Familiendynamik. Es kann nicht ungeschehen gemacht werden, daß dieser Wunsch geäußert wurde. Ob der Vater davon real je erfährt oder nicht, ist von nachrangiger Bedeutung angesichts der Tatsache, daß der Sohn sich in der Beziehung zu ihm so festgelegt hat.

Der Sinn dessen, was wir die Neutralität der Therapeuten gegenüber den außerklinischen Systembezügen genannt haben, liegt genau hierin. Was der Patient an individueller Dynamik in der Klinik entfaltet, ist nicht nur eine persönliche Erfahrung. Die Familie muß akzeptieren, daß die Erfahrungen des Patienten in der Klinik ihn und seine Position in der Familie definieren.

Die Schwierigkeiten, Gegenübertragungsprozesse in den Behandlungsteams zu klären, und die Neutralität der Therapeuten gegenüber den außerklinischen Systemen modifizieren den psychotherapeutischen Prozeß erheblich. Das analytische Moment in der Behandlung von Herrn E. bestand im wesentlichen darin, daß Herr E. Einsicht darein haben konnte, wie soziale Konstellationen ihm Abwehrmöglichkeiten, aber auch Triebbefriedigung boten und daß er insofern auch an der Konstruktion sozialer Prozesse beteiligt war. Diese Einsichtsmöglichkeit ergab sich aus der Arbeit an der primären Aufgabe. Herr E. bewies in der Klinik Fähigkeiten, die er vorher nicht an sich kannte. Die Frage, warum das so war, führte ihn an seine narzißtische Verletzbarkeit, sein infantiles Trauma und seine Abwehr.

Die systemorientierte Haltung der Therapeuten schließt also die Möglichkeit, unbewußte Motivationen und Abwehrmanöver bei den Patienten zu erforschen, keinesweg aus. Herr E. konnte sich bewußt machen, wie sehr er Bewunderung wünschte, wie ihm sein Neid zu schaffen machte und was es ihm so schwer machte zu lernen.

Herr E. hat andeutungsweise zu erkennen gegeben, daß der Vater unter seiner schlechten sozialen Stellung gelitten hat und auf sehr ambivalente Weise in Herrn E. seine Wünsche nach sozialem Erfolg verkörpert sah. Er hat sich aber weder durchringen können, dem Vater oder auch der Mutter merkliche Vorwürfe daraus zu machen, noch hat er sich damit versöhnen können, daß der Vater auf Grund eigener Beschädigungen in mancher Hinsicht für ihn kein guter Vater war. Dafür hätte wohl auch sein Konflikt mit der Mutter belebt werden müssen, was unter anderem viel mehr Zeit erfordert hätte, als ihm in der Klinik zur Verfügung stand. Er konnte aber seine Berufsvorstellungen unabhängiger von den Erwartungen des Vaters machen. Die Erfahrung seiner Verliebtheit war naturgemäß schwieriger aufzuklären. Die Therapeuten empfahlen Herrn E., dieses Problem in einer ambulanten Psychotherapie im Anschluß an die Klinikbehandlung zu bearbeiten. Das hat er auch getan.

Die Behandlungszeit von Herrn E. betrug 5 Monate. Nach der Entlassung aus der Klinik nahm er sein Studium wieder auf. Zunächst ging es gut, dann wurde er erneut depressiv. Knapp ein Jahr später begann er eine ambulante analytische Behandlung. 5 Jahre nach der Klinikbehandlung hatte er sein Studium erfolgreich abgeschlossen und eine gute Anstellung bei einer großen Firma gefunden. Er war in sehr guter Verfassung und freute sich über seinen Erfolg. Der Vater war inzwischen gestorben, das Verhältnis zur Mutter sehr gebessert. Wie es ansonsten mit seinen Beziehungen zu Frauen stand, war nicht zu erfahren gewesen.

Dauer der Behandlung

Die Behandlungsdauer psychisch Kranker im Krankenhaus wird vor allem von einem Faktor bestimmt, der therapeutischen Zielsetzung. So sind die durchschnittlichen Behandlungszeiten verschiedener psychiatrischer Einrichtungen höchst unterschiedlich. Die durchschnittliche Verweildauer der 10 Landeskliniken des Rheinlandes betrug 1985 bei circa 24.500 Aufnahmen 97 Tage (LVR 1985). Für psychiatrische Abteilungen an Allgemeinkrankenhäusern der Bundesrepublik betrug der Wert 1981/82 durchschnittlich 31 Tage (*Bauer* 1984). Für Tageskliniken lag der Wert in der Bundesrepublik 1982 bei circa 67 Tagen (*Bosch* u. *Steinhart* 1983). Im angelsächsischen Schrifttum werden 20 Tage beschrieben, aber auch Kriseninterventionszentren, die vier Fünftel ihrer Patienten innerhalb einer Woche und weniger wieder entlassen (*Erickson* 1975).

Auch für Tageskliniken gibt es unterschiedliche Werte. *Herz* und andere (bei *Rosie* 1987) berichten von circa 50 Tagen, *Romney*

(1984) von 138 Tagen, *Presly* (1985) von 9 Monaten. Aber es gibt in Großbritannien auch Tageskliniken, die knapp ein Drittel ihrer Patienten länger als 1 Jahr behandeln (*McGrath* u. *Tantam* 1987). - In dem Zusammenhang ist noch eine Untersuchung von *Linn* (1970) interessant, wonach die Entlassungsrate in US Mental Hospitals nicht von den epidemiologischen oder diagnostischen Daten der Patienten abhängt, sondern nur von der Größe der Anstalt (je kleiner sie sind, desto schneller erfolgen die Entlassungen) und der Intensivität der Personal-Patienten-Interaktionen.

Die durchschnittliche Verweildauer in unserer Tagesklinik, die Wochenenden mitgerechnet, beträgt, von Jahr zu Jahr etwas schwankend, zwischen 70 und 78 Tagen. Für den stationären Bereich liegt sie mit circa 50 Tagen darunter, für den tagesklinischen Bereich mit circa 90 Tagen darüber. Das entspricht in etwa der Verweildauer der Patienten mit einer ähnlichen Diagnosestruktur in der Kölner Landesklinik (67 Tage; LVR 1985). Für die 54 Patienten, deren Behandlungsprozeß Gegenstand dieser Untersuchung wurde, bewegte sich die Verweildauer zwischen 15 und 260 Tagen. Der Durchschnitt betrug 110 Tage, der Median ebenfalls 110 Tage. Daß dieser Wert um die Hälfte über dem Klinikdurchschnitt liegt, ist darin begründet, daß die Behandlungsabbrüche, die nicht in die Untersuchung einbezogen wurden, bei den statistischen Angaben über die Verweildauer immer mitgerechnet werden. Unter den 101 Patienten, die im Untersuchungszeitraum aufgenommen wurden, gab es 18 Behandlungsabbrüche mit einer durchschnittlichen Verweildauer von 10 Tagen. Weitere 13 wurden innerhalb von 3 Wochen entlassen, bevor die Möglichkeit bestand, sie in die Untersuchung aufzunehmen. Werden diese Patienten mitgerechnet, dann war die durchschnittliche Verweildauer aller 101 Patienten 69 Tage.

Zu Anfang der Behandlung planen die Therapeuten oft eine kürzere Verweildauer der Patienten, als sich nachher ergibt. Das gilt weniger für die kurzen und mittleren Behandlungszeiten. Die Voraussagen der Therapeuten über Behandlungszeiten von 1 bis 4 Monaten stimmen einigermaßen mit dem überein, was sich nachher als tatsächliche Behandlungszeit herausstellt. (Das gilt zwar nicht für den einzelnen Patienten, aber in der Summe.) Behandlungszeiten über 4 Monate wurden dagegen nur in einem Zehntel der Fälle anvisiert, aber bei etwas mehr als zwei Dritteln der Patienten realisiert.

Es gibt, was die geplante Verweildauer betrifft, einige Differenzen hinsichtlich der Diagnose. Für psychotische Patienten wurde generell eine etwas längere Verweildauer geplant und realisiert als für neurotische Patienten. Für 6 der 13 Borderline-Patienten betrug die geplante Verweildauer 9 Monate und mehr, ein Wert, der ganz aus dem übrigen Spektrum herausragt. Es fand sich jedoch keine Korrelation zwischen epidemiologischen Daten und Verweildauer.

Möglichst kurze stationäre Behandlung bei akuten psychischen Krisen und möglichst keine Langzeitunterbringung von psychisch Kranken in Krankenhäusern gilt heute als ein weltweit anerkanntes Ziel. In der Tat gibt es so viele einleuchtende Gründe dafür, daß dies hier keiner weiteren Erläuterung bedarf[26]. Aber kurz oder lang ist im Hinblick auf das Ziel zu bestimmen. In allgemeiner Form läßt sich die optimale Zeit so bestimmen, daß der Gewinn der Krankenhausbehandlung zu jedem Zeitpunkt größer sein sollte als der - unvermeidliche - Nachteil. Das hängt natürlich mit dem zusammen, was im Krankenhaus geschieht. Die Verweildauer würde dann nicht durch eine abstrakte Durchschnittszahl bei bestimmter Diagnose legitimiert, sondern durch die spezifische Therapie und die Zeit, die diese Therapie braucht, um den gewünschten Effekt möglich zu machen. Insofern ist die durchschnittliche Behandlungsdauer in der Tagesklinik Alteburger Straße kurz.

Ergebnisse der Behandlung

So wie die Therapeuten Selektionskriterien brauchen, um Patienten in die Klinik aufzunehmen, brauchen sie Kriterien, um sie zu entlassen. Das offizielle Kriterium ist die "Besserung" des Zustandes. Zustand betrifft die Bereiche, die relevant für die Beurteilung der Behandlungsbedürftigkeit sind.

Ein Kriterium, daß als Maßstab für Besserung gilt, sind einmal die psychopathologischen Symptome. Die Therapeuten konstatieren von knapp einem Drittel der Patienten, daß sich ihre psychopathologische Symptomatik gebessert hat (vgl. Tab. 13). Von fast jedem Zweiten sagen sie, daß dessen Autonomie gestärkt ist, was man im weiteren Sinne ebenfalls als Besserung der Symptomatik bezeichnen könnte. Fast gleichrangig damit beurteilen sie die Beziehungsfähigkeit als gebessert. Insgesamt gesehen, sind das aber eher relativ geringe Werte. Bei einem Viertel der Patienten sahen sie sogar keine Verbesserung oder gar eine Verschlechterung der psychischen Symptomatik.

Die Therapeuten betrachteten daneben auch Veränderungen des Zustandes in anderen Bereichen. Dazu zählten in erster Linie die Verbesserung der sozialen Aktionsmöglichkeiten. Konkret nannten sie Trennung jugendlicher Patienten von den Eltern, wiederhergestellte

---

[26] Vgl. *Glick* u.a. (1975), *Walker* u. *Procter* (1980) und die kritische Auseinandersetzung mit diesem Thema von *Scull* (1977).

Arbeitsfähigkeit, Überleitung in komplementäre Einrichtungen (vgl. Tab. 14, 15). Die Wiederaufnahme der Arbeit oder Ausbildung oder die Arbeitsplatzsuche stand dabei obenan und konnte nach dem Urteil der Therapeuten bis zum Ende der Behandlung bei fast der Hälfte der Patienten erreicht werden. Keine Besserung der Beziehungs- oder sozialen Problematik konstatierten sie bei 8 Prozent, beziehungsweise 15 Prozent der Patienten.

Bei keinem der Patienten wurde jedoch eine unveränderte Situation in allen Bereichen festgestellt. Zwei Patienten wurden zwangsweise in das Landeskrankenhaus verlegt, wegen Suizidalität bei Behandlungsunwilligkeit. Bei einem dieser beiden Patienten war das eine nur wenige Tage dauernde, vorübergehende Maßnahme.

Die Therapeuten stellen eine Änderung der psychischen Verfassung ihrer Patienten neben die Veränderung in ihrer sozialen Situation. Die psychopathologische Symptomatik hat, was die Beurteilung des Therapieerfolges betrifft, keineswegs eine überragende Bedeutung. Abgrenzungsfähigkeiten werden von den Therapeuten betont und zum Teil unabhängig von der Persistenz psychopathologischer Symptome gesehen. Damit definieren sie im nachhinein ihre Behandlung als Versuch, die Individuation ihrer Patienten zu fördern. Integration in soziale Systeme ist dazu das Pendant im sozialen Kontext. Diese Behandlungsergebnisse sind nicht ganz das, was das Ziel klassischer Psychotherapie ist. Es geht nicht hauptrangig um Symptomverlust, Liebes- und Arbeitsfähigkeit als Quelle von Befriedigung, sondern um die elementarsten Voraussetzungen für eine soziale Existenz.

Was die Therapeuten als Ergebnis ihrer Behandlung, als Veränderung oder Verbesserung der Patienten oder deren Situation bezeichnen, ist ein Reflex auf das, was sie im Prozeß der Behandlung tun. Sie beurteilen die psychischen Fähigkeiten ihrer Patienten danach, ob sie sozialen Anforderungen gerecht werden können. Darum haben objektive soziale Veränderungen eine große Bedeutung. Aber natürlich geht es im Prozeß der Therapie nicht primär um diese objektiven Veränderungen. Eine Wohnung ist vergleichsweise schnell gefunden. Es geht vielmehr darum, die inneren Konflikte und Hindernisse zu bearbeiten, so daß der Patient nicht nur fähig ist, sich eine Wohnung zu suchen, sondern auch, sie zu bewohnen (im gleichen Sinn argumentieren *Götte* u. *Wegener* 1986). In einem kurzen, aber eindrucksvollen Artikel beschreibt *Hewitt* (1983), wie mitunter trotz Besserung des Patienten in der Klinik oder Tagesklinik die häusliche Misere bestehen bleibt (z.B. auch *Lefkovitz* 1979). Es kommt also darauf an, daß die Patienten in ihren extramuralen Systembezügen Unterstützung finden und darum weniger pathologisch agieren müssen. Die nicht allzu konflikthafte Einbindung eines Menschen in ein soziales Netzwerk ist ein Faktor, der die psychische Stabilität von Menschen mehr als vieles andere sichert (*Baumann* u. *Pfingstmann* 1986).

Auch hier sind diese wenigen statistischen Daten kaum geeignet, die tatsächlichen Ereignisse angemessen darzustellen. Für die 18jährige depressive Frau H., die in die Tagesklinik Alteburger Straße kommt, nachdem die Mutter eine schriftliche Selbstmordankündigung von ihr gefunden hat, ist dieser Schritt in die eigene Wohnung erst nach drei Jahren zu vollziehen. In dieser Zeit kommt sie wiederholt in die Klinik, ist über Monate suizidal und macht nach der Entlassung zweimal einen schweren Suizidversuch. Die Fähigkeit, in die eigene Wohnung zu ziehen, hat sie erst, nachdem die Depression, wenigstens die Schwere der Symptomatik, überwunden ist. Aber dazu war es nötig, daß die Patientin die Ambivalenz gegenüber ihrer Mutter, von der sie sich zu Recht beherrscht fühlte, um die sie sich aber auch sorgte, wenigstens teilweise auflöste. Dazu war auch notwendig, daß die Mutter durch Einbeziehung in die Therapie ihre Besorgnis um das kranke Kind wenigstens ansatzweise auch als Haß erkennen und in Trauer um die notwendige Trennung umwandeln konnte. Diese Prozesse waren nicht nach den Regeln einer klassischen psychotherapeutischen Strategie zu erreichen. Die Patientin pflegte in Sitzungen, seien es Einzel- oder Gruppensitzungen, so gut wie nichts zu sagen, weil sie "nichts fühlte". Stattdessen verbrannte sie sich unzählige Male heimlich mit Zigaretten die Handfläche. Die Mutter andererseits brauchte die kranke Tochter, um über sich sprechen zu können.

In den dürren Worten der Tabellen wäre das Ergebnis dieser Patientin, wozu sie vier mehrmonatige Behandlungen in der Tagesklinik Alteburger Straße brauchte, daß sie sich von den Eltern besser abgrenzen konnte, eine eigene Wohnung bezog, ihre Schulausbildung wieder aufnahm und schließlich auch abschloß. 3 Jahre nach der letzten Klinikbehandlung hatte sie diese äußeren Erfolge stabilisiert. Sie war mitten in einem erfolgreichen Studium. Jedoch klagte sie über immer noch wiederkehrende Depressionen.

Aber die Frage ist am Ende die gleiche wie am Anfang. Wie valide sind die Urteile der Therapeuten, was die "Besserung" der Verfassung oder Situation der Patienten angeht? Jede klinische Behandlungsepisode von Frau H. wurde abgeschlossen mit einer Besserung ihrer depressiven Symptomatik. Aber was hieß das schon? Die ganze Familienkonstellation änderte sich erst allmählich. Und selbst das angesichts der Schwere der Störung dieser Patientin, die im übrigen nicht psychotisch war, befriedigende Endresultat wird relativiert durch den Umstand, daß die zwei Jahre jüngere Schwester noch während der Behandlung der Patientin in der Klinik erschien und darüber klagte, daß sie einen zunehmenden Druck in der Familie spürte, seit sich ihre Schwester nach außen orientierte. Man mußte in der Tat Sorgen um sie haben, da sie eine Neigung zum Drogenmißbrauch hatte. Offensichtlich war der Erfolg der Patientin zumindest zeitweise mit einer gewissen Verschiebung der Symptomatik auf die Schwester erkauft.

Psychische Krankheit

Was heißt psychisch krank?

Die Behandlung in einem psychiatrischen Krankenhaus beginnt damit, daß das Verhalten oder seelische Befinden eines Menschen zum Symptom erklärt wird. Der Akt der Krankenhausaufnahme ist selbst schon die Neudefinition von Verhalten oder Befinden als Symptom. Symptom seinerseits definiert sich als Zeichen von Krankheit. Nicht alles auffällige Verhalten ist Symptom einer Krankheit. Krankenhäuser selektieren aus der Vielzahl möglicher Patienten einige. An diesem Selektionsprozeß sind nicht nur die Ärzte beteiligt. Der potentielle Patient muß dieser Neudefinition seines Verhaltens zustimmen, gegebenenfalls seine Familie oder auch die Öffentlichkeit. Im Extremfall tut es die Öffentlichkeit auch gegen den Willen des Betroffenen.

In dieser Beschreibung steckt schon die Problematik, die mit dem Begriff "krank" bei seiner Anwendung auf das Verhalten oder seelische Befinden von Menschen verbunden ist. "Krank" bedeutet, daß (1) die Funktionsfähigkeit des Körpers aufgrund eines organischen Prozesses eingeschränkt wird oder eingeschränkt zu werden droht. Damit unlösbar verbunden ist die Minderung der Möglichkeit von Triebbefriedigung und die Entstehung unlustvoller Spannung. Hinzu kommt (2), daß Krankheit ein Prozeß ist. Das Prozeßhafte ist wesentlich für die Krankheit und unterscheidet sie von der Behinderung. Behindertsein ist ein dauerhafter Status. Krankheit ist ihrer Natur nach vorübergehend, was nicht ausschließt, daß sie zur Behinderung führen kann. Auch chronische Krankheit ist ein Prozeß, der freilich zeitlich unbegrenzt ausgedehnt sein kann.

Psychische "Krankheit" ist dagegen nicht notwendigerweise mit einer Einschränkung der Möglichkeiten der Triebbefriedigung oder mit Unlust verbunden. Manchmal ist das Gegenteil der Fall, etwa in der Manie. Sie ist nicht einmal immer prozeßhaft, wie das Beispiel einer schweren Persönlichkeitsstörung zeigt. Doch muß man einräumen, daß die Psychiater den Begriff der Krankheit uneingeschränkt nur für solche psychischen Störungen benutzen, die Prozeßhaftes an sich haben. So hat psychische Krankheit mit organischer Erkrankung nur die eine Tatsache immer gemeinsam, daß sie die Funktionsfähigkeit beeinträchtigt.

Streng genommen ist das Verhalten oder das Empfinden eines Menschen selbst niemals krank. Allenfalls ist es durch eine Krankheit verursacht. Krankheit kann per Definition nur den Körper betreffen. Daher kommt es, daß man sich ohne alle Ärzte und Krankenhäuser krank fühlen kann und es auch ist; denn von der Wirklichkeit, nicht mehr laufen zu können oder Schmerzen zu haben, kann man sich unmittelbar überzeugen. Aber psychische Krankheit kann als solche erst anerkannt werden, wenn ein Experte oder eine dazu legitimierte Instanz dies feststellt. Es entspricht dem Begriff "Krankheit" auch mehr, wenn der psychiatrische Patient leidet, das heißt, die mit körperlicher Krankheit verbundene Unlust vorhanden ist, wie etwa bei einer Depression. Wenn er aggressiv ist oder tut, was seine manische Stimmung ihm eingibt, ohne sich selbst dabei zu schaden, fällt es schwerer, jemanden krank zu nennen. Darum ist es für psychiatrische Krankenhäuser leichter, Patienten zu akzeptieren, die depressiv sind, als Patienten, die aggressiv sind. Und wenn sie noch nicht depressiv sind, neigt das Personal der psychiatrischen Krankenhäuser dazu, soweit es die Stationsdynamik möglich macht, Aggressivität in Depressivität umzuwandeln (*Colson* u.a. 1986). Aggressivität als therapeutisches Problem kommt in unserer Untersuchung nicht vor. Je stärker eine Klinik therapeutisch ausgerichtet ist, um so mehr wird sie wahrscheinlich dieser Tendenz folgen.

Mit der Attributierung "krank" ist auch die soziale Stellung des Patienten neu definiert (*Parsons* 1951, 1964). Er hat nun die Legitimation, gewissen sozialen Anforderungen nicht zu genügen, und den Anspruch auf besondere Fürsorge. Die Krankheit begründet eine neue Form der sozialen Beziehungen des Patienten. Damit kann im übrigen die Behandlungsstrategie auch schon ihr Ende finden. Der Patient wird von seinen Symptomen kuriert und kehrt in seine alte soziale Rolle zurück - wenn alles gut geht.

Nun sind aber die Symptome einer psychischen Krankheit doch keine richtigen Symptome. Sie sind nicht dinghaft wirklich wie Fieber oder ein Tumor. Symptome psychischer Krankheiten haben unmittelbar Beziehungsqualität. Der Fieberkranke erhält ein Mittel, das seine Körpertemperatur senkt. Das ist die Behandlung. Wenn er ins Bett gesteckt und gepflegt wird, dann nicht, weil mit dem Fieber dieser Anspruch schon ausgedrückt wird. Daß ein fiebernder Mensch Ruhe und Schonung braucht, ist Erfahrungswissen und nicht schon in dem Symptom Fieber enthalten. Wenn dagegen Aggression das Symptom einer psychischen Krankheit ist, verhält sich das anders. Der Aggressive erhält vielleicht Psychopharmaka, damit er sich beruhigt, aber seine Einschließung ist auch direkte interaktionelle Antwort auf das soziale Phänomen Aggressivität. Das psychische Symptom definiert unmittelbar die soziale Beziehung des Patienten. Somit ist das Symptom im Bereich psychischer Krankheiten eigentlich die Krankheit selbst und in diesem Sinne kein Symptom. Man erkennt es auch daran, daß es zwar symptomlose körperliche Krankheiten, aber nicht symptomlose psychische Krankheiten geben kann.

Soziale Aspekte spielen also auf zweifache Weise bei psychischen Erkrankungen eine Rolle. Die Symptome haben in anderer Weise als Symptome einer organischen Erkrankung soziale Bedeutung. Sie verweisen auch nicht unmittelbar auf ein organisches Substrat, auf einen körperlichen Prozeß. Wenn denn überhaupt, ist ein wissenschaftliches Konstrukt nötig, um den organischen Prozeß, der ihnen zugrunde liegt, dingfest zu machen. Psychische Krankheiten sind im Erleben des Patienten und seiner Umgebung primär nur ein psychisches Phänomen mit sozialen Implikationen. Die soziale Bedeutung des psychischen Symptoms führt dazu, daß es primär nicht prozeßhaft erscheint. Es verändert zunächst einmal nur die sozialen Beziehungen. Soziale Umorientierungen eines Menschen werden seinem Charakter zugeschrieben und erscheinen dauerhaft. Auch bei schweren psychischen Störungen wird der Krankheitscharakter von den Angehörigen lange verleugnet (*Hell* 1982). Es hängt wohl ferner damit zusammen, daß psychische Symptome, wenn sie schließlich als Ausdruck psychischer Krankheit erkannt werden, so schwer von Behinderung zu trennen sind. Der Anschein des Dauerhaften wird auch durch die Attributierung "krank" nicht so leicht aufgehoben, so daß psychische Krankheit in der Regel als ein chronischer Prozeß angesehen wird.

Den zweiten Aspekt haben wir schon genannt. Die vorübergehende oder dauerhafte Suspendierung üblicher sozialer Anforderungen an einen Menschen ist etwas, was ein Mensch nicht kraft eigener Entscheidung für sich in Anspruch nehmen kann, es muß gesellschaftlich legitimiert werden. Das kann aber der niedergelassene Arzt, Psychiater oder Psychotherapeut nur schwer. Deren Tätigkeit ist ihrer Art nach als eine private Beziehung definiert und weist ihn allen anderen Instanzen gegenüber als parteiisch im Interesse des Patienten aus.[1] Wer sich, seiner Neurose wegen, einer Psychoanalyse unterzieht, ist auch nicht im strengen Sinne krank. Und selbst eine Depression, die vom niedergelassenen Psychiater behandelt wird, definiert den Patienten noch nicht mit dem ganzen Gewicht des Begriffes als psychisch krank. Um wirklich als psychisch krank zu gelten, braucht es die Legitimation durch das Krankenhaus, das seiner Funktion nach mehr Neutralität besitzt gegenüber Patienten und gesellschaftlichen Instanzen. Diese Neutralität ist im Kern eine Verpflichtung des Kranken-

---

1 Das mag einer der Gründe für die Institution des Vertrauensarztes sein.

hauses gegenüber den Systembezügen des Patienten. Der Patient geht neue Verpflichtungen ein, wenn er Mitglied des Krankenhauses wird, was ihm und seinen sozialen Systemen die Rücksichtnahme auf seine neuen Verpflichtungen abverlangt. Daraus resultiert umgekehrt das Recht der Angehörigen, Informationen darüber zu erhalten, was mit dem Patienten geschieht, und die Verpflichtung der Organisation, Informationen zu geben.

Mit der Einweisung eines Patienten in ein psychiatrisches Krankenhaus beginnt ein komplizierter Prozeß. Auffälliges Verhalten wird als Symptom von Krankheit konnotiert. Damit werden die sozialen Beziehungen des Patienten neu definiert. Der Prozeß kann nun hier zu Ende kommen. Der Patient bleibt ein Kranker oder er wird "gesund", und die Angelegenheit bleibt eine Episode. Der therapeutische Prozeß, wie wir ihn hier beschrieben haben, geht aber einen Schritt weiter. Therapie kann auch heißen, die soziale Bedeutung des Symptoms zu verstehen und an das System, in dem es aufgetreten ist, zurückzugeben.

Das Paradigma für diesen Prozeß ist in einer Hinsicht die therapeutische Praxis der Psychoanalyse. In der Übertragung wird das neurotische Symptom zurückgeführt auf den infantilen Beziehungskonflikt, der bei seiner Entstehung beteiligt war, und auf den aktuellen Konflikt, in dem er weiterlebt. Die Therapeuten, deren Behandlungspraxis wir hier beschrieben haben, konzentrieren sich jedoch nicht so sehr auf die infantilen Konflikte ihrer Patienten und darum auch nicht auf Übertragungskonstellationen. Sie konzentrieren sich auf die aktuellen sozialen Konflikte der Patienten in ihren außerklinischen Systembezügen. Sie geben insofern der Familie als deren Beziehungskonflikt zurück, was als Symptom die Behandlung notwendig machte. Aber die Therapeuten können nur das als Beziehungsproblem eines Systems definieren, was sie selbst als Beziehungsproblem verstanden haben. Das schließt die Erlebnisqualität ein. Der Beziehungskonflikt, von dem das psychische Symptom ein Ausdruck ist, muß sich im klinischen Rahmen realisieren.

Behandlungssysteme

Es gibt wohl keinen direkten Kontakt zwischen Menschen, wie flüchtig und asymmetrisch er auch sein mag, der nicht wenigstens rudimentären Systemcharakter hat. Ein System hat Selbstverweisungszusammenhänge: Alles, was man als Mitglied eines Familiensystems tut, ist auch im Familienkontext begründet. Ein System hat Grenzen: Es ist klar, wer zur Familie gehört und wer nicht. Ein System hat emergente Eigenschaften. In einer Familie entstehen durch Passion begründete Loyalitäten.

Die vielfältigen Kontakte des Personals einer psychiatrischen Station mit den Patienten (einzeln und in Gruppen, explizit therapeutische Veranstaltungen und informelle) konstituieren Systeme. Diese können flüchtig sein oder die ganze Dauer der Hospitalisierung eines Patienten begleiten. Wir wollen sie "Behandlungssysteme" nennen. Die Behandlung der Patienten wird durch Behandlungssysteme dieser Art vermittelt. Und weil das Leben der Patienten auf einer psychiatrischen Station gewöhnlich bis ins Detail geregelt ist, sind fast alle Lebensumstände, denen die Patienten ausgesetzt sind, durch solche Behandlungssysteme vermittelt. Der Patient erfährt vom Arzt, welche Medikamente er zu nehmen hat, von der Krankenschwester, mit wem er sein Zimmer teilt, wo er schläft, wann er aufzustehen hat und so weiter.

In psychiatrischen Kliniken sind die Beziehungen zwischen Personal und Patient in den Behandlungssystemen durch ein hohes Maß an Asymmetrie gekennzeichnet. Oft deklariert das Personal Einschränkungen, denen der Patient unterworfen wird, ohne sich auf die Vorstellungen des Patienten einzulassen: Er hat keinen Ausgang, und aller Protest dagegen wird ihm nichts nützen. Solche Asymmetrien gestalten die Systeme, interferieren aber nicht damit, daß es Systeme sind.

Die Emergenzen der Behandlungssysteme hängen ab von ihren Grenzen und Umweltbezügen. In einer psychotherapeutischen Gruppensitzung geht es um die unbewußten Beziehungsmuster der Mitglieder untereinander und zu den Therapeuten. Emergent sind in diesem Fall die Beziehungsrealitäten, aber auch der mögliche Konsens darüber, wie diese unbewußten Beziehungsmuster in der Gruppe den Charakter einer sozialen Realität gewinnen. In einem Behandlungssystem, das während der Sitzwache einer Krankenschwester bei einem suizidalen Patienten zwischen Krankenschwester und Patient entsteht, ist es die Möglichkeit für den Patienten, trotz unwiderstehbar erscheinender Suizidimpulse zu leben. Man erkennt leicht, wie sehr im Fall der psychotherapeutischen Gruppensitzung der Systemcharakter für das Gelingen einer solchen Veranstaltung Voraussetzung ist. Klare Grenzen nach außen, die der Organisation Krankenhaus die Bedeutung einer Umwelt geben, und Selbstreferenz (das heißt, was immer in der Gruppe geschieht, ist im Gruppenprozeß begründet) sind unschwer als Merkmale einer solchen Gruppe zu erkennen.

Der rationale Zweck der Sitzwache scheint dagegen nicht vom sozialen Systemcharakter abhängig zu sein, den Patient und Krankenschwester konstituieren. Wenn nur der Patient sich nichts tut, scheint das ja zu genügen. Aber damit würde die Krankenschwester einen wichtigen Teil ihrer Arbeit verleugnen, nämlich den Sinn. Der Sinn der Sitzwache liegt in der Beziehungserfahrung der Beteiligten. Die Krankenschwester zwingt einen suizidalen Patienten zum Leben. Sie trägt gewissermaßen allein die Last, die Beziehung aufrecht zu erhalten. Darin liegt auch der Selbstverweisungszusammenhang. Leben oder Nicht-Leben ist während der Stunden der Krankenschwester am Bett des Patienten eine Angelegenheit der beiden. Der Patient mag schon lange aus sehr verschiedenen Gründen suizidal sein. In der Situation mit der wachenden Krankenschwester entsteht der Wunsch zum Tod nicht, weil er immer schon da war, sondern weil die aktuelle Situation den Tod wünschbar macht. Für einen lebensüberdrüssigen Menschen, der eine wachende Krankenschwester braucht, um sich nicht in den Tod zu stürzen, entsteht Sinn für sein Leben aus der Beziehung zu der über sein Leben wachenden Krankenschwester, wenn auch nur für die gewachten Stunden.

Sinn

Das Problem, das die Krankenschwester bewältigen muß, ist die Angst, die erscheint, wenn solche Behandlungssysteme konstituiert werden. Angst tritt auf, wenn der Sinnzusammenhang eines Systems in Frage gestellt wird und dadurch das System von Desintegration bedroht ist. Darum ist es ein Schutz vor dieser Angst, den eigenständigen Systemcharakter zu verleugnen.

Suizidalität ist ihrer Intention nach ein Zweifel am Sinn von Beziehungen überhaupt. Sie entspringt dem Wunsch, alle Objektbeziehungen aufzugeben. Darauf muß sich aber die Krankenschwester einlassen. Sie muß der Intention des Suizidalen ihre eigene entgegensetzen, die Beziehung zu erhalten. Für das, was zwischen ihr und dem Patienten geschieht, reichen darum die Kategorien der Psychopathologie nicht aus.

Mit Sinn ist etwas Bestimmtes gemeint. Sinn ist das, was Systeme, psychische wie soziale, integriert.[2] Ein neurotisches Symptom hat einen Sinn, der darin liegt, einen unbewußten psychischen Konflikt lebendig und zugleich verborgen zu halten. Im Falle der Hysterie wird der inzestuöse Wunsch nicht aufgegeben, aber seine Erfüllung auch nicht in Betracht gezogen. So steht das neurotische Selbst mit seinen Bestrebungen im Widerspruch. Das Symptom ist die Kompromißbil-

---

2 Selbst bei biologischen Systemen brauchen wir diese Kategorie. Lebendig ist, dessen Teile zweckmäßig im Hinblick auf das Ganze sind (*Kant*).

dung eines innerpsychischen Konfliktes und ermöglicht die Integration widersprüchlicher Bestrebungen. Es ist ein Konflikt zwischen psychischen Instanzen, der darum die Kohärenz des Selbst nicht bedroht. Erst durch die Analyse des Symptoms wird das Symptom gegebenenfalls sinnlos und kann aufgegeben werden.

Der Sinn eines depressiven Symptoms ist, ein verlorenes Objekt, der Realität zuwider, nicht aufzugeben. Die Kohärenz des Selbst beruht hier gewissermaßen auf falschen Tatsachen, integriert etwas in das Selbst, das längst verloren wurde. Im Fall der Schizophrenie wird in das Selbst integriert, was eigentlich Objekt ist, oder es wird als Objekt genommen, was dem Selbst angehört. Die Anerkennung der wahren Tatsachen bedroht darum im Fall der Psychose das Selbst durch Suizid oder Desintegration. Wenn wir also sagen, psychopathologische Symptome haben einen Sinn, meinen wir, daß sie die Integration des Selbst gewährleisten. Aber sie tun es auf konflikthafte Weise: Im neurotischen Fall bleibt ein Widerspruch im Selbst, im psychotischen ein Widerspruch zur Realität (*Freud* 1924a, 1924b). Das psychotische Symptom verweist so wie das neurotische auf den Konflikt. Das ist der Sinn, den es verbirgt. Aber die Psychose ist der Zweifel am Sinn der Wirklichkeit, wie sie ist. Der psychotische Mensch kann weder eine kohärente Selbstrepräsentanz noch kohärente Objektrepräsentanzen bilden. So kann er auch keine Vorstellung einer Welt haben, die ein leidlich integriertes Ganzes ist. Der völlige Rückzug von der Welt aber würde ihn vernichten. So bleibt nur die Ausbildung psychotischer Symptome, Depression oder Paranoia. Diese sind die einzig mögliche Form, noch Objektbeziehungen zu erhalten. Sie sind eine Abwehr der Katastrophe, wie es *Guntrip* sagt (1968). Ein psychotisches Symptom drückt die Schwierigkeit aus, ein so begrenztes Selbst in einer so begrenzten Wirklichkeit, wie sie die unsere ist, zu sein. Es gibt keine Notwendigkeit, diese Integration zu vollbringen. Die Welt fordert sie nicht und rechtfertigt sie auch nicht.

Der Analytiker eines neurotischen Patienten muß dulden, daß eigene latente neurotische Konflikte mobilisiert werden, wenn er den unbewußten Sinn im Material des Analysanden entdecken will. Wer therapeutisch mit psychotischen Menschen umgeht, muß zulassen, daß die Integration seines Selbst in Frage gestellt wird, um den Sinn in den Symptomen des Patienten zu entdecken. Doch ist das, zugegeben, eine heroische Forderung. Es kommt in der Wirklichkeit auch selten so weit. Die individuellen und institutionellen Abwehrmechanismen sind in der Regel stark genug, um die Therapeuten zu schützen. Aber es bleibt doch die therapeutische Aufgabe, psychopathologische Symptome nicht zu sammeln, sondern ihren Sinn in den Beziehungskonflikten der Patienten wenigstens ansatzweise zu entschlüsseln. Was unauflösbar ist, bleibt als Krankheit zurück. Das ist im Fall der Psychosen meist viel. Darum ist wenigstens teilweise auch immer der Rückgriff auf das Krankheitskonzept unausweichlich.

Die Realisierung von Behandlungssystemen kann abweichendem Verhalten einen eigenen Sinnzusammenhang geben. Es mag vorkommen, daß man sich gezwungen sieht, einen Patienten ans Bett zu fesseln. Aber wie sehr das auch immer notwendig ist, um Schaden zu verhindern, die Möglichkeit, daß es von den Beteiligten nicht als eine demütigende Handlung, die Wiederholung fordert, erlebt wird, besteht nur, wenn diese Handlung nicht als kausal bedingtes Ergebnis der Pathologie des Patienten verstanden wird, sondern als Handlungsmöglichkeit, die beide Seiten gewählt haben, weil sie ihm einen Sinn gegeben haben; der Patient seinem Toben ebenso wie der Arzt den Fesseln.

Der Sinnzusammenhang von abweichendem Verhalten, also die Transformation von "pathologisch" in "Sinn", setzt sich in dem System, das das Personal einer Station bildet, fort und steuert die Zusammenarbeit der Mitglieder des Behandlungsteams. Das Behandlungsteam muß die jeweils wechselnde Zugehörigkeit seiner Mitglieder zu verschiedenen Behandlungssystemen integrieren. Es muß zulassen, daß sich zwischen Therapeuten und Patienten Beziehungen entwickeln. Integration meint, den entstehenden Behandlungssystemen auf einer höheren Ebene einen Sinn zu geben, also ihre Entstehung nicht dem Zufall oder der Neigung der Therapeuten zu überlassen. Die einzelnen Behandlungssysteme, also formelle wie informelle Kontakte und deren Inhalte, sollen von der primären Aufgabe gesteuert werden. Das Behandlungsteam muß ferner die Grenzen und Selbstverweisungszusammenhänge, die aus den je unabhängigen Behandlungssystemen seiner Mitglieder entstehen, respektieren. Die Aufgabe des Personals ist es, das Stationsmilieu auf der Basis seiner Informationen über die Patienten so zu strukturieren, daß sinngebende Behandlungssysteme möglich sind. Das Personal soll die primäre Aufgabe der Patienten bestimmen und angemessene Möglichkeiten schaffen, daß daran gearbeitet werden kann. Die Konstitution von Behandlungssystemen optimiert was an sich unwahrscheinlich ist, nämlich abweichendem Verhalten einen Sinn zu geben. Das heißt nicht, eine paranoide Verkennung in Realität umzumünzen, sondern die damit verbundene Angst und das Gefühl der Verfolgung ernst zu nehmen. Die in dem Symptom enthaltene Wahrheit ist verzerrt. Paranoide Verkennung ist ein Zeichen von Verrücktheit. Aber es gibt eine Wahrheit in dem Gefühl der Bedrohung, wie verborgen auch immer.

Abweichendes Verhalten ist nicht allein vom Patienten in die Welt gesetzt, sondern ist emergente Eigenschaft von sozialen Systemen.

Mit dieser Erklärung ist abweichendes Verhalten, ist die Psychopathologie nicht eskamotiert. In irgendeiner Hinsicht bleibt es abweichend, auf welcher Ebene oder in welcher Hinsicht auch immer. Die systemtheoretische Sicht erinnert daran, abweichendes Verhalten als Störungen der Selbstreferenz von Systemen zu verstehen. Der Begriff "abweichendes Verhalten" ist eine soziale Kategorie. Abweichendes Verhalten kann nicht einseitig den Patienten zugeschrieben werden, sondern sollte verstanden werden als Versuch eines sozialen Systems, seine Desintegration zu verhindern. Umgekehrt folgt daraus die konkrete Strategie, Therapie nicht als Intervention an Patienten mißzuverstehen, die etwas an ihnen verändert, die psychische Systeme manipuliert. Solches Handeln erliegt leicht der Gefahr, neue Pathologien zu erzeugen. Das Prozessieren nur von abweichendem Verhalten erzeugt leicht neues abweichendes Verhalten. Therapie im psychiatrischen Krankenhaus kann heißen, den Systemkontext zu reflektieren, in dem abweichendes Verhalten auftritt. Im Falle einer Psychoanalyse etwa geht es um Prozesse und Strukturen innerhalb des psychischen Systems des Analysanden, wenn auch in dem "Übertragungssystem" zwischen Analysand und Analytiker sichtbar gemacht. Für die Kliniksituation bedeutet es, über den Systemkontext zu reflektieren, in den der Patient geraten ist.

Affekte

Die Integration, die ein kohärentes Selbst entstehen läßt, wird durch Affekte geleistet oder zumindest von ihnen begleitet. Trauerarbeit ist nötig, um ein Objekt wirklich aufzugeben. Angst zeigt eine Bedrohung der Integrationsmöglichkeiten an.

Die Behandlungssysteme sind die Schnittstellen, an denen das Personal affiziert wird. Dort werden Affekte vom Patienten in das Personal transportiert. Menschliche Beziehungen sind ohne Affekte in den Beteiligten nicht möglich. Wenn es zudem um den Sinn von Beziehungen geht, sind die Affekte, ob verbindend oder trennend, oft das Entscheidende. Die Affekte, so verstanden, können dazu dienen, Behandlungstechniken und Behandlungsziele zu integrieren. Die Sympathie, die ich für einen aggressiven Patienten empfinde - als Gegenübertragung verstanden - erlaubt mir, einen liebenswerten Zug an ihm zu erkennen. Sie erlaubt mir auch, beide Seiten seines Wesens zu integrieren, das heißt, die Sinnebene zu entdecken, auf der beides zusammengehört. Die Wertschätzung, die ich für einen aggressiven Menschen habe, ist Ausdruck meiner Fähigkeit, eigene Aggression in mein gutes Selbst zu integrieren. Sympathie ist aber noch keine Therapie. Sie muß in therapeutische Technik transferiert werden, wozu man Begriffe einer psychologischen Theorie braucht. Aber es ist wohl eine Voraussetzung für Therapie, daß das Personal die Affekte seiner Patienten als eigene Affekte prozessiert. - Doch ist das auch eine Grenze; nicht jeder ist fähig oder bereit, sich so in den Dienst anderer stellen zu lassen.

Wenn die im Patienten entstehenden Affekte über die Behandlungssysteme in das Personal transportiert werden, dann ist es zu erwarten, daß wir in der Krankenhausorganisation wenigstens teilweise affektiv begründete Strukturen finden, die isomorph sind zu denen der Patienten. Und schließlich müssen wir annehmen, daß der Prozeß auch in anderer Richtung verlaufen kann. In der Organisation auftretende affektive Prozesse können in die Patienten transportiert werden. So können in der Patientengruppe Strukturen entstehen, die denen in der Organisation isomorph sind, und die Patienten dienen mehr der Entlastung des Personals als umgekehrt (z.B. *Friis* 1986).

Eine Sicherheit dagegen gibt es nicht. Letztlich reichen theoretische Vorstellung eben nicht aus, um zu bestimmen, ob eine Behandlung geglückt ist oder nicht. Dazu bedient sich der Patient anderer Bewertungskriterien. Für solche Bewertungen benutzt er Begriffe wie "gut", "Glück", "Zufriedenheit" (*Romney* 1984). Was immer diese Begriffe eigentlich bedeuten mögen, sie gründen auf einem Gefühl (vgl. *Bion* 1962). Ein "gutes" Leben ist nicht etwas, was wir aus abstrakten Begriffen deduzieren, sondern das wir auf ein Gefühl gründen. Wir haben ein solches Gefühl zwar nur, wenn bestimmte Tatsachen gegeben sind und andere nicht, aber die Tatsachen müssen durch das Gefühl bewertet werden.

Reintegration

Die offenkundige Absicht der Therapeuten ist es, ihren Patienten ein Leben in deren ursprünglichen Systembezügen zu ermöglichen: Reintegration in ihre soziale Umwelt. Dies ist auch die Aufgabe, die den klinischen und komplementären Einrichtungen der Psychiatrie generell zugewiesen wird. Insofern steht die therapeutische Zielsetzung der Tagesklinik Alteburger Straße in Übereinstimmung mit dem, was man von jeder Einrichtung ähnlicher Art erwartet. Doch ist "Reintegration" ein sehr relativer Begriff. Irgendwie integriert waren auch die Wahnsinnigen in Ketten, die im 18. Jahrhundert vom Volk zu seiner Belustigung besichtigt wurden. Ihre öffentliche Zurschaustellung hatte eine gesellschaftliche Funktion, insofern waren sie sozial integriert. Man muß also bestimmen, auf welcher Ebene Integration gemeint ist.

Integration heißt hier Rückkehr des Patienten in seine soziale Umwelt. Voraussetzung dafür ist, daß das abweichende Verhalten der Patienten, wenn nicht beseitigt, so doch wenigstens minimiert wird. Wenn das nicht möglich ist, gilt eine Lebensform, die möglichst wenig Asylcharakter hat, als zweitbeste Lösung. Das ist die sozialpsychiatrische Komponente, der sich heute keine psychiatrische Behandlungseinrichtung entziehen kann. Kommunen, Kostenträger und Patienten erwarten eine solche Zielsetzung.

Die Reintegration des Patienten in seine soziale Umwelt hat ihre Grenze darin, daß die Symptome nur beschränkt in Beziehungskonflikte auflösbar sind. Das gilt in besonderer Weise für psychotische Erkrankungen. Patienten und Therapeuten bleiben auf psychopathologischen Symptomen sitzen, die sie nicht anders handhaben können, als durch Rückgriff auf den Begriff Krankheit. Krankheit heißt, daß das Symptom nicht durch eine soziale Interaktion auflösbar ist. Keine Beziehungsstruktur einer Familie kann die Angst, die durch einen Hirntumor entsteht, oder die Konfusität des Alterskranken beseitigen. Das erscheint trivial. Aber in diesem Sachverhalt ist das Bedrohliche der Psychose begründet. Wenn nämlich die endogenen Psychosen nicht Folge eines organischen Krankheitsprozesses sind, dann folgt daraus, daß unser psychisches System nicht in jedem Fall und unter allen Umständen in der Lage ist, ein kohärentes Selbst und ein konsistentes Weltbild zu entwerfen. Es würde heißen, daß der Kern unserer Welt Widersprüche enthält, die nicht integrierbar sind. Psychotisches Verhalten stellt insofern die soziale Wirklichkeit in Frage. Das Mißverständnis von *Couthon*, die Verrückten *Pinels* würden in Wahrheit das gesellschaftliche System des revolutionären Frankreich in Frage stellen, ist darum so abwegig nicht.

Nun ist es aber nicht so, daß ein Mensch beschließt, psychotisch zu werden, weil die Welt so unbefriedigend ist. So wie es scheint, wird er es, wahrscheinlich unter Mitwirkung einer Reihe von sehr unterschiedlichen Faktoren, auf der Basis bestimmter Kindheitserfahrungen. Es sind seine ersten Erfahrungen mit den Objekten, die er nicht hat bewältigen können. Diese Objektbeziehungen waren von der Art, daß sie ihm kein konsistentes Bild der Welt und darum von sich selbst vermitteln konnten. Wir haben weiter oben, basierend auf bekannten Tatsachen der Familienforschung, darauf hingewiesen, daß die psychotische Kommunikation in Familien ein zirkulärer Prozeß ist. Sie dient den "gesunden" Mitgliedern der Familie dazu, Konflikte zu bewältigen, Angst abzuwehren und eigene narzißtische Beschädigungen zu "heilen". Diese Beschädigungen sind ihrerseits Folge einer inneren oder äußeren Realität, die die Voraussetzungen für befriedigende Objektbeziehungen nicht bietet. Letztlich dient der Indexpatient also dazu, daß er die unlösbaren Unstimmigkeiten in der Welt "heilt". Was er an Projektionen anderer in sich aufnimmt, braucht von diesem anderen nicht mehr im Streit mit der gesellschaftlichen Wirklichkeit verhandelt zu werden. Das gilt auf der Ebene von Familien ebenso wie im größeren gesellschaftlichen Rahmen. In diesem Sinn scheint unsere Welt den Wahnsinn zu brauchen (vgl. *Foucault* 1954).

Daraus resultiert auf andere Weise nochmals die Schwierigkeit der psychoanalytischen Behandlung psychotischer Zustände. Im Fall der Neurose geht es darum, daß der Analysand die Möglichkeit findet, einen wirklichen Triebverzicht zu leisten. Von dem Analytiker wird verlangt, daß er der Verführung seines Patienten widersteht, also seinerseits diesen Triebverzicht leistet. Im Fall der Psychose wird dagegen verlangt, daß der Arzt der Einsicht standhält, daß die Welt an sich sinnlos ist, für ihn selbst nicht weniger als für seine Patienten. Es erscheint zumindest zweifelhaft, ob diese Angst in einer routinierten therapeutischen Situation zu bewältigen ist.

Das psychiatrische Krankenhaus als Abwehrinstanz

Die psychiatrische Anstalt ist der Sachwalter dieser Ängste. Sie ist die Abwehr dieser Ängste. Doch was ist die Abwehr durch eine Gruppe oder ein soziales System? Der Begriff Abwehr wird zwar auch in der Gruppenpsychotherapie benutzt, hat dann aber eigentlich die Bedeutung, daß die Individuen der Gruppe gemeinsam etwas abwehren. Der Begriff hat in diesem Fall die Bedeutung, die ihm die Psychoanalyse gegeben hat.

Was man abwehrt, muß man irgendwie zur Kenntnis genommen haben. Der Begriff hat nur einen Sinn, wenn man auch eine Konzeption vom Unbewußten hat. Was wäre dann das Unbewußte sozialer Systeme? Wenn wir davon ausgehen, daß soziale Systeme unterschiedliche Instanzen ausdifferenzieren können, könnten wir, in Analogie zu psychischen Systemen, Abwehr nennen, wenn das System versucht, bestimmte Sachverhalte Subsystemen zuzuschieben. Das Gesamtsystem nimmt auf diese Weise von dem Sachverhalt keine Kenntnis (vgl. *Allingham* 1987). Die Beziehung des Gesamtsystems zu dem Subsystem ersetzt die Auseinandersetzung mit dem Sachverhalt, der den Subsystemen zugeschoben wurde. Man verbietet und verfolgt den Drogenhandel, therapiert die Süchtigen und vermeidet es, als eine allgemein gesellschaftliche Tatsache zu verhandeln, daß die gesellschaftliche Organisation der westlichen Industriestaaten (aber natürlich nicht nur dieser) den Jugendlichen zu viel an individueller Integrationsleistung abverlangt, ihnen nicht Zeit und Ruhe läßt, sich in sozialen Subsystemen ihre individuelle soziale Identität zu bilden, sie gleichwohl lange von einer Vielzahl von Institutionen abhängig sein läßt.

In Analogie zur Psychologie des Individuums könnten wir notwendige Abwehr von pathologischer unterscheiden. Differenzierung sozialer Systeme ist notwendig, um die vielfältigen Aufgaben einer menschlichen Gesellschaft erfüllen zu können, so wie Abwehr auch für die Entwicklung eines Individuums notwendig ist. Pathologisch ist die Abwehr auch im sozialen Bereich, wenn sie die Funktionsfähigkeit der Gesellschaft eher behindert. Wenn die organisatorischen Maßnahmen, die ein Problem lösen sollen, das Problem unterhalten oder gar erst schaffen, können wir diese Differenzierung eines sozialen Systemes "pathologische" Abwehr nennen. Die Ausbildung von Ärzten und medizinischen Organisationen ist zweifellos eine Differenzierung, die es der Gesellschaft erlaubt, Krankheit und Tod in vielen Fällen zu vermeiden. Wenn aber der Medizinbetrieb in den Verdacht kommt, neben seiner hilfreichen Funktion selbst gesundheitlichen Schaden zu stiften, also das erzeugt, was er vermeiden will und soll (vgl. *Illich* 1975), dann ist dies pathologische Abwehr. Durch die Beschäftigung mit der Medizin wird die Einsicht abgewehrt, daß das Leben notwendigerweise hinfällig ist.

Wie sehr gerade die Psychiatrie ein Beispiel für pathologische Abwehr sein kann, braucht nicht beschrieben zu werden. Doch ist dieses Problem für sie noch um einiges schärfer. Mit der Definition des sozialen Konfliktes als "krank" ist die Krankheit, streng genommen, erst entstanden. Insofern erzeugt das psychiatrische Krankenhaus immer das, was es heilen soll. Nochmal sei betont, daß damit nicht in Abrede gestellt ist, daß es psychische Störungen und organische Krankheiten gibt, die abweichendes Verhalten begründen. Aber das psychiatrische Krankenhaus hat die widersprüchliche Aufgabe, die Krankheit, die es gewissermaßen erzeugt hat, auch wieder aufzulösen. Und das gelingt eben allenfalls sehr unvollständig. Der Anteil des psychotischen Selbst, der sich nicht als soziales Beziehungsmuster realisieren läßt, der in keiner sozialen Systemstruktur Sinn erhält, muß abgewehrt werden. Die Abwehr ist es, das als Krankheit zu verstehen. Es ist im Kern die fragile und willkürliche Integration unseres Selbst, die wir nicht anders als mit dem Begriff Sinn fassen können. Wenn sie nicht gelingt, ist das nur begrenzt heilbar. Den unheilbaren Rest nennen wir psychische Krankheit.

Kollektive Unruhe: Entwicklungsprobleme einer Organisation am Beispiel des psychiatrischen Krankenhauses

Die kollektive Unruhe

Man kann schlecht ein Buch über das psychiatrische Krankenhaus schreiben, ohne auf das Phänomen der kollektiven Unruhe - "collective disturbance" nennt es *Caudill* (1958) - einzugehen. Auch in dem Buch von *Stanton* und *Schwartz* (1954) nimmt dieses Phänomen einen zentralen Platz ein.³ Die kollektive Unruhe ist von *Caudill* (1958) detailliert, zum Teil mit Wortprotokollen von Personalkonferenzen eines Krankenhauses, beschrieben worden. Ihr wesentliches Merkmal ist die Konfusion der Kommunikation. Die verschiedenen Entscheidungsebenen sind sich über die Bewertung objektiver Tatbestände und darüber, wie entschieden werden soll, ob hierarchisch oder durch Konsens, nicht einig. Immer besteht die Tendenz, daß sich die allgemeine Konfusion einen Weg bis zur Symptomproduktion bei den Patienten bahnt. Darum ist dieses Phänomen von zentraler Bedeutung.

Nach der Beobachtung von *Caudill* entsteht die kollektive Unruhe aus einer Diskrepanz zwischen verborgener emotionaler und offener sozialer Struktur. Er hat acht Indikatoren identifiziert, die eine kollektive Unruhe ankündigen: *Rückzug* aller Berufsgruppen auf ihre spezifischen Aufgaben, Zunahme der *Emotionalität* beim Personal, Zunahme *negativer Emotionen* beim Personal, Zunahme der *Kompliziertheit von Personaldiskussionen*, Zunahme *administrativer Schwierigkeiten*, Zunahme der *Kontrolle* durch die leitenden Ärzte, allgemeine *Konfusion*, *Unentschiedenheit* der Entscheidungsträger. Der Prozeß läuft über Wochen in vier Phasen ab: allgemeiner Rückzug, offene kollektive Unruhe, Bildung von Parteiungen im Personal und schließlich Wiederherstellung der Ruhe. *Caudill*, aber auch *Stanton* und *Schwartz*, beobachteten, daß die kollektive Unruhe der Organisation in Zusammenhang steht mit Unklarheiten des Personals über therapeutische Regeln.

Unstimmigkeiten des therapeutischen Konzepts

Unklarheiten, Unstimmigkeiten und Brüche sind in der Beschreibung des therapeutischen Prozesses der Tagesklinik an vielen Stellen sicht-

---

3 In der nachfolgenden wissenschaftlichen Diskussion ist dieses Thema jedoch vermieden worden. Die wahrscheinlichen Gründe folgen aus dem, was wir später diskutieren.

bar geworden. In der Darstellung tauchten sie jedoch eher beiläufig auf, und es blieb unklar, wieweit sie wirklich das therapeutische Geschehen beeinflussen. Unstimmigkeiten des therapeutischen Konzeptes verrieten sich unter anderem daran, daß Angehörige der Unterschicht nur mit Widerständen aufgenommen werden, an der Abwehr von Suizidalität und Sexualität durch die Therapeuten, an den Anwendungskriterien für Psychopharmaka und ihrer mangelhaften Integration in den therapeutischen Prozeß, am Widerstand gegenüber Aggression und depressiven Affekten der Patienten. Diese Unstimmigkeiten erschienen nicht gravierend. Sie sind wohl in ähnlicher Form in jeder Organisation unvermeidlich. Das Problem, das sie schaffen, ist jedoch, daß sich hinter ihnen schwerwiegende konzeptionelle Meinungsverschiedenheiten entweder verbergen oder irgendwann verbergen werden.

Die Aufnahmepraxis so zu verändern, daß Angehörige der Unterschicht nicht mehr tendenziell ausgesondert werden, ließe sich unter Umständen nicht anders realisieren, als daß die Klinik einen regionalen Versorgungsauftrag übernähme (vgl. S. 51). Damit wäre aber das therapeutische Grundkonzept in massiver Weise herausgefordert. Wir hatten früher darauf hingewiesen, daß regionale Zuständigkeit eines psychiatrischen Krankenhauses und der damit verbundene Aufnahmezwang implizit die sozialen Konflikte zu Folgeerscheinungen der psychischen Krankheit erklärt. Das aber ist eine Umkehrung der Haltung, die die Therapeuten der Tagesklinik Alteburger Straße haben. Oder nehmen wir das Beispiel der Verwendung von Psychopharmaka. Auf ihre Verordnung auch dann zu verzichten, wenn das therapeutische Personal über die Symptomatik des Patienten beunruhigt ist, hieße, daß das Personal seine innere Einstellung zu den Symptomen ändern müßte. Es müßte sich mehr davon distanzieren können, ohne die verstehende Haltung aufzugeben. Das hieße letztlich, den Patienten mehr an Eigenverantwortung lassen. Das Personal müßte erheblich mehr Angst aushalten.

Unstimmigkeiten dieser Art fordern Entscheidungen heraus. Da sie auf Widersprüche in der therapeutischen Konzeption verweisen, erzeugen sie ständig einen gewissen Druck, sich ein für allemal für eine der widersprechenden Seiten zu entscheiden. Im Fall der Psychopharmaka steht die Haltung, sie bei psychischen Symptomen zu verschreiben, in einem gewissen Widerspruch zu der Auffassung, daß die Symptome Ausdruck psychischer Konflikte sind und als solche bearbeitet werden sollten. Ein Arzt wird darum versuchen, nach einer für ihn allgemeingültigen Regel zu verfahren. Er wird sich vielleicht auf die psychoanalytische Konzeption der Klinik besinnen und äußerst zurückhaltend mit der Verordnung von Psychopharmaka sein. Aber der Arzt ist doch nicht ganz frei darin, zu entscheiden, welchem Gesichtspunkt er Priorität einräumt. Wenn ein Behandlungsteam Erfahrung hat, was ja in bestimmter Hinsicht nichts anderes heißt als gut etablierte Abwehrmechanismen, dann wird es unter Umständen nicht damit einverstanden sein, die hartnäckigen Schlafstörungen eines Patienten nicht medikamentös zu behandeln. Und wenn in einem solchen Fall ein Arzt versucht, seine Meinung auf dem Wege der Anordnung durchzusetzen, dann wird der Patient wahrscheinlich innerhalb kürzester Frist seine Symptome so verstärken, daß spätestens der nachtdiensttuende Arzt glaubt, Medikamente verschreiben zu müssen. Diese Lektion lernt jeder in der Psychiatrie sehr schnell. Offensichtlich werden in solchen Fällen Symptome durch die Haltung des Personals induziert. Das ist es, was mit dem Schwartz-Stanton-Phänomen gemeint ist. Offensichtlich ist das Problem in solchen Fällen, daß mit einer Veränderung des therapeutischen Handelns die Abwehrkonstellation des Personals berührt wird.

Ein Fallbeispiel

Wenn also die kollektive Unruhe letztlich aus Unstimmigkeiten im therapeutischen Konzept entsteht, ist sie möglicherweise ein kollektiver Abwehrvorgang, der die Symptomproduktion des Patienten als wesentlichen Bestandteil enthält. An dem folgenden Beispiel wollen wir diesen Prozeß genauer untersuchen.

In der Tagesklinik Alteburger Straße wurde in den letzten Jahren diskutiert, ob sich die Klinik an der Regelversorgung für einen festen Stadtbezirk beteiligen soll. Die Meinung der Mitarbeiter dazu war überwiegend negativ, während die Leitung der Klinik eine solche partielle "Regionalisierung" der Klinik befürwortete. Nach langen Diskussionen in den verschiedenen Gremien der Klinik hatte sich die Krankenhausleitung mit der Entscheidung durchgesetzt, daß zur Vorbereitung der "Regionalisierung" von einem bestimmten Stichtag an Patienten einer definierten Stadtregion bevorzugt aufgenommen werden sollten. Die Stationen hatten Vorsorge zu treffen, daß für solche Patienten ständig ein freies Bett oder ein freier Platz zur Verfügung stand. Die Stationen hatten dem auch Folge geleistet, das heißt die notwendigen organisatorischen Voraussetzungen geschaffen.
Als der Termin näherrückte, zu dem diese Regelung in Kraft treten sollte, war die Arbeitssituation in der Klinik ruhig. Es schien eine arbeitsorientierte Atmosphäre zu herrschen. Doch gab es etwas, das mich als Leiter beunruhigte. Zweimal innerhalb einer Woche sah ich mich genötigt, Ärzte darauf aufmerksam zu machen, daß sie Patienten freien Ausgang gestattet hatten, die unter Berücksichtigung der bekannten Fakten unmittelbar sui-

zidgefährdet waren. Die Ärzte hatten überdies in diesen Fällen ihre Entscheidung vorher nicht mit dem zuständigen Oberarzt besprochen.

Anläßlich einer routinemäßigen Besprechung berichtete mir Dr. J., ein Arzt mit umfangreicher Berufserfahrung, von einer Patientin, Frau X., die er aufgenommen hatte. Die Begleitumstände dieser Aufnahme ließen mich daran denken, daß bei dieser Patientin eine Suizidgefahr bestand. Ich teilte dies dem Kollegen mit und wies ihn an, die Suizidgefährdung mit der Patientin konkret zu besprechen. Zwei Tage später war Freitag, und ich sprach nochmals mit dem Arzt über die Patientin. Er berichtete, daß die Patientin nicht zu erkennen gegeben habe, daß sie wirklich suizidgefährdet sei. So habe sie auch heute in einer Besprechung keine Hinweise dafür geboten. Ich fragte ihn daraufhin: "Haben Sie die Patientin nach Suizidgedanken befragt?" Daraufhin er: "Sie bot keine Anzeichen dafür, ich habe mit ihr über ihre psychische Verfassung gesprochen. Ein Anlaß, sie konkret zu befragen, bestand nicht." - Am folgenden Montag ergab sich, daß Frau X. die Klinik heimlich verlassen und sich umgebracht hatte.[4] Ich erinnerte mich an die Gespräche mit Dr. J. Hatte er mir nicht gesagt, daß er die Patientin nicht konkret nach ihren Suizidabsichten gefragt hatte? Warum hatte er meine Anweisung nicht befolgt? - So entschloß ich mich zu einer Befragung von Dr. J., bei der ich ihn damit konfrontieren wollte, daß er meine Anweisung nicht beachtet hatte. Es war klar, daß Dr. J. mit disziplinarischen Maßnahmen rechnen mußte, wenn sich diese Vermutung bestätigen würde. Bei der Befragung stellte sich aber heraus, daß Dr. J. meine Anweisung der ersten Besprechung sehr wohl ausgeführt hatte. Meine Frage vom Freitag, ob er die Patientin nach Suizidalität befragt habe, hatte er auch auf den Freitag bezogen. Er hatte, da das Ergebnis zwei Tage vorher so eindeutig negativ erschien, am Freitag selbst nicht nochmals direkt nach Suizidalität fragen wollen, sondern sich in allgemeinerer Weise nach dem psychischen Befinden der Patientin erkundigt.

In der Klinik gab es nach diesen Ereignissen eine stumme Schrecksekunde. Danach brach ein Sturm der Empörung los, und zwar über mein Vorgehen. Die Befragung von Dr. J. wurde als grober Vertrauensbruch angesehen. Die Ärzte waren sich einig darin, daß ich nach der Maxime verfahre: Wer einen Suizid nicht verhindert, der fliegt raus. Sechs Wochen lang konnten die Stationen keine Patienten von außen aufnehmen, weil es immer wieder wegen krisenhafter Zuspitzungen Verlegungen aus dem tagesklinischen Bereich in den stationären Bereich gab, so daß dort alle Betten belegt waren.

---

4 Die Suizidrate der Tagesklinik Alteburger Straße ist 3,4 auf 1000 Aufnahmen. Das entspricht üblichen Werten (2,5 *Crammer* 1984; 4,25 *Schlosser* u. *Strehle-Jung* 1982). Doch sind die Zahlen nur schwer zu vergleichen. Z.B. spielt die diagnostische Zusammensetzung der Patienten sicher eine Rolle, wird aber bei den Angaben nicht berücksichtigt (vgl. *Finzen* 1988).

Wir können die Ereignisse auf verschiedenen Ebenen interpretieren: auf einer individualpsychologischen, einer gruppendynamischen und auf einer Organisationsebene. Was die erste betrifft, so war mein Mißverständnis verstehbar. Das Verhalten der Ärzte in den Tagen vor dem Suizid mußte mich auf den Gedanken bringen, daß meine Warnung von Dr. J. nicht ernstgenommen war. Zudem hatte ich Schuldgefühle, daß ich die Patientin an dem Freitag nicht noch einmal selbst gesprochen hatte. Dieses Gefühl, meine Pflicht versäumt zu haben, projizierte ich auf Dr. J. Die anderen Ärzte identifizierten sich mit Dr. J. und verleugneten die Tatsache, daß sie es mit der Konsultationspflicht oft nicht so genau nehmen, wie sie sollten. Sie hatten ihrerseits Schuldgefühle, die sie durch gegen mich gerichtete Vorwürfe abzuwehren versuchten.

Noch bedrohlicher scheint aber für die Mitarbeiter ein anderer Aspekt gewesen zu sein. Der erfolgte Suizid bewies, daß die Bemühungen der Therapeuten und ihre Beziehungen zu den Patienten in manchen Fällen nicht einmal die Kraft hatten, auch nur das nackte Leben der Patientin zu retten. Das war mehr als eine narzißtische Kränkung. Es stellte auch den Sinn von Beziehungen überhaupt in Frage.

Unschwer läßt sich das Ereignis auch als Gruppenphänomen erklären. Die Ärzte verhielten sich nach dem Suizid gemäß der Grundannahme von Kampf und Flucht. Der Leiter wurde als böses verfolgendes Objekt erlebt und verhielt sich ja auch wirklich so. Die Flucht in die Grundannahme erfolgte, um Gefühlen persönlicher Schuld, Beschämung und Ohnmacht, die offensichtlich alle teilten, auszuweichen.

Die Situation der Klinik wies nach dem Suizid alle Merkmale einer Entdifferenzierung der Strukturen auf. So gab es in der Argumentation keinen Unterschied zwischen jungen Ärzten und Oberärzten. Es fand in den Diskussionen keine Sachprüfung statt. Jeder hatte eine sichere Meinung zu dem Ereignis, auch ohne über den Ablauf und die Umstände informiert zu sein. Zeitstrukturen spielten keine Rolle. Die Diskussionen waren affektiv hoch besetzt, oft endeten sie in heftigen Streitigkeiten.

Auf der administrativen Ebene hatte das Ereignis den Effekt, daß zunächst keine Patienten aus der Region aufgenommen werden konnten. Durch die Blockierung der Vollstationen mit tagesklinischen Patienten, die in eine Krise geraten waren, ließ sich das Projekt erst mit 6 Wochen Verspätung realisieren.

Der Ablauf der Ereignisse entspricht aber auch den Kriterien der kollektiven Unruhe nach *Caudill*. Freilich müssen wir dann den Beginn der Ereignisse früher ansetzen. Von den 8 Indikatoren einer kollektiven Unruhe, die er genannt hat, waren mindestens 6 erfüllt: Zunahme der Emotionalität und Zunahme negativer Emotionen beim Personal (die Streitigkeiten nach dem Suizid), Zunahme administrativer Schwierigkeiten (Blockierung der Stationen), Zunahme der Kontrolle (durch mich), allgemeine Konfusion und Unentschiedenheit (fliegt man aus der Klinik, wenn man einen Suizid nicht verhindert?). Der Ablauf hatte 4 Phasen: allgemeiner Rückzug, offene kollektive Unruhe, Bildung von Parteiungen, Restitution. Der Suizid markierte den Übergang von Phase 1 in Phase 2. Er wäre also nicht Ursache der nachfolgenden Aufregung gewesen, sondern das Symptom einer tiefgreifenden Unstimmigkeit. Sehen wir die Sache so, dann entstehen zwei Fragen: (1) Wo lagen die Ursachen für die kollektive Unruhe? (2) Warum mußte diese kollektive Unruhe den Suizid einschließen und welche dynamische Funktion hatte er?

Abwehr von Entwicklung

Die Ursachen der kollektiven Unruhe lagen offensichtlich in der Entwicklungsanforderung, die mit der "Regionalisierung" verbunden war. Das entspricht Beobachtungen von *Stanton* und *Schwartz* und von *Caudill*. Durch die Notwendigkeit von Entwicklung werden Abwehrmechanismen in Frage gestellt und es ist eine Entdifferenzierung bestehender Strukturen notwendig.

Miller und *Gwynne* (1972) aus der Tavistock-Gruppe haben am Beispiel von Pflegeheimen für Körperbehinderte zwei verschiedene Abwehrkonstellationen von psychosozialen Organisationen beschrieben. Im Fall der "horticulture" sieht das Personal die Anstalt als einen weitgehend konfliktfreien Raum, tendenziell als Idylle. Einrichtungen dieser Art tendieren stark dazu, das Ausmaß der Behinderung ihrer Insassen zu verleugnen, und entsprechend mangelhaft ist darum mitunter ihre Pflege. Hier dient die Vorstellung einer Sozietät, in der sich soziales Leben konfliktfrei entfalten kann, der Abwehr der angstmachenden Behinderung. *Volk* (1980) hat diese Art Kollusion von Insassen und Patienten in einer psychotherapeutischen Klinik untersucht. Die geheimen Vorstellungen des Personals zeichneten das Bild von einer Klinik, in der sich Patienten und Personal unterschiedslos behütet und versorgt fühlen können, in der es keinen Triebverzicht und keine Konflikte gibt. - Der andere Typus der Abwehr nach *Miller* und *Gwynne* ist das "ware-house". Das Personal dieser Anstalten pflegt die Insassen gut, nimmt aber deren soziale Bedürfnisse nicht zur Kenntnis. Es behandelt die Insassen eher wie Sachen. Hier wird die Behinderung zwar anerkannt, aber das Leiden verleugnet. Dieser Typus ist in den alten kustodialen Einrichtungen der Psychiatrie realisiert.

In beiden Fällen geht es um die Abwehr von Entwicklung. Wie biologische und psychische können auch soziale Systeme nur leben, indem sie sich entwickeln. Entwicklung heißt Entfaltung oder auch Rücknahme von Möglichkeiten, mit der Umwelt zu interagieren. Krankheit oder Behinderung schränken diese Interaktionsmöglichkeit ein. Die primäre Aufgabe des Krankenhauses besteht darin, Bewältigungsstrategien zu entwickeln, die bei Krankheit oder Behinderung helfen. Ein psychiatrisches Krankenhaus kann sich darum nur entwickeln, wenn es die Krankheit oder Behinderung anerkennt und zugleich das Leiden daran. Erst auf dieser Basis kann das Personal seine eigene Unzulänglichkeit akzeptieren und aus dem Leiden daran die Triebkraft gewinnen, die Arbeit in der Organisation weiter zu entwickeln. Folgen wir *Miller* und *Gwynne*, so erfolgt die Abwehr dieser Einsicht durch Verleugnung entweder der Behinderung oder des Leidens daran. In beiden Fällen ist Entwicklung nicht nötig.

Entwicklung kann einmal als die Fortführung schon vorhandener Strukturen erscheinen. Ein in seiner Wirkung bekanntes Medikament bei bestimmten Krankheiten neu einsetzen wäre eine solche Entwicklung. Sie kann aber auch fordern, daß alte Strukturen aufgegeben und durch neue ersetzt werden. Der Unterschied dieser Art Entwicklung zur ersten ist oft mehr einer der subjektiven Wahrnehmung. Aber jedenfalls ist es das Zweite, was Angst macht. Die Angst vor Entwicklung zu Neuartigem veranlaßt soziale Systeme, bestehende Strukturen zugunsten einer Entdifferenzierung aufzugeben. Offensichtlich ist diese Entdifferenzierung als Zwischenschritt notwendig, bevor neue Strukturen gebildet werden können.

Die Entstehungsbedingungen des induzierten Symptoms

Für die Klinikmitarbeiter war der Suizid lediglich ein Symptom der psychischen Krankheit des Patienten. Die Aufregung des Personals erschien als Folge des Suizids und der angedrohten Konsequenzen für einen Mitarbeiter. Wenn aber der Suizid auch als Folge der kollektiven Unruhe angesehen werden kann, dann wäre die Vermutung gerechtfertigt, daß er zugleich Symptom einer Störung des sozialen Systems Klinik war. Unter diesem Aspekt wollen wir die Sache noch einmal betrachten.

Die 35jährige Patientin litt an einer schizo-affektiven Psychose und war vordem schon an die zehn Mal klinisch psychiatrisch behandelt worden, davon einige Male auf der gleichen Station der Tagesklinik Alteburger Straße. Mit den Eltern und Geschwistern hatte es Tage vor der letzten Aufnahme viel Streit gegeben, der kurz vorher nochmals eskaliert war. Wenn nicht andere, unbekannt gebliebene Fakten zusätzlich eine Rolle gespielt hatten, muß ihr Suizidentschluß in diesen Tatsachen begründet gewesen sein. Auf der Seite des Arztes gab es keinen Kunstfehler, kein grobes Versäumnis. Die Patientin hatte einem nicht unerfahrenen Psychiater glaubhaft versichert, daß sie nicht suizidal sei. Nach früheren Erfahrungen bestand während der klinischen Behandlung keine akute Suizidalität.

Das waren die auf den ersten Blick erkennbaren Tatbestände, hinter denen sich freilich noch einiges verbarg, was anders zu bewerten war. Wie in solchen Fällen immer, gab es aus der Retrospektive eine Reihe von Indizien, die Anlaß zu größerer Vorsicht hätten gewesen sein können. So sah Frau X. einfach schlechter aus, als man es von ihr gewohnt war. Sie war gegen den Rat ihrer ambulanten Therapeutin in die Klinik gekommen. Der Streit mit der Familie hatte ein Ausmaß angenommen, das es vorher nicht gegeben hatte. Es gab also auf seiten von Frau X. subtile Hinweise dafür, daß etwas anders war als früher. Aber ob nun erkennbar oder nicht, die Patientin hat in der Klinik nicht den Halt gefunden, der ihren Lebenswillen hätte ausreichend stärken können. Man muß vermuten, daß die Therapeuten unter den gegebenen Umständen dazu auch nicht in der Lage waren.[5]

Die Patientin kam suizidal in die Klinik, das heißt, sie hat die Suizidalität mitgebracht. Aber erfolgt ist die Suizidhandlung aus dem aktuellen sozialen Kontext, der sich für sie in der Klinik hergestellt hatte. Die Patientin muß an dem Freitag, als sie die Klinik verließ, das Gefühl gehabt haben, daß sie für niemanden ausreichend wichtig und daß ihr niemand ausreichend wichtig war. Sie hatte recht damit gehabt. Die Therapeuten waren nicht in der Lage gewesen, sich ohne Ambivalenz mit der Suizidneigung von Frau X. auseinanderzusetzen. Sie haben sie nicht erkennen und nicht entsprechend handeln können, obwohl die Patientin bei der Aufnahme schon suizidal war. Das heißt, wenn wir unterstellen, daß Therapeuten immer auch unbewußte aggressive Regungen gegenüber ihren Patienten empfinden, dann waren

---

5 Bei Diskussionen über die Vermeidbarkeit oder Unvermeidbarkeit suizidaler Handlungen wird die Frage, ob ein geschehener Suizid vermeidbar war, oft als Versuch diskreditiert, die Illusion erzeugen zu wollen, jeder Suizid könne verhindert werden. Natürlich ist nicht jeder Suizid vermeidbar, vielleicht sind es sogar die wenigsten. Aber die Begrenztheit der Suizidprophylaxe im psychiatrischen Krankenhaus folgt weniger daraus, daß sich ein solcher Impuls nicht wenigstens für die Dauer der Hospitalisierung kontrollieren ließe. Es ist nicht einzusehen, warum bei ausreichender Aufmerksamkeit und Kontrolle Suizide in der Klinik nicht zur Seltenheit gemacht werden könnten. Begrenzend bei der Suizidprophylaxe im Krankenhaus wirkt vielmehr die Tatsache, daß die Therapeuten dynamischen Kräften der Organisation ausgesetzt sind, die sie auch bei optimaler Fähigkeit zur Introspektion nicht kontrollieren können, und die ihre Urteilskraft sehr beeinträchtigen können.

die Therapeuten in unserem Fall nicht in der Lage gewesen, diese Aggressivität durch ihre professionelle libidinöse Beziehung zu der Patientin ausreichend zu neutralisieren. Ihr Abwehrsystem war in Unordnung geraten, und zwar offensichtlich durch das Thema "Regionalisierung". - So gesehen hat also die neue therapeutische Zielsetzung in der Klinik eine Verunsicherung der Therapeuten verursacht, die eine gewisse affektive Distanz bewirkte und damit - wie es scheint - einer der Bedingungsfaktoren für den Suizid der Patientin war.

Die Funktion des Symptoms für die Organisation

Wir sind es von der Psychoanalyse gewöhnt, die Gestaltung von Symptomen nicht als Zufälle zu betrachten, sondern als Verschlüsselung des auslösenden Konflikts. Mag es also ein Zufall gewesen sein, daß Frau X. zu dem gegebenen Zeitpunkt in die Klinik kam, daß sie in einer ihr ausweglos erscheinenden persönlichen Situation steckte, so war es doch kein Zufall, daß die Therapeuten in ihrem Fall so wenig hilfreich reagierten.

Psychotherapeutische Beschäftigung mit den Psychosen heißt, dem verborgenen Sinn der psychotischen Symptome nachzugehen. Dieser Sinn ergibt sich aber nur aus der Erkenntnis, daß Sinnlosigkeit allgegenwärtig ist. Es gibt weder eine logische noch sonstige Notwendigkeit, die den inneren oder äußeren Sinnesdaten einen verstehbaren Zusammenhalt gibt. Dieser Tatsache müssen sich die Therapeuten stellen. Um mit dieser Bedrohung der eigenen psychischen Integrität fertig zu werden, brauchen Therapeuten stabile Abwehrmechanismen, die aufgrund der Natur ihrer Arbeit in der Klinik den Charakter sozialer Strukturen haben. Eine Modifikation der primären Aufgabe, wie es mit der "Regionalisierung" intendiert war, berührt diese Strukturen, damit die Abwehrmechanismen und schließlich auch die Integrität der Therapeuten. Als Folge davon drohte, daß das Verrückte der sozialen Gruppe zum Durchbruch kommen würde. Verrückt heißt hier, daß der unkontrollierte und desintegrierte Primärvorgang, also deneutralisierte Triebregungen, gebündelt als Gruppenwille, Herrschaft erlangt. Das psychotische Symptom der Patienten erlaubt dabei der Gruppe des Personals einen Reparationsversuch. Insofern "heilt" das Symptom der Patienten die Störung der sozialen Gruppe.

Eine psychotherapeutische Beschäftigung mit der Suizidalität der Patientin Frau X. hätte geheißen, dem verborgenen Sinn ihres Todeswunsches nachzugehen. Der Sinn lag aber hier nicht darin, daß die Patientin einen "Grund" für diesen Suizid gehabt hätte (das gibt es natürlich auch, etwa im Falle wirklich unerträglicher Lebensbedingungen, ist aber gar nicht das Problem der Psychiatrie), sondern daß der Selbstmord in der familiären Geschichte der Familie X. eine eingeplante Größe war. Ein Jahr vor dem Suizid hatte der Vater anläßlich eines Gesprächs mit den Therapeuten der Klinik unwidersprochen von der Mutter und drei Geschwistern und in Anwesenheit der Patientin bemerkt, die Familie habe sich schon innerlich damit abgefunden, daß die Patientin durch Selbstmord enden würde. Das kam einer Aufforderung zum Selbstmord an die Patientin gleich. Es war den Therapeuten nicht gelungen, verläßliche Anhaltspunkte dafür zu gewinnen, was den Vater zu dieser Haltung gebracht hatte. Aber so viel war deutlich geworden, daß sich sein eigenes Elend - er war elternlos aufgewachsen, Alkoholiker, hatte sein Geschäft nicht halten können, um nur ein paar äußere Daten zu nennen - in dem Suizid der Tochter fortsetzte, ohne daß dadurch eine wirkliche Versöhnung oder Heilung der Familie erfolgt wäre. Elend erzeugte neues Elend. Darin bestand die Sinnlosigkeit ihres Selbstmordes.

Die Therapeuten eines psychiatrischen Krankenhauses sind ständig mit solchen Situationen konfrontiert und haben ihre speziellen Abwehrmechanismen, damit umzugehen. Im Falle von Frau X. war es eine etwas illusionäre, leicht elitäre Haltung, die sie mit den Therapeuten teilte und die ihr half, über das, was wirklich in ihrer Lebensplanung hoffnungslos schiefgegangen war, hinwegzusehen. Das war durch die "Regionalisierung", die der Klinik vieles von ihrer Exklusivität nehmen wird, bedroht.

Die Schwächung der Haltefunktion der Therapeuten, müssen wir annehmen, war durch eine nicht ganz funktionierende Abwehr ihrer Feindseligkeit verursacht. Der innere Konflikt der Therapeuten war der Widerstreit zwischen ihrem therapeutischen Auftrag und ihrer Feindseligkeit. Der erfolgte Suizid machte aus den inneren Konflikten einen äußeren. Es gab nun "nachlässige Ärzte" und einen "kontrollierenden Chef", "Verfolgte" und einen "Verfolger". Über diese Konstellation und die Diskussion der therapeutischen Regeln, die im Falle von Suizidalität gelten, konnte die Gruppenkohäsion neu etabliert werden.

Finzen (1988) beschreibt eine Serie von zehn Suiziden, die sich in einem großen psychiatrischen Krankenhaus ereignete. Die Serie trat auf, nachdem der ärztliche Leiter im Rahmen einer neuen therapeutischen Konzeption eine Reihe von Stationen, die bis dahin geschlossene Stationen waren, öffnen ließ. Vordergründig schien es natürlich so, daß die Öffnung der Stationen der Grund für die Suizide war. Aber wenn man die Sache genauer betrachtet, ist nichts weniger wahrscheinlich als das, wie es auch *Finzen* selbst sagt. Daß sich Menschen, wenn sie mehr Freiheit erhalten, umbringen, widerspricht der Erfahrung. Aber auch die Vermutung, daß es sich um Patienten mit einem permanenten suizidalen Impuls handelte, die eben nur auf einer geschlossenen Station sicher waren, ist nicht wahrscheinlich. Das Personal hätte das doch erkennen und diese Patienten vor freiem Ausgang bewahren können. Die Erklärung für das Phänomen der Suizidserie liegt wohl eher darin, daß die Öffnung der Stationen zu erheblichen Meinungsverschiedenheiten zwischen den Therapeuten geführt hatte. Es gibt über die Anstalt, auf die sich *Finzen* bezieht, aus der gleichen Zeit eine soziologische Studie von *Fengler* und *Fengler* (1980), in der sehr eindrucksvoll dokumentiert ist, wie groß und fundamental diese Unterschiede waren - und mit welchen anderen Mitteln als der sachlichen Diskussion sie ausgetragen wurden. So ist die Möglichkeit nicht von der Hand zu weisen, daß diese Serie von Suiziden unter anderem Folge einer kollektiven Unruhe der Krankenhausorganisation war.

Degenerationstendenzen der Organisation

Wir haben ausführlich dargelegt, daß die Therapeuten das Agierfeld Klinik nicht analog wie eine Übertragungskonstellation benutzen. Sie machen den Umgang des Patienten mit den Regeln der Organisation nicht zum Gegenstand von Diskussionen und Aufklärung, sondern sie setzen die Regeln durch und reden allenfalls anschließend darüber. Auf der anderen Seite haben wir gesehen, daß das Symptom eines Patienten auch als eine Reaktion auf die aktuelle soziale Situation, also seine Situation im Krankenhaus, verstanden werden kann, ja verstanden werden muß. Das aber legt es nahe, den Zusammenhang zwischen Symptom und der sozialen Realität des Krankenhauses zum Focus der Therapie zu machen. Was bedeutet es also, wenn die Therapeuten genau das nicht tun? Der Patient erlebt zum Beispiel seine Depression als eine Folge seiner aktuellen Lebenssituation in der Klinik. Er fühlt sich vom Arzt vernachlässigt, glaubt vielleicht daß der ihm die richtigen Medikamente vorenthält, fühlt sich für das Elend der anderen Patienten verantwortlich und so weiter. Also warum das nicht aufgreifen? Wäre das nicht analytische Psychotherapie?

Ich habe an anderer Stelle (*Matakas* 1988) die therapeutischen Implikationen dieses Sachverhaltes dargelegt. Weil der Patient die Tendenz hat, im Aktionsfeld Klinik die soziale Realität zu gestalten, weil sein seelisches Problem im sozialen Feld des Krankenhauses reale Gestalt annimmt, wenn er es szenisch dargestellt und externalisiert, darum muß dieser Zusammenhang aus den Verhandlungen zwischen Patient und Therapeuten ausgeblendet werden. Das Krankenhaus muß versuchen, sein Regelsystem, seine soziale Realität stabil zu halten und nicht zum Spiegel der seelischen Verfassung der Patienten werden zu lassen. Nur auf diese Weise schafft das Krankenhausmilieu eine Grenze zwischen Innerseelischem und Realität. Das ist der Focus der Krankenhaustherapie.

Für die Therapeuten bleibt jedoch ein Problem. Wenn es wahr ist, daß der Patient sein psychisches Leiden im Krankenhausmilieu auf die aktuelle Lebenssituation bezieht, die er dort vorfindet, und wenn es auch wahr ist, daß seine psychopathologischen Symptome durch das aktuelle soziale Milieu gestaltet werden, dann ist es doch so, daß jeder psychiatrische Patient unter den für ihn idealen Milieubedingungen symptomfrei werden könnte. Das heißt, daß die persistierenden oder "therapieresistenten" Symptome des Patienten immer auch verstanden werden können als Begrenzungen der therapeutischen Potenz der Organisation.

Diese These darf nicht mißverstanden werden. Sie soll nicht sagen, daß jede psychische Krankheit "heilbar" ist. Sie meint nur, daß es für jede psychische Störung eine soziale Umwelt gibt, in der diese Störung sich nicht mehr manifestiert, so wie eine Allergie gegen Gräserpollen in der Sahara keine Krankheit ist, weil die Umwelt dort keine Gräserpollen enthält. Für die Therapeuten des Krankenhauses heißt dies, daß sie in der Aktionsweise der Organisation nach den "Ursachen" der psychischen Störung des Patienten fahnden können. Im Grunde sind wir damit wieder bei *Pinels* Erkenntnis.

Die Therapeuten können die Einsicht in diesen Zusammenhang aber nur beschränkt nutzbar machen, denn die sozialen Aktionsweisen der Organisation Krankenhaus sind zugleich Abwehrmechanismen und darum für die Therapeuten nicht beliebig veränderbar. Darin liegt die eigentliche Begrenzung der therapeutischen Möglichkeiten, nämlich in der Notwendigkeit, daß die soziale Struktur des Krankenhauses auch Abwehrfunktion für das Personal hat. Daraus erklärt sich auch, daß das psychiatrische Krankenhaus wie jede soziale Organisation Gefahr läuft, mehr den Bedürfnissen des Personals als der Insassen zu dienen. Wenn es soweit kommt, daß die Abwehrfunktion stärker wird als die Flexibilität, dann ist der Punkt erreicht, an dem die Organisation das selbst erzeugt, was sie heilen soll, dann wird die psychiatrische Anstalt zur Brutstätte von Verrücktheit.

Die sehr erfahrene Organisationsberaterin aus der Tavistock Gruppe *Menzies Lyth* (1988, 1989)[6] meint, daß jede Organisation früher oder später Degenerationserscheinungen zeigt, so daß die Funktion, die sie für das Personal hat, die primäre Aufgabe zurückdrängt. Wenn sie recht hat, dann wohl aus dem oben genannten Grund. Diesen Pro-

---

6 Ihre Bücher haben einen Standard der Reflexion über institutionelle Probleme, der ansonsten selten erreicht wird.

zeß aufzuhalten erfordert viel Kraft und setzt das Personal ständigen Frustrationen aus; denn es heißt, die Abwehrmechanismen des Personals, einschließlich der Leitung, ständig zu zerstören.

Vielleicht ist die kollektive Unruhe der Preis, den man dafür zu zahlen hat, daß die Abwehrfunktionen der Organisation zur Disposition gestellt werden. Es scheint ja so, daß sie in der Ausgestaltung einer Auseinandersetzung zwischen Basis und Leitung gerade in den Organisationen auftreten, in denen das Personal sich um eine Entwicklung seiner therapeutischen Kompetenz bemüht. Bei *Kernberg* (1985) findet man eine ausführliche Darstellung. Aber es ist eben schwer für alle Beteiligten, und es ist eine todernste Sache. *Rioch* (1979) sagt über ihre Funktion als Leiterin einer Gruppe: "Wenn ich nichts anderes tue als in ihrem Interesse zu handeln. Was wollen sie? Die Antwort ist natürlich: Sie wollen meinen Kopf" (S. 57).

Anhang

Methode der Untersuchung

Die Datenerhebung

Alle Patienten, die vom 1. Januar 1985 bis 20. Mai 1985 die Tagesklinik mit der Frage nach einer Behandlungsmöglichkeit kontaktierten - das waren 283 - wurden erfaßt. Unberücksichtigt blieben Patienten, die Kontakt mit der Tagesklinik unmittelbar, das heißt 3 Monate nach einer bereits abgeschlossenen klinischen Behandlung hatten.

Im Erhebungszeitraum wurden 101 Patienten in die Klinik aufgenommen. Ein Drittel der Patienten (31) wurde entlassen, bevor es zu einer Kontaktaufnahme kam. Darin enthalten sind auch die Behandlungsabbrüche,[1] insgesamt 18 Patienten. Weitere 15 der Patienten entschieden sich, nicht an der Untersuchung teilzunehmen. Von den 101 aufgenommen Patienten blieben so 55 übrig, die an dem Forschungsprojekt teilnahmen. Ein Patient wurde aus der Untersuchungspopulation herausgenommen, da er erst im Dezember 1985 entlassen wurde, die Feldphase aber nur bis September dauerte. Zwei der Patienten wurden nach 65 respektive 15 Tagen entlassen, aber innerhalb einer Woche wieder aufgenommen. Diese zwei Abschnitte der Behandlung wurden als ein Behandlungszeitraum gezählt. Ansonsten wurde keiner der Patienten im Zeitraum vom 1.1. bis 20.5.1985 zweimal aufgenommen.

Von den 283 Patienten, die im Zeitraum vom 1. Januar 1985 bis zum 20. Mai 1985 einen ambulanten Untersuchungstermin in der Tagesklinik hatten, wurden mit Hilfe eines teilstandardisierten Fragebogens ausgewählte Spezialdaten erhoben: Wohnort, Alter, Geschlecht, Familienstand, Beruf, Beschäftigungssituation, psychiatrische Aufnahmediagnose des Patienten. Die übrigen Daten beziehen sich auf die 54 Patienten, die das Sample der Untersuchung ausmachen.

---

1 Als Abbrüche wurden Behandlungen definiert, die auf Vollstationen weniger als 14 Tage, auf tagesklinischen Einheiten weniger als drei Woche dauerten - wenn längere Behandlungszeiten von den Therapeuten für notwendig gehalten wurden.

Ärzte, Sozialarbeiter und auch Pflegepersonal wurden teils in einem freien Interview, teils mit Hilfe halbstandardisierter Fragebögen danach befragt, aus welcher Problemkonstellation heraus die Patienten zur Behandlung kamen, wo sie die wahrscheinlichen Quellen der psychischen Störung sahen, nach den Zielen ihrer Therapie, der geplanten Behandlungsdauer und am Ende der Behandlung nach den Ergebnissen der Behandlung. Zu diesen Fragekomplexen wurden die Therapeuten also direkt befragt.

Der Therapieverlauf der 54 Patienten wurde von der ersten, manchmal auch zweiten Woche des Aufenthaltes bis zur Entlassung aus der Klinik begleitet. Als Erhebungsinstrument hierfür wurde die Teilnahme der Soziologin an der wöchentlichen "Therapiebesprechung" des ganzen Behandlungsteams auf den sechs Stationen gewählt. Auf der Basis dieser Besprechung wurde der Therapieverlauf protokolliert.

Es gab somit insgesamt drei Datenquellen: demographische Daten der Patienten, Auskünfte der Therapeuten auf Fragen zu den Problemkonstellationen, Therapiezielen und Vorstellungen der Patienten sowie Protokolle der Therapiebesprechungen.

Die Aufbereitung der Daten

Die statistische Aufarbeitung der demographischen Daten bereitete keine methodischen Probleme. Das gleiche gilt für die mittels standardisierter Fragebögen gewonnenen Daten.

Die freien Antworten der Therapeuten und ihre Äußerungen zu den Patienten in den Therapiebesprechungen dagegen bewegten sich auf verschiedenen Sprachebenen, benutzten thematisch unterschiedliche Sichtweisen, waren attributiv auf den Patienten bezogen oder zielten auf Interaktionsprozesse, waren wissenschaftlich elaboriert oder Ausdruck des Klinikjargons, waren also ein semantisch-semiotisches Wirrwarr, wie es bei - zudem oft affektiv stark besetzten - Diskussionen eben ist. Antworten der Ärzte auf die Frage nach der Problemkonstellation der Patienten unter dem Stichwort psychische Probleme waren zum Beispiel: "akute Psychose", "mangelnde Selbständigkeit", "Wahnvorstellungen", "depressive Symptomatik", "Suizidversuch", "depressiver Zustand", "Identitätsprobleme" und so weiter. Zu den Therapiezielen im Hinblick auf die psychischen Probleme der Patienten sagten sie etwa: "Förderung der eigenen Lösungsansätze und Handlungskompetenzen", "Angstbewältigung", "Aufbau eines freundlicheren Gewissens", "Abbau des depressiven Zustandes", "Wiedererwerb der Arbeitsfähigkeit", "Reduzierung der Symptomatik".

Die diagnostischen und therapeutischen Vorstellungen der Therapeuten konnten sich auf drei Bereiche beziehen: die psychische Verfassung des Patienten, den Status seiner Beziehungen zu anderen Menschen, seine soziökonomische Situation. Die Antworten der Therapeuten mußten also nach diesen drei Bereichen klassifiziert werden. Aber vor allem galt es, für jeden dieser Bereiche und jede Frage einen Klassifikationsrahmen zu finden, in dem sich die vielfältigen Antworten der Therapeuten sinnvoll klassifizieren ließen, ohne an Substanz zu verlieren. Der schließliche Codeplan wies einige hundert Klassifikationsbegriffe auf.

Der Inhalt der Therapiebesprechungen wurde im Hinblick auf die folgenden sechs Variablen gegliedert:

Variable 1, Thema: Worüber wurde gesprochen?

Variable 2, Kontext: Mit welchen anderen Problemen des und Bemerkungen zu dem Patienten wird das Thema/der Problembereich korreliert?

Variable 3, Interventionen: Welche Maßnahmen oder Vorgehensweisen werden von den Therapeuten im Zusammenhang mit dem Thema/Problembereich angesprochen?

Variable 4, Ausführungsstand der Intervention.

Variable 5, Arbeitsteilung: Wer führt die geplante Intervention aus?

Variable 6, Intention: Welche Ziele verfolgen die Therapeuten mit ihren Maßnahmen, und auf welche Handlungsebene bezieht sich die Intervention?

Die Definition der Therapievariablen

Die Variable "*Thema*", die die gleichen Merkmalsausprägungen enthält wie die Variable "*Kontext*", umfaßt 93 verschiedene Merkmalsausprägungen und läßt damit den Rückgriff auf die Beschreibung einzelner Themata wie etwa Suizidalität, psychotische Dekompensation zu. Zur statistischen Weiterverarbeitung wurden diese Merkmalsausprägungen in 12 Kategorien zusammengefaßt. Sie sind hier im einzelnen wiedergegeben, um den Verarbeitungsprozeß deutlich zu machen.

1. Psychopathologische Symptome (Suizidalität, schizophrene Symptome, Zwangshandlungen, Depression, Angst, etc.),
2. Entwicklungsstörungen (Identitätsprobleme, fehlendes Selbstwertgefühl, fehlende Autonomie, fehlende Durchsetzungsfähigkeit etc.),
3. Probleme in der Primärfamilie (Patient-Mutter-Probleme, Patient-Vater-Probleme etc.), auch erinnerte Probleme der Primärfamilie,
4. Partnerprobleme (Trennung vom Partner, pseudoharmonische Gemeinschaft, Konflikte mit dem Partner etc.),
5. sonstige Beziehungsprobleme (zum eigenen Kind, zum Arbeitskollegen, soziale Isolation etc.),

6. Arbeits-, Ausbildungsprobleme (Schwierigkeiten am Arbeitsplatz, Verlust des Arbeitsplatzes, Umschulung etc.),
7. Wohnprobleme (Suche einer neuen Wohnung, Wohnheim etc.),
8. finanzielle Probleme (Unterhaltsprobleme etc.),
9. sonstige sozioökonomische Probleme (Einrichtung einer Gebrechlichkeitspflegschaft, Asylantrag, Umzug etc.),
10. therapiebedingte Probleme (Interaktions- und Kommunikationsprobleme auf der Station, Kontakt zu Mitpatienten, Konflikte mit Team, Patient ist Außenseiter, Patient hat Angst in der Gruppe etc.),
11. Probleme mit Setting (Beeinträchtigung durch Medikamente, Patient entzieht sich, Patient ist unzufrieden mit der Therapie, Patient ist durch Therapie geschwächt etc.),
12. institutionelle Probleme (Ausschluß des Patienten von bestimmten Therapieveranstaltungen, Festsetzung der Behandlungsdauer, Verlegung, Abbruch, disziplinarische Maßnahmen etc.).

Unter die Variable *"Interventionen"* wurden Merkmalsausprägungen subsumiert, die zwischen Maßnahme einerseits und Form der Intervention andererseits unterschieden. Es wurde sodann erfaßt, ob eine Intervention geplant, durchgeführt oder beendet wurde. In den Codeplan aufgenommen wurden nachfolgende Merkmalsausprägungen: Beobachtung der Patienten, Gruppentherapie, Einzelgespräch, Familien-/Paargespräch, Mitteilung an Patienten, soziotherapeutische Maßnahme, Pflege, medikamentöse Behandlung, institutionelle Regelung.

Beobachtung des Patienten: In diese Kategorie sind alle subjektiven Einschätzungen der psychosozialen Problemlagen der Patienten eingeordnet, die aus informellen oder formellen Kontakten resultierten, ohne daß ein interaktiver Prozeß zwischen Patient und Therapeut erkennbar wurde. Ein Beispiel dafür ist Patientin 42. Schwester: "Die Patientin ist jetzt sehr still auf der Station. Bisher hat sie immer gekichert und herumgealbert."

Gruppentherapie: Ein Beispiel. Arzt: "Hat er den Schwerbehindertenstatus?" Sozialarbeiter: "Nein. Bei ihm ist Unklarheit darüber, ob er den Status überhaupt will... Er wollte darüber nochmal in der Sozialgruppe reden." Es sind alle Interventionen gemeint, die sich auf formelle Gruppenveranstaltungen, gleich welcher Art, beziehen.

Einzelgespräch: Therapeutische Interventionen, bei denen die Therapeuten den Modus der Kommunikation als wichtiger beurteilen als inhaltliche und intentionale Ausrichtung. Nachfolgende Beispiele wurden als "Einzelgespräch" gewertet. Arzt: "Die Patientin sagte mir, daß es hier zu viel Therapie gäbe..." Schwester: "Die Patientin erzählte mir, daß sie wieder in ihrem eigenen Bett schlafen könne..."

Familien-/Paargespräch: Eine Intervention, bei der der Modus der Kommunikation mit wichtigen familiären Bezugspersonen des Patienten wichtiger ist als die inhaltliche und intentionale Ausrichtung. Zwei Beispiele veranschaulichen diese Interventionsform. Arzt: "Auf mich wirkt die Patientin viel geordneter. Gestern konnte sie im Familiengespräch beim Thema bleiben. Sie ist in einem Loyalitätskonflikt den Eltern gegenüber." Arzt: "...so äußerte sie beispielsweise die Angst, daß ihre Tochter die Finger in die Steckdose stecken könnte... Wir müßten die Tochter einladen. Wir hätten vermutlich auch die Tochter aufnehmen können." Schwester: "Die Gespräche mit der Tochter wären sicherlich hilfreich."

Mitteilung an Patienten: Interventionen der Therapeuten, die der Intention nach die Bedürfnisse, Zielsetzungen und Verhaltensweisen der Patienten durch Deklaration beeinflussen. Die nachfolgenden Beispiele veranschaulichen diese Intervention und Maßnahmen der Therapeuten. Pfleger: "Man müßte schauen, ob sie Alkohol konsumiert. Ihr Zustand deutet darauf hin." Arzt: "Ich habe sie gefragt, sie hat aber verneint." Oder: Arzt: "Ob sie zum Köln-Kolleg gehen kann? Aus unserer Sicht halten wir das nicht für möglich." Wenn dies im Rahmen einer Gruppentherapie oder eines Einzelgespräches geschah, wurde beides vercodet. Mit "Mitteilung an Patienten" ist auch gemeint, wenn die Therapeuten den Patienten inhaltliche Hypothesen über die Genese oder bestimmte Teilaspekte der psychischen Störung mitteilten. Im folgenden ein Beispiel. Arzt: "Die Patientin hat die Phantasie, daß ihre Eltern zusammenbleiben, wenn sie in der Familie bleibt. Wir müssen nun mit ihr klären, wieso sie diese Phantasie hat." Mitteilung bezieht sich in diesem Beispiel darauf, daß der Arzt der Patientin im Rahmen der Klärung seine Auffassung über ihre unbewußte Phantasie mitteilt.

Soziotherapeutische Maßnahme: Intensive Beratung und Betreuung der Patienten bei sozioökonomischen Problemen. Damit sind Informationen über gesetzliche Bestimmungen der Sozialgesetzgebung ebenso gemeint wie die Begleitung des Patienten zu Ämtern. Dazu Beispiele: Sozialarbeiter: "Ich war mit ihm beim Finanzamt, seinem früheren Arbeitgeber..." Sozialarbeiter: "... Am Montag fahren wir zum Hof Sondern, und er drängelt mich nicht, mich und auch keinen anderen..."

Pflege: Maßnahmen der Therapeuten, die zur Bewältigung der alltäglichen Routine gehören wie Zahnarztbesuch, Friseurbesuch oder die Begleitung des Patienten auf einem Spaziergang oder in die Teestube oder das Servieren der Mahlzeiten am Bett.

Medikamentöse Behandlung: Damit ist hier nur die Behandlung mit Psychopharmaka gemeint.

Institutionelle Regelung: Maßnahmen, die aus der teil- oder vollstationären Behandlung in einem psychiatrischen Krankenhaus resultieren, wie Ausgangsregelungen, Verlegungen, Überwachung, Entlassung, Verlängerung der Behandlung und so weiter.

Mit der Variablen *"Intention der Intervention"* wurde festgehalten, welches Ergebnis der Therapeut mit seiner Intervention erreichen wollte. Insgesamt wurde diese Variable in acht Merkmalsausprägungen untergliedert:

Informationsgewinnung: Die Intervention hat den Zweck, Informationen, gleich welcher Art, über den Patienten zu gewinnen. Ein Beispiel: Sozialarbeiter: "Ich konnte die Sozialanamnese nicht durchführen. Sie hatte tausend Jobs und Umzüge. Am Donnerstag gebe ich ihr einen neuen Termin."

Stützung des Patienten: Die Intervention zielt darauf, dem Patienten Sicherheit zu geben, seine Ich-Funktionen zu stärken und so weiter. Darunter fällt auch eine Stärkung der therapeutischen Beziehung. Mal impliziert diese Intention eher eine regressive Bewegung, mal zielt sie mehr auf eine progressive Bewegung des Patienten. Ein Beispiel: Schwester: "Sie hat sehr viel Angst und Phantasien, ja richtige Wahnvorstellungen." Arzt: "Ja, sie braucht vorläufig regelmäßig Einzelgespräche und informellen Kontakt." Schwester: "Ja, das findet auch schon statt, ich habe eigentlich recht oft Kontakt mit ihr."

Sensibilisierung für Probleme: Das heißt, dem Patienten eine neue Sicht seiner Situation zu vermitteln, ohne daß schon eine Lösung oder Lösungsrichtung deutlich wäre. Einem Patienten deutlich zu machen, daß ihm der Streit mit seinem Vorgesetzten, über den er klagt, auch Lust bereitet, würde unter diese Merkmalsausprägung fallen.

Verarbeitung von Erlebnissen: Die Intention der Maßnahme zielt darauf ab, daß der Patient konflikthafte Beziehungen oder Erlebnisse so integrieren kann, daß die Notwendigkeit zur Symptombildung vermindert wird. Ein Beispiel: Arzt 1: "Suizidalität spüre ich nicht." Arzt 2: "Sie ist aber gefährdet. Ich sagte ihr, daß ihre Eltern sie nicht verständen. Sie erwiderte, daß ihre Eltern die besten der Welt seien und sie verstünden. Aus dem Loyalitätskonflikt heraus kann sie suizidal werden. Sie hat Wut auf ihre Eltern. Sie hat Schuldgefühle, daß sie Wut auf ihre Eltern hat."

Erarbeitung von Problemlösungen: Hier geht es um die konkrete Fassung einer Lösung bei einem Konflikt. Eine klärende Aussprache mit den Eltern, Wechsel des Arbeitsplatzes, der Entschluß zur Dauermedikation wären Beispiele dafür.

Ermöglichen von neuen Erfahrungen: Die Intention der Maßnahme zielt darauf ab, daß Erfahrungsstereotypien eines Patienten erschüttert werden. Einen Patienten, der wegen seiner Klagsamkeit Verachtung erwartet, ernst nehmen, wäre ein Beispiel hierzu.

Bewirken von Verhaltensänderung: Diese Intention zielt darauf ab, daß ein Patient sich in bestimmten Situationen anders verhält, als er es gewohnt ist.

Veränderung der Umwelt: Damit sind ebenso Personen wie Sachverhalte gemeint. Beispiele: Den Vater eines Patienten beeinflussen, so daß er sich anders verhält, die finanzielle Situation eines Patienten durch Intervention der Therapeuten ändern.

Unter der Kategorie "Sonstiges" sind Intentionen zusammengefaßt, die entweder nicht unter die vorangehenden Merkmalsausprägungen paßten oder unklar hinsichtlich ihres Zieles blieben.

Protokolle der Therapiebesprechungen zweier Patienten

Patientin 25 (Vollstation)
Aufnahmedatum: 05. Februar 1985

13. März 1985:
Schwester 1: Die Patientin hat heute nachmittag Ausgang. Sie sieht nach ihrer Wohnung. Ich kann leichter mit ihr umgehen, ihre Stimmungen schwanken nicht mehr so wie früher.
Schwester 2: Früher wechselten die Stimmungen dauernd. Ich mußte immer nach ihr sehen. Jetzt ist es besser.
Sozialarbeiter: In der Soziogruppe spricht sie sehr differenziert. Sie hat einen Käufer für ihr gemeinsames Haus gefunden. Der Ehemann ist in Südfrankreich. Der muß noch seine Einwilligung geben. Sie will wieder in ihren alten Beruf zurück. Sie habe eine Bewerbung an eine Werbeagentur abgeschickt. Sie denkt daran, der Firma anzubieten, eine Woche lang unentgeltlich zu arbeiten, und hofft so, einen beruflichen Einstieg zu finden.
Arzt: Heute nacht 4.00 Uhr wollten sie zwei Männer auf der Station besuchen. Einer soll ihr Mann gewesen sein.
Schwestern durcheinander: Das ist doch ein starkes Stück. Vermutlich waren das Patienten der Station A.
Arzt: Die Station hat aber nicht geöffnet.

20. März 1985:
Schwester: Die Patientin darf zweimal in der Woche zu Hause schlafen.
Arzt: Das halte ich für sehr gut. Sie will ihre Kinder sehen. Ihr Sohn braucht Führung. Ich habe ihr diesen Rat gegeben. Sie hatte ihren Sohn beim Schwager untergebracht. Dieser ist Alkoholiker. Sie hatte bei ihm Zuflucht gesucht. Dabei ist es auch zu Intimitäten gekommen. Jetzt hat sie Schuldgefühle.
Sozialarbeiter: Sie hat mir die Kindergeldauskunft vom Arbeitsamt gezeigt. Das Arbeitsamt hat abschlägig beschieden. Mir scheint interessant zu sein, daß sie dem Schreiben eine Fotokopie beigefügt hat. In diesem Schreiben gab ihr Mann die Zustimmung zum Verkauf ihres gemeinsamen Hauses. Sie hat aber nichts dazu gesagt.

27. März 1985:
Schwester: Nach dem Gespräch mit ihrem Sohn gestern abend ist sie jetzt sehr ruhig.
Sozialarbeiter: Sie hat auch zu Hause geschlafen. In der Soziogruppe hat sie über ihre berufliche Zukunft gesprochen. Sie wollte sich gestern nachmittag bei der Firma, bei der sie sich beworben hat, vorstellen. Sie (zum behandelnden Arzt) und ihr Therapeut außerhalb der Klinik haben ihr das aber verboten. Ich habe sie daraufhin gefragt, warum sie den Termin trotzdem gemacht habe. Eine Mitpatientin antwortete für sie und nannte sie ein "unartiges Kind".
Arzt: Ja, aber auch Sie (Sozialarbeiter) sollten dahinter stehen.
Sozialarbeiter: Die Patientin hat mehrfach nicht am Ausflug teilnehmen können. Ein Bewerbungsgespräch stellt natürlich höhere Anforderungen an sie.
Pfleger: Was war am Freitag?
Schwester: Sie ist auf ihre Grenzen hingewiesen worden.

03. April 1985:
Schwester: Sie nimmt wieder Haldol.
Arzt: Ja, wir haben die Dosis heraufgesetzt.
Sozialarbeiter: Sie hat Angst, daß die Krankenkasse nicht zwei Behandlungen zahlt. Sie ist hierher gekommen zur Krisenintervention. Deshalb möchte sie jetzt entlassen werden.
Arzt: Wieso zahlt die Kasse nicht? Es geht nicht mehr, daß sie hier und gleichzeitig ambulant behandelt wird. Die ambulante Therapie wird durch den langen Aufenthalt gestört. Ihr fällt aber die Trennung so schwer. Ich werde deshalb die medikamentöse Weiterbehandlung übernehmen. Um die ambulante Therapie nicht zu gefährden, muß sie hier bald weg.
Schwester: Die Patientin hat jetzt tagesklinischen Status.
Pfleger: Ich habe sie gestern in Mülheim getroffen.
Arzt: Was ist daran so schlimm?
Schwester: Ich treffe ungern Patienten außerhalb der Klinik.
Pfleger: Das ging mir gestern auch so.
Arzt: Ich habe schon Patienten auf Partys getroffen.
Sozialarbeiter: Ich habe sie auf die Haftung als Fahrzeughalter hingewiesen, auch wenn sie nicht selbst einen Unfall verursacht, haftet sie in gewissem Umfang, falls ein Unfall passiert. Das muß ihr klar sein, wenn sie nach Ostern die Klinik verläßt.

10. April 1985:
Schwester 1: Die Patientin möchte am Freitag entlassen werden.
Schwester 2: Wie war das zu Ostern? Sie war doch bei ihrer Mutter.
Schwester 1: Mit der Mutter ist sie nie gut ausgekommen. Die verstehen sich nicht. Das war vorauszusehen. Mit den Kindern ist es aber gutgegangen.
Schwester 3: Hat sie ihre Medikamente, ihre Spritze bekommen?
Schwester 2: Ja.
Schwester 1: Sie hat tagesklinischen Status. Sie kommt gut damit zurecht.

Sozialarbeiter: Sie äußert großen Bammel vor der Entlassung. Sie hat eine Freundin in Ehrenfeld. Diese verkauft Kinderkleidung. Eventuell will sie dort unentgeltlich arbeiten. Ich habe ihr gesagt, daß sie jederzeit telefonisch Kontakt zu uns aufnehmen kann, zum Beispiel falls die Scheidung aktuell wird.
Schwester 2: Sie will hier weiterhin ihre Spritze bekommen.
Schwester 1: Das geht. Sie muß zur Ambulanz gehen und den Krankenschein mitbringen.

Die Patientin wurde zwei Tage später entlassen.

Patient 48 (tagesklinische Station)
Aufnahmedatum: 28. Februar 1985

11. März 1985:
Schwester: Der Patient will einen halben Tag frei haben, um zur Fachhochschule gehen zu können.
Sozialarbeiterin: Ja, und er bezieht sich darauf, daß er diese Befreiung mit dem behandelnden Arzt vereinbart hat.
Arzt 1: Ich habe mit ihm keine feste Vereinbarung getroffen. Wir haben einen freien Tag diskutiert, die Aufenthaltsdauer auf zwei Monate festgesetzt. Eine endgültige Festlegung sollte aber erst in Absprache mit dem Team erfolgen.
Sozialarbeiterin: Der Patient sprach aber von einer festen Vereinbarung.
Arzt 1: Das ist eine charakteristische Verhaltensweise von ihm.
Sozialarbeiterin: Er will am Dienstag drei Vorlesungen nacheinander besuchen. Ich glaube, das überfordert ihn.
Sozialarbeiter: Soll er das doch selber merken, was ihn überfordert und was nicht.
Arzt 1: Außerdem hat er keine Verpflichtung, wenn er als Gasthörer teilnimmt.
Sozialarbeiterin: Er stellt aber den Anspruch an sich, das Studium durchzuhalten. Die Teilnahme als Gasthörer sieht er nur als Test.
Sozialarbeiter: Dann ist es doch besser, wir befreien ihn an zwei Nachmittagen. Dann kann er besser hören, was die Professoren sagen.
Schwester: Er könnte am Dienstag befreit werden. Die Nacharbeit kann er dann hier in der Klinik leisten.
Arzt 2: Und was fällt aus, wenn wir ihn von der Therapie befreien?
Schwester: Das Spiel. Ich sehe es so ungerne, wenn er der Gruppe fernbleibt. Es handelt sich dann um eine Entwertung der Gruppe.
Sozialarbeiter: Wir müssen hier im Team erst klären, ob wir das Schwergewicht auf sein Studium legen wollen. Er konzentriert sich offensichtlich ganz darauf.
Arzt 2: Er braucht nur die Struktur der Tagesklinik.
Sozialarbeiterin: Also, ich glaube, er überfordert sich. Dann scheitert er wieder.

Sozialarbeiter: Dann kann er doch zweimal gehen und eine Vorlesung kontinuierlich besuchen.
Schwester: Das geht nicht, am Freitagnachmittag kann er nicht befreit werden.
Arzt 1: Er muß lernen, daß er nicht studieren kann.
Sozialarbeiterin: Aber im Gespräch mit dem Weiterbildungsberater hat dieser gesagt, das Studium hätte die Anforderung einer Meisterprüfung. Jetzt versteift sich der Patient natürlich darauf.
Arzt 1: Wir bleiben bei einem zweimonatigen Aufenthalt in der Tagesklinik. 14 Tage vorher besprechen wir noch einmal die Entlassung mit ihm.
Schwester: Wir haben die Medikamente reduziert.

18. März 1985:
Sozialarbeiter: Die Mutter rief an.
Arzt 1: Sie ist in Israel. Als sie neulich anrief, tat sie so, als kenne sie mich nicht.
Schwester: Am Telefon hat sie gestern ihren Namen gesagt.
Arzt 1: Jetzt sind wir in einer Phase, in der die Mutter nicht mehr in die Therapie eindringt. Sie ist mit ihrem anderen Sohn beschäftigt. Jetzt machen wir Einzeltherapie.
Arzt 2: Keine Familiengespräche?
Arzt 1: Früher haben wir viele Familiengespräche gemacht. Die Mutter schrieb dauernd Briefe und griff in die Therapie ein.
Arzt 2: Was ist sie?
Arzt 1: Biologin. Chronisch psychotisch, aber unbehandelt. Der Patient erzählte, daß die Eltern sich trennen wollten, aber dann ist sein Vater gestorben, als er drei Jahre alt war. Mit 13 Jahren hatte der Patient eine Mädchenbekanntschaft.
Pfleger 1: Ja, er erzählte, daß er damals in die Vaterrolle gedrängt wurde.
Pfleger1: Der Patient hat mal wieder *nur* Erfolge.
Pfleger 2: Er hat vermieden, von seinen Mißerfolgen zu sprechen. Die Mutter war am Wochenende in Köln. Er hat seine Angst nur nicht geäußert.
Pfleger 1: Doch, er hat von seiner Angst gesprochen. Das Wochenende sei aber sehr positiv verlaufen, er habe seine Mutter durch Köln geführt.
Sozialarbeiter: Verhalten der Mutter: Alles positiv sehen.
Arzt 2: Der Patient ist gut in die Stationsgruppe integriert.
Sozialarbeiter: Er muß lernen, Frustrationen zu ertragen, sonst kippt er um.
Schwester: Das kann er doch in seinem Studium.
Pfleger 1: Da hat er doch nur Erfolge.
Schwester: Nein, in der letzten Woche ist er nicht mitgekommen.
Arzt 2: Der Patient wollte 6 Wochen bleiben. Was wollen wir in der Therapiebesprechung ansprechen? Die Medikamente?
Sozialarbeiter: Der Patient spricht von alleine Punkte an.
Arzt 2: Aber wir sollten trotzdem langsam reduzieren.
Sozialarbeiter: Das ist gut, der Patient klagt darüber, daß ihn die Medikamente schlapp machen.

Arzt 2: Wenn er bis zum 28. April bleibt, können wir ihn mit der unteren Dosis entlassen.

01. April 1985:
Arzt 2: Der Patient war heute trauriger. Wir sollten ihn nach seinem Befinden fragen. Wir phantasieren schon lange, wie es ihm geht. Ansonsten verhält er sich doch wie eine Dampflock.
Pfleger 1: Ja, er läßt viel Dampf ab.
Arzt 1: Das hat so viel Kindliches. Wie lange wollte er bleiben? Zwei Monate. Nun, das geht.
Schwester: Wir sollten ihn fragen, wie er mit dem Studium zurechtkommt. Er hat jetzt nicht mehr davon gesprochen. Die Medikamentenfrage konnten wir zurückstellen.
Arzt 1: Er bekommt zuwenig Medikamente. Nach seiner Erfahrung in der Universität sollten wir ihn fragen.

15. April 1985:
Pfleger 1: Das Häschen hat heute gar nichts gesagt.
Pfleger 2: Sonst macht er keine Pause
Schwester: Er spricht, wenn er von Erfolgen erzählen kann.
Pfleger 1: Am letzten Dienstag hat er nicht an den Vorlesungen teilgenommen. Nun müßte man nachfragen.
Arzt 1: Wieso, in der Großgruppe hat der von *dem* Erfolg an sich gesprochen. Er sagte: Ich bin mit mir zufrieden. Aber wir müssen über seine Entlassung sprechen. Er wollte zwei Monate hierbleiben, er ist jetzt sechs Wochen hier. Das Problem bei ihm ist, daß sein Berufswunsch unrealistisch ist.
Schwester: Am Dienstag zeigten sich in der Fachhochschule doch jetzt Schwierigkeiten.
Arzt 1: Wir müssen überlegen, ob wir ihn an der Realität scheitern lassen oder ob wir ihm unsere Meinung verdeutlichen. Die Einsicht kann bei Psychotikern lange dauern. Sie werden eher psychotisch. Diese Erfahrungen haben wir mit der Patientin Y. gemacht.
Pfleger 2: Er nimmt sich jetzt schon sehr zurück. Ich denke, daß der Besuch der Uni gut ist. Er spürt, daß es nicht geht.
Schwester: Er will, daß wir die Medikamente reduzieren.
Arzt 1: Wir können morgen reduzieren. Bevor wir ihn entlassen, reduzieren wir noch einmal.
Pfleger 1: Was macht er nur, wenn er keine Medikamente mehr erhält?
Arzt 1: Ich dachte, Du wolltest sagen, was macht er, wenn er nicht Maschinenbau studieren kann und erkennen muß, daß er gerade Gärtner werden kann.
Pfleger 1: Wieso Gärtner?
Arzt 1: Seine Mutter wird ihm schon einen Arbeitsplatz besorgen.

22. April 1985:
Arzt 1: Da gibt es einen Entlassungstermin, den 3. Mai. Wir können den Nachbehandlungsplan besprechen. Dieser umfaßt den psychotherapeutischen und medikamentösen Aspekt. Die Medikamente reduzieren wir heute

und morgen noch einmal. Seine nächste Krise kommt bestimmt. Jetzt geht es ihm gut.
Sozialarbeiter: Spätestens im Oktober ist er wieder hier.

29. April 1985.
Arzt 1: Am Freitag ist sein letzter Tag.
Sozialarbeiter: Diesmal war die Rolle der Mutter so ganz anders als das letzte Mal.
Arzt 1: Ja, sie ruft hier an und sagt, sie will ihren Sohn sprechen. Sie sagt noch nicht einmal ihren Namen.
Sozialarbeiterin: Ja, im Gegensatz zu damals läßt er auch die ganzen Familiengeschichten raus. Er erzählt nicht stundenlang von seinen Tanten. Er hat das Ganze diesmal tabuisiert. Er hat nur neulich bemerkt, daß er keine Lust hat, nach Münster zu fahren wegen der Mutter. Er möchte seine Geschwister treffen.

Der Patient wurde Ende der Woche entlassen.

Tabellen

Tabelle 1: Altersstruktur der Patienten mit Vergleichszahlen in Prozent.

	18-29	30-39	40-49	50-59	>60	18-34	35-54	55-
1 Stadt Köln 1985, N = 807.661[1]	26 (210.945)	17 (138.733)	19 (149.788)	15 (118.912)	23 (189.283)	35 (282.438)	34 (278.348)	31 (246.875)
2 Tagesklinik Alteburger Straße, vor Aufnahme, N = 283	48 (136)	31 (88)	14 (40)	6 (18)	0,4 (1)	66 (188)	31 (87)	3 (8)
3 Tagesklinik Alteburger Straße, nach Aufnahme, N = 101	47 (47)	35 (35)	15 (15)	3 (3)	1 (1)	66 (67)	31 (32)	3 (2)
4 Rheinische Landesklinik Köln, N = 1.972[2]	23 (462)	43 (844)		14 (267)	20 (399)			
5 Tagesklinik Med. Hochschule Hannover, N = 129[3]	45 (58)	34 (44)	15 (19)	5 (6)	2 (2)			
6 psychiatrische Patienten in Allgemeinpraxis in Mannheim, N = 364[4]						19 (68)	29 (104)	53 (192)
7 Halbjahresprävalenz psychiatrischer Patienten in Oberbayern, N = 2.130[5]						27 (581)	39 (839)	33 (710)
8 stationäre Aufnahmen in Oberbayern N = 343[5]						30 (102)	38 (130)	32 (111)

1/2: X^{2*} =165,03 df = 4 p = 0,000   3/4: X^2 = 48,02 df = 3 p = 0,000
1/3: X^{2*} = 97,36 df = 4 p = 0,000   3/5: X^2 = 0,58 df = 4 p = 0,965
1/6: X^{2*} = 86,38 df = 2 p = 0,000   2/6: X^2 = 220,36 df = 2 p = 0,000
1/4: X^{2*} = 39,71 df = 3 p = 0,000   3/8: X^2 = 55,56 df = 2 p = 0,000
2/3: X^2 = 4,98 df = 4 p = 0,289   * Einstichproben X^2-Test

Absolute Zahlen in Klammern. Die zitierten Vergleichsuntersuchungen benutzen unterschiedliche Altersklassen; darum die doppelte Klasseneinteilung, die trotzdem nicht immer genau der Einteilung in den zitierten Arbeiten entspricht. Mit dem X^2-Test wurde die Verteilung in den angegebenen Zeilen miteinander verglichen. Die Altersverteilung in den Zeilen 2 und 3 sowie 3 und 5 ist ähnlich. Bei der Bewertung von Zeile 8 ist im übrigen zu beachten, daß die Altersstruktur in dem ländlich strukturierten Oberbayern möglicherweise anders ist als in der Großstadt Köln.

1) Statistisches Jahrbuch der Stadt Köln 1986, S. 29 - 31. Die Unter-18-jährigen wurden herausgerechnet.
2) LVR 1985 (I), S. 32. Organische Psychosen, Schizophrenien, affektive Psychosen, "kleine Psychiatrie".
3) Rockstroh 1984, S. 20. Die absoluten Zahlen wurden aus Prozentwerten errechnet. Die Alterseinteilung ist etwas unterschiedlich.
4) Zintl-Wiegand u.a. 1978, S. 126. Die absoluten Zahlen sind aus Prozentwerten errechnet.
5) Dilling und Weyerer 1978, S. 293. Schizophrenien, affektive und andere Psychosen, neurotische oder psychosomatische Erkrankungen, Persönlichkeitsstörungen. Die Alterseinteilung ist etwas unterschiedlich.

Tabelle 2: Schichtzugehörigkeit der Patienten mit Vergleichszahlen in Prozent.

	Oberschicht, obere Mittelschicht	mittlere Mittelschicht	untere Mittelschicht	obere Unterschicht	untere Unterschicht
1 Bevölkerung der Bundesrepublik, Großstadt[1]	13	14	44	20	9
2 Tagesklinik Alteburger Straße, vor Aufnahme, N = 108	27 (29)		49 (52)	25 (27)	
3 Tagesklinik Alteburger Straße, nach Aufnahme, N = 54	28 (15)	20 (11)	39 (21)	13 (7)	
4 Bevölkerung der Bundesrepublik, Land[1]	4	7	37	34	18
5 Halbjahresprävalenz psychiatrischer Patienten in Oberbayern (N = 3.788[2])	2 (62)	7 (269)	30 (1.150)	39 (1.484)	22 (823)
6 stationäre Aufnahmen in Oberbayern, N = 503[2]	2 (9)	4 (22)	29 (146)	41 (207)	24 (119)

1/2: X^{2*} = 1,019   df = 2   p = 0,601
1/3: X^{2*} = 15,746   df = 3   p = 0,001
2/3: X^2 = 7,980   df = 2   p = 0,018
4/5: X^{2*} = 157,170   df = 4   p = 0,000
4/6: X^{2*} = 36,260   df = 4   p = 0,000

* Einstichsproben X^2-Test

Absolute Zahlen in Klammern. Mit dem X^2-Test wurde die Verteilung in den angegebenen Zeilen miteinander verglichen. Die Verteilung der Schichtzugehörigkeit ist ähnlich in den Zeilen 1 und 2. Zwischen den Zeilen 2 und 3 besteht ein signifikanter Unterschied, der den Unterschied in der Verteilung von 1 und 3 erklärt.

---

1) Kleining 1975, S. 267. Zur Berechnung der X^2-Werte wurden die Prozentwerte auf eine fiktive Bevölkerung von 1 Mio. umgerechnet.
2) Dilling und Weyerer 1978, S. 287. Alle Diagnosen.

Tabelle 3: Ausbildungs- und Beschäftigungssituation der Patienten.

	aufgenommene Patienten	nicht aufgenommene Patienten	insgesamt
Arbeitsplatz	20 (20 %)	99 (54 %)	119 (42 %)
Ausbildungsplatz/ Studienplatz	18 (18 %)	33 (18 %)	51 (18 %)
Hausfrau/mann	6 (6 %)	14 (8 %)	20 (7 %)
arbeitslos	32 (32 %)	16 (9 %)	48 (17 %)
(Früh-)Rentner	11 (11 %)	12 (7 %)	23 (8 %)
keine Angaben	14 (14 %)	8 (4 %)	22 (8 %)
N =	101	182	283

$X^2 = 40,99$ $df = 4$ $p = 0,000$

Der Unterschied in der Verteilung zwischen aufgenommenen und nicht aufgenommenen beziehungsweise der Gesamtheit der Patienten ist hoch signifikant. Dabei wurde die Zeile "keine Angaben" unberücksichtigt gelassen.

Tabelle 4: Diagnosen der Patienten mit Vergleichszahlen in Prozent.

		Neurosen, Persönlichkeitsstörungen	Psychosen	Sucht	Sonstiges
1	Tagesklinik Alteburger Straße, vor Aufnahme, N = 283	49 (140)	35 (99)	8 (22)	8 (22)
2	Tagesklinik Alteburger Straße, nach Aufnahme, N = 101	46 (47)	42 (42)	2 (2)	10 (10)
3	Tagesklinik Alteburger Straße, alle Aufnahmen 1985, N = 377, Abschlußdiagnose	39 (147)	57 (215)	0,8 (3)	3 (12)
4	Rheinische Landesklinik Köln, Aufnahmen, N = 4.454[1]	13 (561)	36 (1.598)	40 (1.784)	12 (511)
5	Tagesklinik Med. Hochschule Hannover, Aufnahmen, N = 129[2]	39 (51)	46 (59)	2 (2)	13 (17)
6	psychiatrische Patienten in Allgemeinpraxis in Mannheim, N = 364[3]	34 (123)	28 (103)	7 (24)	31 (114)
7	Halbjahresprävalenz psychiatrischer Patienten in Oberbayern, N = 4.073[4]	37 (1.491)	47 (1.924)	6 (226)	10 (432)
8	stationäre Aufnahmen in Oberbayern, N = 581[4]	17 (100)	58 (334)	16 (90)	10 (57)

1/2: X^2 =   5,417   p = 0,144   df = 3
1/3: X^2 = 47,99   p = 0,000
1/6: X^2 = 54,20   p = 0,000
1/7: X^2 = 23,48   p = 0,000
2/3: X^2 = 13,53   p = 0,004
3/4: X^2 = 373,57   p = 0,000
3/5: X^2 = 19,58   p = 0,000
3/6: X^2 = 140,30   p = 0,000
3/7: X^2 = 41,62   p = 0,000
3/8: X^2 = 106,88   p = 0,000

Absolute Zahlen in Klammern. Mit dem X^2-Test wurde die Verteilung in den angegebenen Zeilen miteinander verglichen. Eine ähnliche Verteilung ergibt sich lediglich zwischen Zeile 1 und 2.

---

1) LVR 1985 (I), S. 32.
2) Rockstroh 1984, S. 21. In die Rubrik "Neurosen etc." fallen hier auch "reaktive Psychosen". Absolute Zahlen aus Prozent-Werten errechnet.
3) Zintl-Wiegand u.a. 1978, S. 127. Hier werden "reaktive Psychosen" in der Rubrik "Psychosen" gezählt. Absolute Zahlen aus Prozent-Werten errechnet.
4) Dilling und Weyerer 1978, S. 288.

Tabelle 5: Therapieziele nach Diagnose und Berufsgruppen.

	Neurosen, Persönlichkeitsstörungen N = 24		Borderline-Störungen N = 13		Psychosen N = 17		Gesamt N = 54	
	Ärzte	Sozialarbeiter	Ärzte	Sozialarbeiter	Ärzte	Sozialarbeiter	Ärzte	Sozialarbeiter
Therapieziel	1	2	3	4	5	6	7	8
1. Reduktion psychopathologischer Symptome	8 (33 %)	6 (25 %)	5 (38 %)	5 (38 %)	14 (82 %)	6 (35 %)	27 (50 %)	17 (31 %)
2. Verarbeitung frühkindlicher Erfahrungen	4 (17 %)	0	3 (23 %)	1 (8 %)	2 (12 %)	2 (12 %)	9 (17 %)	3 (6 %)
3. Förderung der persönlichen Entwicklung	13 (54 %)	16 (67 %)	8 (62 %)	7 (54 %)	7 (41 %)	4 (24 %)	28 (52 %)	27 (50 %)
4. Klärung der Beziehungen in der Primärfamilie	0	1 (4 %)	4 (31 %)	1 (8 %)	2 (12 %)	2 (12 %)	6 (11 %)	4 (7 %)
5. Klärung der Partnerbeziehung	2 (8 %)	4 (17 %)	3 (23 %)	2 (15 %)	3 (18 %)	3 (18 %)	8 (15 %)	9 (17 %)
6. Entwicklung außerfamiliärer sozialer Beziehungen	5 (20 %)	7 (29 %)	5 (38 %)	2 (15 %)	10 (59 %)	7 (41 %)	20 (37 %)	16 (30 %)
7. Sonstige Ziele in Hinsicht auf soziale Beziehungen	4 (17 %)	6 (25 %)	0	1 (8 %)	0	1 (6 %)	4 (7 %)	8 (15 %)
8. Klärung der Arbeits- oder Ausbildungssituation	13 (54 %)	16 (67 %)	9 (69 %)	11 (85 %)	6 (35 %)	10 (59 %)	28 (52 %)	37 (69 %)
9. Klärung der Wohnsituation	2 (8 %)	5 (20 %)	2 (15 %)	2 (15 %)	4 (24 %)	8 (47 %)	8 (15 %)	15 (28 %)
10. Klärung der finanziellen Sicherung	0	1 (4 %)	0	4 (31 %)	1 (6 %)	1 (6 %)	1 (2 %)	6 (11 %)
11. Klärung der sonstigen Lebenssituation	7 (29 %)	7 (29 %)	2 (15 %)	2 (15 %)	2 (12 %)	4 (24 %)	11 (20 %)	13 (24 %)

Spearman-Rang-Korrelationskoeffizient (bezogen auf Spalten) N = 11:

1/2: 0,840	p = 0,001	1/3: 0,660	p = 0,027
3/4: 0,540	p = 0,086	3/5: 0,801	p = 0,003
5/6: 0,804	p = 0,003	5/1: 0,607	p = 0,048
7/8: 0,808	p = 0,003	2/4: 0,626	p = 0,039
		4/6: 0,556	p = 0,076
		6/2: 0,621	p = 0,041

1+2/3+4: 0,580	p = 0,061
3+4/5+6: 0,731	p = 0,011
5+6/1+2: 0,635	p = 0,036

Eingangsbefragung. Mehrfachnennungen möglich. N = 54. Mit dem Spearman-Rang-Korrelationskoeffizienten wird die Gewichtung, die Ärzte und Sozialarbeiter den verschiedenen Therapiezielen bei den unterschiedlichen Diagnosen gaben, verglichen. Gemessen wurde die Rangfolge der Häufigkeit. Differenzen bestehen in dieser Hinsicht zwischen Spalte 3 und 4, 4 und 6 sowie 1 und 5, 2 und 6.

Tabelle 6: Therapieziele nach Stationstyp und Berufsgruppe.

	tagesklinische Stationen N = 38		Vollstationen N = 16	
	Ärzte	Sozialarbeiter	Ärzte	Sozialarbeiter
	1	2	3	4
1. Reduktion psychopathologischer Symptome	12 (29 %)	11 (29 %)	15 (94 %)	6 (38 %)
2. Verarbeitung frühkindlicher Erfahrungen	8 (21 %)	2 (5 %)	1 (6 %)	1 (6 %)
3. Förderung der persönlichen Entwicklung	24 (63 %)	22 (58 %)	4 (25 %)	5 (31 %)
4. Klärung der Beziehungen in der Primärfamilie	4 (11 %)	3 (8 %)	2 (13 %)	1 (6 %)
5. Klärung der Partnerbeziehung	5 (13 %)	5 (13 %)	3 (19 %)	4 (25 %)
6. Entwicklung außerfamiliärer sozialer Beziehungen	15 (39 %)	8 (21 %)	5 (31 %)	8 (50 %)
7. Sonstige Ziele in Hinsicht auf soziale Beziehungen	2 (5 %)	6 (16 %)	2 (13 %)	2 (13 %)
8. Klärung der Arbeits- oder Ausbildungssituation	27 (71 %)	28 (74 %)	1 (6 %)	9 (56 %)
9. Klärung der Wohnsituation	2 (5 %)	6 (16 %)	6 (38 %)	9 (56 %)
10. Klärung der finanziellen Sicherung	0	4 (11 %)	1 (6 %)	2 (13 %)
11. Klärung der sonstigen Lebenssituation	9 (24 %)	10 (26 %)	2 (13 %)	3 (19 %)

Spearman-Rang-Korrelationskoeffizient (bezogen auf Spalten) N = 11:

1/2:	0,735	p = 0,010	1/3:	0,153	p = 0,653
3/4:	0,532	p = 0,092	2/4:	0,783	p = 0,009
1+3/2+4:	0,808	p = 0,003	1+2/3+4:	0,569	p = 0,068

Eingangsbefragung. Mehrfachnennungen möglich. N = 54. Mit dem Spearman-Rang-Korrelationskoeffizienten wird die Gewichtung, die Ärzte und Sozialarbeiter den verschiedenen Therapiezielen im stationären bzw. teilstationären Bereich gaben, verglichen. Differenzen bestehen zwischen Spalte 3 und 4 sowie 1 und 3.

Tabelle 7: Häufigkeiten des Ansprechens von Problembereichen.

	Neurosen etc. N = 24	Borderline Störungen N = 13	Psychosen N = 17	Gesamt N = 54
psychopathologische Symptome	26 (108 %)	16 (123 %)	30 (176 %)	72 (20 %)
Entwicklungsstörungen	15 (65 %)	10 (77 %)	12 (71 %)	37 (10 %)
Probleme in der Primärfamilie	12 (52 %)	6 (46 %)	6 (35 %)	24 (7 %)
Partnerprobleme	14 (61 %)	7 (54 %)	8 (47 %)	29 (8 %)
sonstige Bezieprobleme	18 (75 %)	2 (15 %)	11 (65 %)	31 (9 %)
Arbeits-/ Ausbildungsprobleme	25 (109 %)	6 (46 %)	10 (59 %)	41 (11 %)
Wohnprobleme	4 (17 %)	5 (38 %)	10 (59 %)	19 (5 %)
sonstige sozioökonom. Probleme	13 (57 %)	6 (46 %)	10 (59 %)	29 (8 %)
therapiebedingte Probleme[1]	14 (61 %)	8 (62 %)	8 (47 %)	30 (8 %)
Probleme mit Setting[1]	16 (67 %)	8 (62 %)	5 (29 %)	29 (8 %)
institutionelle Probleme[1]	7 (29 %)	3 (23 %)	9 (53 %)	19 (5 %)

Absolute und relative Häufigkeit, mit der Problembereiche der Patienten in je einer Therapiebesprechung der Anfangs-, Mittel- und Endphase der Behandlung angesprochen wurden.

---

1) Zur Definition dieser Variablen s. S. 194.

Tabelle 8: Problembereiche und Kontext.

Problembereich	Kontext Häufigkeit	psychopathologische Symptome	Entwicklungsstörungen	Probleme in Primärfamilie	Partnerprobleme	sonstige Beziehungsprobleme
1 psychopathologische Symptome	27 27 18	3 4 1	3 5 3	2 4 2	1 2 2	2 1 1
2. Entwicklungsstörungen	16 8 13	2 - 2	3 - 3	3 1 4	- - 1	4 - -
3. Probleme in der Primärfamilie	5 12 7	1 - 1	3 4 4	2 8 3	- - -	- - -
4. Partnerprobleme	8 14 7	1 2 1	4 6 1	- 1 -	1 1 -	- - 3
5. Sonstige Beziehungsprobleme	14 6 10	1 - 2	3 1 2	2 1 -	2 - 2	2 - -
6. Arbeits-/ Ausbildungsprobleme	8 13 20	4 3 2	2 2 5	- 1 -	- - 2	1 - 1
7. Wohnprobleme	6 6 7	2 2 1	1 1 3	3 2 1	1 - 1	1 1 -
8. sonstige sozioökonom. Probleme	8 10 11	- 1 -	2 1 1	- - -	1 1 1	1 1 -
9. therapiebedingte Probleme[1]	6 16 8	- 2 -	1 2 3	1 1 -	1 - -	- - -
10. Probleme mit Setting[1]	13 10 6	- 1 1	1 3 4	- 3 2	- - -	- 1 -
11. institutionelle Probleme[1]	6 3 10	- - -	- - -	- - -	- - 1	- - -

Problembereiche und der Kontext, in dem sie in den Therapiebesprechungen gesehen wurden, aus je einer Therapiebesprechung der Anfangsphase (N=50), Mittelphase (N=51), Endphase (N=50) der Behandlung.

---

1) Zur Definition dieser Variablen s. S. 194.

Tabelle 8: – Fortsetzung –

Problembereich	Arbeits-/ Ausbildungs- probleme	Wohn- probleme	sonstige sozio-ökonom. Probleme
1 psychopathologische Symptome	- 1 3	1 - -	- 1 3
2. Entwicklungsstörungen	1 - -	1 - -	1 1 -
3. Probleme in der Primärfamilie	- - -	- 3 1	- - -
4. Partnerprobleme	1 - 1	- 2 1	- 2 -
5. Sonstige Beziehungsprobleme	- - 1	2 2 1	1 2 2
6. Arbeits-/ Ausbildungsprobleme	3 3 1	- - -	1 2 3
7. Wohnprobleme	- - -	- - -	1 - -
8. sonstige sozioökonom. Probleme	2 2 1	1 - -	3 4 1
9. therapiebedingte Probleme[1]	- - -	- - -	- 2 -
10. Probleme mit Setting[1]	1 - -	- - -	- - -
11. institutionelle Probleme[1]	1 1 -	- - 1	- - -

211

Tabelle 8: – Fortsetzung –

Problembereich	therapie-bedingte Probleme	Probleme mit Setting	institut. Probleme	kein Kontext
1 psychopatholo-gische Symptome	2 - 2	2 3 -	2 1 3	14 13 6
2. Entwicklungs-störungen	3 2 3	2 2 4	- - 1	1 3 1
3. Probleme in der Primärfamilie	- 1 -	- 1 -	- - -	1 - 1
4. Partnerprobleme	2 - -	1 - 1	- - -	- 4 2
5. sonstige Beziehungsprobleme	- - -	2 - 3	- - -	2 - 1
6. Arbeits-/Ausbildungsprobleme	- - 2	- - 1	- - -	1 5 8
7. Wohnprobleme	- - -	- - -	- - 1	- 2 3
8. sonstige sozio-ökonom. Probleme	- - -	- - -	- - 1	2 3 6
9. therapiebedingte Probleme[1]	1 3 2	1 2 -	- - 1	3 7 5
10. Probleme mit Setting[1]	2 - 1	1 3 1	- - -	9 3 1
11. institutionelle Probleme[1]	- - 2	- - -	- - -	5 2 7

Tabelle 8: – Fortsetzung –

Stage	Clusters combined		Coefficient
	Cluster 1	Cluster 2	
1	1	+ 9	0,038966
2	1,9	+ 10	0,045934
3	6	+ 8	0,065740
4	4	+ 5	0,083920
5	4,5	+ 6,8	0,124141
6	1,9,10	+ 4,5,6,8	0,155059
7	2	+ 7	0,162292
8	1,9,10,4,5,6,8	+ 2,7	0,168892
9	1,9,10,4,5,6,8,2,7	+ 11	0,350909
10	1,9,10,4,5,6,8,2,7,11	+ 3	0,451532

Für jeden der 11 Problembereiche aus Tab. 8 wurden die prozentualen Häufigkeiten der einzelnen Kontextmerkmale (bezogen auf ihre Gesamthäufigkeit im jeweiligen Problembereich) bestimmt und hinsichtlich dieses Kontextprofils mit dem anderer Problembereiche verglichen. Dazu wurde die hierarchische Clusteranalyse (average-linkage-Methode, euklidisches Distanzmaß) angewandt. Die Koeffizienten zeigen, daß das Kontextprofil für die Problembereiche 1 + 9 + 10 und 4 + 5 sowie 6 + 8 sehr ähnlich ist. Die Problembereiche 3 und 11 fallen demgegenüber aus dem Rahmen. Zur Interpretation siehe Text.

Tabelle 9: Interventionen der Therapeuten in verschiedenen Phasen der Behandlung.

		Anfangsphase N = 50	Mittelphase N = 51	Endphase N = 51
		1	2	3
1	Beobachtung des Patienten	32 (17 %)	22 (11 %)	13 (8 %)
2	Gruppentherapie	25 (15 %)	28 (14 %)	21 (12 %)
3	Einzelgepsräch	45 (28 %)	35 (18 %)	27 (16 %)
4	Familien-, Paargespräch	14 (9 %)	18 (9 %)	14 (8 %)
5	Mitteilung an Patienten	16 (10 %)	35 (18 %)	10 (6 %)
6	soziotherapeutische Maßnahme	7 (4 %)	12 (6 %)	16 (9 %)
7	Pflege, medikamentöse Behandlung	10 (6 %)	11 (6 %)	10 (6 %)
8	institutuionelle Regelung	11 (7 %)	15 (8 %)	39 (23 %)
9	sonstige Maßnahmen	3 (2 %)	23 (12 %)	20 (12 %)
	Interventionen insgesamt	163	199	170

Spearman-Rang-Korrelationskoeffizient:
Spalte 1/2 : 0,611 $p = 0,081$
Spalte 2/3 : 0,172 $p = 0,658$
Spalte 1/3 : 0,092 $p = 0,814$

Zeilen: 1: $X^2 = 15,22$ $p = 0,000$ $df = 2$
         3: $X^2 = 16,75$ $p = 0,000$
         5: $X^2 = 27,55$ $p = 0,000$
         8: $X^2 = 36,19$ $p = 0,000$

Interventionen der Therapeuten in je einer Therapiebesprechung der Anfangs-, Mittel- und Endphase der Behandlung. Mit dem Spearman-Rang-Korrelationskoeffizient wird die Gewichtung, die die Therapeuten der einzelnen Maßnahme in den verschiedenen Phasen der Behandlung gaben, bewertet. Danach besteht ein signifikanter Unterschied zwischen Mittel- und Endphase und Anfangs- und Endphase. Der X^2-Test bewertet die Unterschiede der Häufigkeit, mit der die in den Zeilen angegebene Maßnahme (als unabhängige dichotome Variable getestet) in den verschiedenen Phasen angewandt wurde. Signifikante Unterschiede bestehen insofern für Zeile 1, 3, 5 und 8.

Tabelle 10: Intentionen therapeutischer Interventionen in verschiedenen Phasen der Behandlung.

	insgesamt N = 52	Vollstationen N = 15	tagesklinische Stationen, N = 37
1 Informationsgewinnung	173 (28 %)	23 (13 %)	150 (34 %)
2 Stützung des Patienten	41 (7 %)	15 (8 %)	26 (6 %)
3 Sensibilisierung für Probleme	112 (18 %)	23 (13 %)	89 (20 %)
4 Verarbetiung von Erlebnissen	13 (2 %)	2 (1 %)	11 (3 %)
5 Erarbeitung von Problemlösungen	95 (15 %)	43 (24 %)	52 (12 %)
6 neue Erfahrungen ermöglichen	40 (6 %)	11 (6 %)	29 (7 %)
7 Verhaltensveränderung bewirken	27 (4 %)	13 (7 %)	14 (3 %)
8 Veränderung der Umwelt	43 (7 %)	23 (13 %)	20 (5 %)
9 Herstellung einer verläßlichen therapeutischen Beziehung	72 (12 %)	28 (15 %)	44 (10 %)
10 sonstiges	4 (0,6 %)	0	4 (1 %)
Summe der Interventionen	620	181	439

1: $X^2 = 26,869$ $p = 0,000$ df = 1
2: $X^2 = 1,654$ $p = 0,198$
3: $X^2 = 3,814$ $p = 0,051$
4: $X^2 = 1,040$ $p = 0,308$
5: $X^2 = 17,177$ $p = 0,000$
6: $X^2 = 0,004$ $p = 0,951$
7: $X^2 = 5,774$ $p = 0,016$
8: $X^2 = 15,158$ $p = 0,000$

Intentionen therapeutischer Interventionen aus einer Therapiebesprechung der Anfangs-, Mittel- und Endphase der Behandlung. Der X^2-Test vergleicht die Häufigkeit, mit der die einzelnen Intentionen je nach Stationstyp verteilt sind. So werden im vollstationären Bereich Nr. 5 und 8, im tagesklinischen Bereich Nr. 1 und 3 stärker gewichtet. Die Intentionen wurden jeweils als unabhängige dichotome Variablen getestet.

Tabelle 11: Arbeitsteilung in der ersten Therapiebesprechung.

	Ärzte	Sozialarbeiter	Pflegepersonal	Interventionen (davon allein)	N
Neurosen, Persönlichkeitsstörungen	32 (1,68) allein: 26 (= 81%)	30 (1,58) allein: 24 (= 80%)	24 (1,26) allein: 16 (= 67%)	86 (66)	19
Borderline-Störungen	29 (2,64) allein: 18 (= 62%)	16 (1,45) allein: 8 (= 50%)	12 (1,09) allein: 0	57 (26)	11
Psychosen	36 (2,77) allein: 12 (= 33%)	21 (1,62) allein: 11 (= 52%)	25 (1,92) allein: 11 (= 44%)	82 (34)	13

Arbeitsteilung in der ersten Therapiebesprechung nach Diagnose, bezogen auf N = 43 Patienten und N = 255 Interventionen. Die beobachtete Häufigkeit von Interventionen (unabhängig von der Berufsgruppe) ist nicht abhängig von der Diagnosegruppe, wenn die 3 Diagnosegruppen unabhängig getestet werden (Einstichproben X^2-Test: X^2 = 4,688; df = 2; p = 0,096). Werden Neurosen, Persönlichkeitsstörungen und Borderline-Störungen in eine Gruppe zusammengefaßt, so besteht eine signifikant größere Zahl von Interventionen bei Psychosen gegenüber den anderen Diagnosegruppen (X^2 = 4,116; df = 1; p = 0,042). Die Testung der Frage, ob die Diagnose einen Einfluß darauf hat, ob die Intervention allein durchgeführt wird oder nicht, ergab einen hochsignifikanten Einfluß (X^2 = 24,5; df = 2; p = 0,000; jede Diagnose einzeln. Neurosen etc. und Borderline-Störungen versus Psychosen: X^2 = 11,07; df = 1; p = 0,000). Die Interventionen wurden für die Berechnung als voneinander unabhängige Beobachtung angesehen.

Tabelle 12: Schwerpunkte der Arbeit mit den Patienten.

	Ärzte	Sozialarbeiter	Pflegepersonal
	1	2	3
medikamentöse Reduzierung von Krankheitssymptomen	26 (50 %)	0	11 (21 %)
Analyse intrapsychischer Konflikte	27 (52 %)	0	15 (29 %)
bessere Wahrnehmung von Gefühlen	35 (67 %)	10 (19 %)	36 (69 %)
Förderung der Fähigkeit zur Selbstbehauptung	17 (33 %)	22 (42 %)	22 (42 %)
Einüben kommunikativen Verhaltens	14 (27 %)	15 (29 %)	31 (60 %)
Klärung der Beziehung zu relevanten Bezugspersonen	26 (50 %)	15 (29 %)	17 (33 %)
Angebot einer verläßlichen therapeutischen Beziehung	31 (60 %)	16 (31 %)	41 (79 %)
Entwicklung einer planvollen Lebensperspektive	26 (50 %)	36 (69 %)	24 (46 %)
Strukturierung des Tagesablaufs	17 (33 %)	15 (29 %)	25 (48 %)
Hilfen zur Alltagsbewältigung	6 (12 %)	9 (17 %)	19 (37 %)
Anregung zur Freizeitgestaltung	9 (17 %)	13 (25 %)	23 (44 %)
Anleitung zu Körperpflege und Nahrungsaufnahme	6 (12 %)	0	7 (13 %)
Motivation zur ambulanten Weiterbehandlung	23 (44 %)	10 (19 %)	11 (21 %)
Verhinderung suizidaler Handlungen	13 (25 %)	3 (6 %)	12 (23 %)

Spearman-Rang-Korrelationskoeffizient (in bezug auf Spalten):

1/2: 0,203   p = 0,486
2/3: 0,690   p = 0,006
3/1: 0,354   p = 0,214

Die Schwerpunkte der Arbeit mit den Patienten während der Behandlung. Die Zahlen geben die Zahl der Patienten an, für die das entsprechende Item nach Auskunft der Therapeuten zutrifft. Endbefragung, N = 52. Sozialarbeiter und Krankenpflegepersonal gewichten ihre Arbeit ähnlich und unterscheiden sich dabei deutlich von den Ärzten.

Tabelle 13: Therapieergebnisse hinsichtlich der psychischen Situation.

Reduzierung der psychopathologischen Symptomatik	16	(31 %)
Ich-Stärkung, mehr Autonomie, mehr Fähigkeit zur Eigenverantworung	22	(42 %)
Verbesserung der Emotionalität	4	(8%)
kontaktfreudiger, konfliktfähiger, bewußter für eigene Bedürfnisse	18	(35 %)
Auseinandersetzung mit der Lebensgeschichte	4	(8 %)
sonstige Therapieergebnisse hinsichtlich der psychischen Problematik	3	(6 %)
keine Verbesserung der psychischen Problematik oder Verschlechterung	13	(25 %)
keine Angaben zu diesem Komplex	0	

Endbefragung der Ärzte. Mehrfachnennungen möglich. N = 52.

Tabelle 14: Therapieergebnisse hinsichtlich der Beziehungsprobleme.

Verarbeitung konflikthafter Beziehungen zu den Eltern	3	(6 %)
Verarbeitung der Loslösung von den Eltern	2	(4 %)
Loslösung von den Eltern durch Veränderung der äußeren Situation	3	(6 %)
Verbesserung bzw. Verarbeitung der Beziehung zum eigenen Kind	2	(4 %)
Verarbeitung konflikthafter Partnerbeziehung u.ä.	2	(4 %)
Trennung vom Partner als Folge der Therapie	2	(4 %)
Erweiterung der Kontakte durch Mitpatienten	12	(23 %)
Erweiterung des außerklinischen Bekanntenkreises	1	(2 %)
keine Veränderung, aber Reflexion der sozialen Situation	10	(19 %)
keine Veränderung	4	(8 %)
keine Angaben zu diese Komplex	13	(25 %)

Endbefragung der Ärzte. Mehrfachnennungen möglich. N = 52.

Tabelle 15: Therapieergebnisse hinsichtlich der sozialen Situation.

Wiederaufnahme der Arbeit/Ausbildung, Aufnahme der Umschulungsmaßnahmen etc.	15	(29 %)
Arbeitsplatzsuche u.ä. eingeleitet	10	(19 %)
Verlust des Arbeits- bzw. Ausbildungsplatzes	3	(6 %)
Berentung	1	(2 %)
Schwerbehindertenausweis	1	(2 %)
Klärung der Unterhaltsfrage/Rente, Sozialhilfe	7	(13 %)
Aufnahme in eine beschützende Wohnsituation (davon 5 nicht therapeutischer Art)	9	(17 %)
Wohnungssuche eingeleitet	3	(6 %)
Wohnungsausstattung verbessert	2	(4 %)
unveränderte soziale Situation	8	(15 %)
keine Angaben zu diesem Komplex	5	(10 %)

Endbefragung der Ärzte und Sozialarbeiter. Mehrfachnennungen möglich. N = 52.

Literatur

Alce, J., Griffith, E. E. H.: The psychiatric unit as a dynamic model for change. J. Nat. Med. Ass. 78, 33-38 (1986).
Allen, J. G., Tarnoff, G., Coyne, L.: Therapeutic alliance and long-term hospital treatment outcome. Compr. Psychiat. 26, 187-194 (1985).
Allingham, M.: Unconscious Contracts. A Psychoanalytical Theory of Society. Routledge and Kegan Paul. London, New York 1987.
American Association for Partial Hospitalization (Hrsg.): Proceedings of the Annual Conference on Partial Hospitalization. American Association for Partial Hospitalization. Boston 1976-1985.
Amini, F., Burke, E. L., Edgerton, R.: Social structure of a psychiatric ward for adolescents and the therapeutic implications of patient-staff and intra-staff conflicts. Adolescence 13, 411-418 (1978).
Amt für Statistik und Einwohnerwesen der Stadt Köln (Hrsg.): Statistisches Jahrbuch der Stadt Köln. Berichtsjahr 1985. Jhg. 71. 1986.
Angermeyer, M. C. (Hrsg.): From Social Class to Social Stress. New Developments in Psychiatric Epidemiology. Springer. Berlin, Heidelberg, New York, London, Paris, Tokyo 1987.
Arfsten, A.-J., Hoffmann, S. O.: Stationäre psychoanalytische Psychotherapie als eigenständige Behandlungsform. Prax. Psychother. 23, 233-245 (1978).
Argelander, H.: Gruppenprozesse. Wege zur Anwendung der Psychoanalyse in Behandlung, Lehre und Forschung. Rowohlt. Reinbek bei Hamburg 1972.
Artiss, K. L.: Milieu Therapy in Schizophrenia. Grune and Stratton. New York, London 1962.
Astrachan, B. M., Flynn, H. R., Geller, J. D., Harvey, H. H.: Systems approach to day hospitalization. Arch. Gen. Psychiat. 22, 550-559 (1970).
Avison, W. R., Speechley, K. N.: The discharged psychiatric patient: A review of social, social-psychological, and psychiatric correlates of outcome. Am. J. Psychiatry 144, 10-18 (1987).
Bardé, B., Mattke, D.: Das Problem der Macht in psychoanalytisch-therapeutischen Teams. Ein Beitrag zu Teamdynamik und Behandlungsprozeß in der stationären Psychotherapie von psychosomatischen Patienten. Gruppenpsychother. Gruppendynamik 27, 120-140 (1991).
Bateson, G., Jackson, D. D., Haley, J., Weakland, J. W.: Towards a theory of schizophrenia. Behav. Sci. 1, 251-264 (1956). (Auf dem Weg zu einer Schizophrenie-Theorie. In: Schizophrenie und Familie. Suhrkamp. Frankfurt am Main 1969. S. 11-43.)

Bauer, M.: Sektorisierte Psychiatrie. Enke. Stuttgart 1977.
Bauer, M.: Psychiatrische Abteilungen an Allgemeinkrankenhäusern - Ergebnis einer Umfrage. In: *Bauer, M., Rave-Schwank, M.* (Hrsg.): Psychiatrische Abteilungen an Allgemeinkrankenhäusern. Rheinland-Verlag. Köln 1984. S. 20-31.
Bauer, M.: Psychiatrie am Allgemeinkrankenhaus - zwischen Krise und Chronizität. Psychiatr. Praxis 14, 47-51 (1987).
Baumann, U., Pfingstmann, G.: Soziales Netzwerk und soziale Unterstützung. Ein kritischer Überblick. Nervenarzt 57, 686-691 (1986).
Beese, F. (Hrsg.): Stationäre Psychotherapie. Verlag für medizinische Psychologie im Verlag Vandenhoeck und Ruprecht. Göttingen, Zürich 1978.
Belknap, I.: Human Problems of a State Mental Hospital. McGraw-Hill Book Comp., Inc. New York 1956. (Arno Press. New York 1980.)
Benedetti, G.: Todeslandschaften der Seele. Verlag für medizinische Psychologie im Verlag Vandenhoeck und Ruprecht. Göttingen 1983.
Bennett, D.: Psychiatric day services - a cornerstone of community care. In: MIND (Hrsg.): New Directions for Psychiatric Day Services. Brighton 1980. S. 5-10.
Bertelsen, A.: Controversies and consistencies in psychiatric genetics. Acta psychiatr. scand. (Suppl.) 319, 61-75 (1985).
Bettelheim, B.: A Home for the Heart. 1974. (Der Weg aus dem Labyrinth. Leben lernen als Therapie. Ullstein. Frankfurt/M., Berlin, Wien 1978.)
Bion, W. R.: Experiences in Groups and Other Papers. Tavistock Publications Ltd., London 1961. (Erfahrungen in Gruppen und anderen Schriften. Ernst Klett. Stuttgart 1971.)
Bion, W. R.: Learning from Experience. William Heinemann Medical Books Ltd. London 1962. (H. Karnac (Books) Ltd. London 1984.)
Bion, W. R.: Attention and Interpretation. Tavistock Publications Ltd. London 1970. (H. Karnac (Books) Ltd. London 1984.)
Bosch, G., Steinhart, I.: Entwicklung und gegenwärtiger Stand der tagesklinischen Behandlung in der Bundesrepublik Deutschland. In: *Bosch, G., Veltin, A.* (Hrsg.): Die Tagesklinik als Teil der psychiatrischen Versorgung. Rheinland-Verlag. Köln 1983. S. 11-36.
Bosch, G., Veltin, A. (Hrsg.): Die Tagesklinik als Teil der psychiatrischen Versorgung. Rheinland-Verlag. Köln 1983.
Bowen, M.: Family psychotherapy with schizophrenia in the hospital and in private praxis. In: *Boszormenyi-Nagy, I., Framo, J. L.* (Hrsg.): Intensive Family Therapy. Harper and Row Publ., Inc. New York 1965. S. 213-243. (Familienpsychotherapie bei Schizophrenie in der Klinik und in der Privatpraxis. In: *Boszormenyi-Nagy, I., Framo, J. L.* (Hrsg.): Familientherapie, Theorie und Praxis. Bd. I Rowohlt. Reinbek bei Hamburg 1975. S. 244-276.)
Bowman, E. P., Shelley, R. K., Sheehy-Skeffington, A., Sinanan, K.: Day patient versus in-patient: factors determining selection of acutely ill patients for hospital treatment. Brit. J. Psychiat. 142, 584-587 (1983).

Boyer, L. B.: Psychoanalytic Treatment of Characterological and Schizophrenic Disorders. Science House, Inc. New York 1967. (Die psychoanalytische Behandlung Schizophrener. Kindler. München 1976.)

Brody, E. B., Redlich, F. C.: Psychotherapy with Schizophrenics. Int. Univ. Press. New York 1952.

Brown, G. W., Birley, J. L. T., Wing, J. K.: Influence of family life on the course of schizophrenic disorders: a replication. Brit. J. Psychiat. 121, 241-258 (1972).

Calov, B.: Verlegungen in psychiatrische Landeskrankenhäuser aus der Universitätsnervenklinik Tübingen (1967-1969). Werkstattschriften zur Sozialpsychiatrie, H. 9. Tübingen 1973.

Caudill, W.: The Psychiatric Hospital as a Small Society. Harvard University Press. Cambrigde, Massachusetts 1958.

Caudill, W., Redlich, F. C., Gilmore, H. R., Brody, E. B.: Social structure and interaction processes on a psychiatric ward. Am. J. orthopsychiat. 22, 314-334 (1952).

Clarkin, J. F., Hurt, S. W., Crilly, J. L.: Therapeutic alliance and hospital treatment outcome. Hosp. Comm. Psychiat. 38, 871-875 (1987).

Colson, D. B., Allen, J. G., Coyne, L., Dexter, N., Jehl, N., Mayer, C. A., Spohn, H.: An anatomy of countertransference: staff reactions to difficult psychiatric hospital patients. Hospital Comm. Psychiat. 37, 923-928 (1986).

Comstock, B. S., Kamilar, S. M., Thornby, J. I., Ramirez, J. P., Kaplan, H. B.: Crisis treatment in a day hospital. Impact on medical care-seeking. Psychiatric Clinics of North America 8, 483-500 (1985).

Conrad, R.: "Stuttgarter Psychiatrieexperiment". Materialien zur Fortbildung der Deutschen Gesellschaft für soziale Psychiatrie. O. J. [um 1983].

Cooper, D.: Psychiatry and Anti-Psychiatry. Tavistock Publications London 1967. (Psychiatrie und Antipsychiatrie. Suhrkamp. Frankfurt 1971. Kap. V.)

Crammer, J. L.: The special characteristics of suicide in hospital in-patients. Brit. J. Psychiatr. 145, 460 - 463 (1984).

Cranach, M. v., Strauss, A.: Die internationale Vergleichbarkeit psychiatrischer Diagnostik. In: *Häfner, H.* (Hrsg.): Psychiatrische Epidemiologie. Geschichte, Einführung und ausgewählte Forschungsergebnisse. Springer. Berlin, Heidelberg, New York 1978. S. 209-219.

Cremerius, J.: Die psychoanalytische Behandlung der Reichen und der Mächtigen. In: *Cremerius, J., Hoffmann S. O., Trimborn, W.* (Hrsg): Psychoanalyse, Über-Ich und soziale Schicht. Die psychoanalytische Behandlung der Reichen, der Mächtigen und der sozial Schwachen. Kindler. München 1979. S. 11-54.

Cullberg, J., Stefansson, C.-G.: Social class and psychotherapy. Acta psychiatr. scand. 68, 335-340 (1983).

Cumming, J., Cumming, E.: Ego and Milieu. Theory and Practice of Environmental Therapy. Aldine Publishing Comp. Chicago 1962. (Ich und

Milieu. Theorie und Praxis der Milieutherapie. Verlag für Medizinische Psychologie im Verlag Vandenhoeck und Ruprecht. Göttingen 1979.) (Gruppenpsychotherapie und Gruppendynamik: Beih.; H. 6.)

Degkwitz, R.: Anlässe für die Aufnahme psychisch Kranker in geschlossenen Abteilungen. Nervenarzt 57, 415-418 (1986).

Denber, H. C. B.: The Stanton Schwartz syndrome: three cases. Psychiat. J. Univ. Ottawa 12, 163-168 (1987).

Denzin, N. K., Spitzer, S. P.: Paths to the mental hospital and staff predictions of patient role behavior. J. Health Hum. Behav. 7, 265 - 271 (1966).

Dick, P., Ince, A., Barlow, M.: Day treatment: suitability and referral procedure. Brit. J. Psychiat. 147, 250-253 (1985).

Dilling, H., Weyerer, S.: Epidemiologie psychischer Störungen und psychiatrische Versorgung. Urban und Schwarzenberg. München, Wien, Baltimore 1978.

Doherty, E. G., Harry, J.: Structural dissensus in the therapeutic community. J. Health Soc. Behav. 17, 272-279 (1976).

Domma, W.: Kunsttherapie und Beschäftigungstherapie. Grundlegung und Praxisbeispiele klinischer Therapie bei schizophrenen Psychosen. Maternus. Köln 1990.

Dörner, K.: Bürger und Irre. Zur Sozialgeschichte und Wissenschaftssoziologie der Psychiatrie. Europäische Verlagsanstalt. Frankfurt 1969.

DSM III: American Psychiatric association; Diagnostic and Statistical Manual of Mental Disorders. Third Edition. American Psychiatric Association. Washington 1980. (*Koehler, K., Saß, H.* (Hrsg.): Diagnostisches und Statistisches Manual psychischer Störungen DSM III. Deutsche Bearbeitung. Beltz. Weinheim, Basel 1984.)

Dziewas, H., Bock, T., John, U.: Die Tagesklinik als Instrument der Krisenintervention. In: *Bosch, G., Veltin, A.* (Hrsg.): Die Tagesklinik als Teil der psychiatrischen Versorgung. Rheinland-Verlag. Köln 1983. S. 67-78.

Eaton, W. W.: A formal theory of selection for schizophrenia. Am. J. Sociol. 86, 149-158 (1980).

Ebringer, E., Christie-Brown, J. R. W.: Social deprivation amongst short stay psychiatric patients. Br. J. Psychiat. 136, 46-52 (1980).

Edwards, C.: Research looks at practice difficulties. In: MIND (Hrsg.): New Directions for Psychiatric Day Services. Brighton 1980. S. 11-17.

Epps, R. L., Hanes, L. D. (Hrsg.): Day Care of Psychiatric Patients. Charles C. Thomas Publ. Springfield 1964.

Erickson, R. C.: Outcome studies in mental hospitals: a review. Psychol. Bull. 82, 519-540 (1975).

Erikson, E. H.: Identity and the Life Cycle. Int. Univ. Press. New York 1959. (Identität und Lebenszyklus. Suhrkamp. Frankfurt 1966.)

Erikson, K. T.: A comment on disguised observation in sociology. Social Problems 14, 366-373 (1966).

Federn, P.: Das Ichgefühl im Traume. (1932). In: *Federn, P.*: Ichpsychologie und die Psychosen. Suhrkamp. Frankfurt am Main 1978. S. 59-83.

Federn, P.: Ego Psychology and the Psychoses. Basic Books. New York

1952. (Ichpsychologie und die Psychosen. Suhrkamp. Frankfurt am Main 1978.)
Fengler, C., Fengler, T.: Alltag in der Anstalt. Wenn Sozialpsychiatrie praktisch wird. Eine ethnomethodologische Untersuchung. Psychiatrie Verlag. Rehburg-Loccum 1980.
Finzen, A.: Gemeindenahe Psychiatrie und die Gefahr der Ungleichheit der Versorgung. In: *Kulenkampff, C., Picard, W.* (Hrsg.): Gemeindenahe Psychiatrie. Rheinland-Verlag. Köln 1975. S. 121-126.
Finzen, A.: Tags in die Klinik - abends nach Hause. Die Tagesklinik. Psychiatrie Verlag. Bonn 1986.
Finzen, A.: Der Patientensuizid. Untersuchungen, Analysen, Berichte zur Selbsttötung psychisch Kranker während der Behandlung. Psychiatrie Verlag. Bonn 1988.
Foerster, von H.: Abbau und Aufbau. In: *Simon, F. B.* (Hrsg.): Lebende Systeme. Wirklichkeitskonstruktionen in der systemischen Therapie. Springer. Berlin, Heidelberg, New York, London, Paris, Tokyo 1988. S. 19-33.
Foon, A. E.: The effect of social class and cognitive orientation on clinical expectations. Brit. J. Med. Psychol. 58, 357-364 (1985).
Foucault, M.: Maladie mentale et Psychologie. Presse Universitaire de France. Paris 1954. (Psychologie und Geisteskrankheit. Edition Suhrkamp. Frankfurt am Main 1968.)
Foucault, M.: Histoire de la folie a l'age classique; folie et deraison. Plon. Paris 1961. (Wahnsinn und Gesellschaft. Suhrkamp. Frankfurt 1969.)
Foudraine, J.: "Wie is van hout ..." Eengang door de psychiatrie. Bilthoven. Ambo 1971. (Wer ist aus Holz? Neue Wege der Psychiatrie. München dtv 1976.)
Foulkes, S. H.: Therapeutic Group Analysis. George Allen and Unwin Ltd. London 1964. (Gruppenanalytische Psychotherapie. Kindler. München 1974.)
Freeman, T., Cameron, J. L., McGhie, A.: Chronic Schizophrenia. Tavistock Publications Ltd. London 1958.
Freud, A.: Das Ich und die Abwehrmechanismen. Int. psychoanalytischer Verlag. Wien 1936. (Kindler, Geist und Psyche. München o.J.)
Freud, S.: Psychoanalytische Bemerkungen über einen autobiographisch beschriebenen Fall von Paranoia (Dementia paranoides). GW 8. 1911.
Freud, S.: Triebe und Triebschicksale. GW 10. 1915a.
Freud, S.: Mitteilung eines der psychoanalytischen Theorie widersprechenden Falles von Paranoia. GW 10. 1915b.
Freud, S.: Massenpsychologie und Ich-Analyse. GW 13. 1921.
Freud, S.: Über einige neurotische Mechanismen bei Eifersucht, Paranoia und Homosexualität. GW 13. 1922.
Freud, S.: Neurose und Psychose. GW 13. 1924a.
Freud, S.: Der Realitätsverlust bei Neurose und Psychose. GW 13. 1924b.
Frey, J., Swanson, G., Jacob, M., Min, D.: Structure, self-regulating sequences, and institutional third parties in therapy: the veterans administration as a model. Family Process 26, 223-233 (1987).

Friis, S.: Factors influencing the ward atmosphere. Acta psychiatr. scand. 73, 600-606 (1986).

Fromm-Reichmann, F.: Psychoanalysis and Psychotherapy. The University of Chicago Press 1959. (Psychoanalyse und Psychotherapie. Klett-Cotta. Stuttgart o.J.)

Fullilove, M. T., Pacheco, O., Fourchard, C.: Task-oriented group in a day hospital. J. Nat. Med. Ass. 77, 995-998 (1985).

Gaertner, H. J.: Klinische Pharmakologie der Neuroleptika. In: *Langer, G., Heimann, H.* (Hrsg.): Psychopharmaka. Grundlagen und Therapie. Springer. Wien, New York 1983. S. 227-251.

Glick, I. D., Hargreaves, W. A., Raskin, M., Kutner, S. J.: Short versus long hospitalization: A prospective controlled study. II. Results for schizophrenic inpatients. Am. J. Psychiat. 132, 385-390 (1975).

Goffman, E.: Asylums. Essays on the Social Situation of Mental Patients and Other Inmates. Doubleday and Co. Anchor Books. New York 1961. (Asyle. Über die soziale Situation psychiatrischer Patienten und anderer Insassen. Suhrkamp. Frankfurt 1972.)

Goldberg, D., Huxley, P.: Mental Illness in the Community. The Pathway to Psychiatric Care. Tavistock Publications. London and New York 1980.

Goldberg, K. (Hrsg.): Differing Approaches to Partial Hospitalization. Jossey-Bass. Inc. Publ. San Francisco, London 1988.

Goldschmidt, O.: Einige behandlungstechnische Schwierigkeiten in der Therapie eines angelernten Arbeiters. In: *Menne, K., Schröter, K.* (Hrsg.): Psychoanalyse und Unterschicht. Soziale Herkunft - ein Hindernis für die psychoanalytische Behandlung? Suhrkamp. Frankfurt am Main 1980. S. 113-126.

Götte, J. H. A., Wegener, B.: Die diagnostischen Hauptgruppen eines Kriseninterventionszentrums im Vergleich. Psychiatr. Praxis 13, 219-225 (1986).

Greene, L. R., De la Cruz, A.: Psychiatric day treatment as alternative to and transition from full-time hospitalization. Comm. Mental Health J. 17, 191-202 (1981).

Gudeman, J. E., Dickey, B., Evans, A., Shore, M. F.: Four-year assessment of a day hospital-in program as an alternative to inpatient hospitalization. Am. J. Psychiatr. 142, 1330-1333 (1985).

Gunderson, J. G.: Borderline Personality Disorders. American Psychiatric Press. Inc. Washington D. C. 1984.

Gunderson, J. G., Will, O. A., Mosher, L. R. (Hrsg.): Principles and Practice of Milieu Therapy. Jason Aronson. New York, London 1983.

Guntrip, H.: The schizoid problem, regression, and the struggle to preserve an ego. In: *Guntrip, H.*: Schizoid Phenomena, Objekt Relations, and the Self. The Hogarth Press. London 1968. S. 49-86.

Gupta, T.: Erfahrungen zur Balint-Gruppen-Arbeit mit Pflegepersonal in einer psychiatrischen Klinik. In: Psychoanalyse und ihre Anwendung.

Heft 2 der psychoanalytischen Arbeitsgemeinschaft Köln - Düsseldorf e.V. Köln 1986. S. 43-56.

Haddon, B.: Political implications of therapeutic communities. In: *Hinshelwood, R. D., Manning, N.* (Hrsg.): Therapeutic Communities: Reflections and Progress. Routledge and Kegan Paul. London, Boston, Henley 1979. S. 38-45.

Häfner, H., Rössler W., Haas, S.: Psychiatrische Notfallversorgung und Krisenintervention - Konzepte, Erfahrungen und Ergebnisse. Psychiat. Praxis 13, 203-212 (1986).

Haley, J.: Warum ein psychiatrisches Krankenhaus Familientherapie vermeiden sollte. In: *Keller, F.* (Hrsg.): Sozialpsychiatrie und systemisches Denken. Psychiatrie-Verlag. Bonn 1988. S. 164-181.

Harris, A.: Day hospitals and night hospitals in psychiatry. Lancet i, 729-731 (1957).

Hartmann, H.: Essays on Ego-Psychology. Selected Problems in Psychoanalytic Theory. Int. Universitiy Press, Inc. New York 1964. (Ich-Psychologie. Studien zur psychoanalytischen Theorie. Ernst Klett. Stuttgart 1972.)

Harty, M. K.: Countertransference patterns in the psychiatric treatment team. Bull. Menn. Clin. 43, 105-122 (1979).

Heiden an der, W., Krumm, B., Häfner, B.: Die Wirksamkeit ambulanter psychiatrischer Versorgung. Ein Modell zur Evaluation extramuraler Dienste. Springer. Berlin, Heidelberg, New York, London, Paris, Tokyo 1989.

Heigl, F., Neun, H. (Hrsg): Psychotherapie im Krankenhaus. Verlag für medizinische Psychologie im Verlag Vandenhoeck und Ruprecht. Göttingen, Zürich 1981.

Heigl-Evers, A., Henneberg-Mönch, U., Odag, C., Standke, G. (Hrsg.): Die Vierzigstundenwoche für Patienten. Konzept und Praxis teilstationärer Psychotherapie. Verlag für medizinische Psychologie im Verlag Vandenhoeck u. Ruprecht. Göttingen 1986.

Heim, E.: Praxis der Milieutherapie. Springer. Berlin, Heidelberg, New York, Tokyo 1985.

Heising, G., Brieskorn, M., Rost, W.-D.: Sozialschicht und Gruppenpsychotherapie. Patienten der unteren Sozialschichten und Akademiker im Vergleich. Verlag für medizinische Psychologie im Verlag Vandenhoeck und Ruprecht. Göttingen 1982.

Hell, D.: Ehen depressiver und schizophrener Menschen. Springer. Berlin, Heidelberg, New York 1982.

Hellwig, A., Schoof, M. (Hrsg.): Psychotherapie und Rehabilitation in der Klinik. Vandenhoeck und Ruprecht. Göttingen 1990.

Hewitt, K. E.: The behaviour of schizophrenic day-patients at home: an assessment by relatives. Psychol. Med. 13, 885-889 (1983).

Hilpert, H. (Hrsg.): Psychotherapie in der Klinik: Von der therapeutischen Gemeinschaft zur stationären Psychotherapie. Springer. Berlin, Heidelberg, New York 1981.

Hinshelwood, R. D., Manning, N. (Hrsg.): Therapeutic Communities: Reflections and Progress. Routledge and Kegan Paul. London, Boston, Henley 1979.

Hollingshead, A. B., Redlich, F. C.: Social Class and Mental Illness. John Wiley. New York 1958.

Illich, I.: Medical Nemesis. Calder a. Boyars. London 1975. (Die Enteignung der Gesundheit. Rowohlt. Reinbek bei Hamburg 1975.)

Ineichen, B., Harrison, G., Morgan, H. G.: Psychiatric hospital admissions in Bristol: I. Geographical and ethnic factors. Brit. J. Psychiat. 145, 600-604 (1984).

Jacobson, E.: Psychotic Conflict and Reality. Int. Universities Press, Inc. New York 1967. (Psychotischer Konflikt und Realität. Fischer. Frankfurt/Main 1972.)

Janssen, P. L.: Psychoanalytische Therapie in der Klinik. Klett-Cotta. Stuttgart 1987.

Jaques, E.: Social systems as defence against persecutory and depressive anxiety. A contribution to the psycho-analytical study of social processes. In: *Klein, M., Heimann, P., Money-Kyrle, R. E.* (Hrsg.): New Directions in Psychoanalysis. The Significance of Infant Conflict in the Pattern of Adult Behaviour. Tavistock Publications Ltd. London 1955. S. 478-498.

Johnson, D. A. W., Pasterski, G., Ludlow, J. M., Street, K., Taylor, R. D. W.: The discontinuance of maintainance neuroleptic therapy in chronic schizophrenic patients: drug and social consequences. Acta psychiatr. scand. 67, 339-352 (1983).

Jones, M.: Social psychiatry. A Study of Therapeutic Communities. Tavistock Publications. London 1952. (The Therapeutic Community. A New Treatment Method in Psychiatry. Basic Books. New York 1953.)

Jones, M.: Von der therapeutischen Gemeinschaft zum offenen System. In: *Heim, E.* (Hrsg.): Milieutherapie. Erlernen sozialer Verhaltensmuster in der psychiatrischen Klinik. Hans Huber. Bern, Stuttgart, Wien 1978. S. 22-31.

Jorgensen, P., Aagaard, J.: A multivariate predictor analysis of course and outcome in delusional psychosis. Acta psychiatr. scand. 77, 543-550 (1988).

Jürgens-Becker, A.: Die Situation der Krankenschwester. Eine Betrachtung aus psychodynamischer Sicht. Dtsch. Krankenpflegezeitschr. Beilage 11, 2-25 (1987).

Katschnig, H., Nouzak, A.: Does ist make sense to divide depression into a psychosocial and a biological type? Results from the Vienna depression study. In: *Angermeyer, M. C.* (Hrsg.): From Social Class to Social Stress. New Developments in Psychiatric Epidemiology. Springer. Berlin, Heidelberg, New York, London, Paris, Tokyo 1987. S. 197-209.

Kernberg, O. F.: Borderline Conditions and Pathological Narcissism. Jason Aronson, Inc. New York 1975. (Borderline-Störungen und pathologischer Narzismus. Suhrkamp. Frankfurt am Main 1978.)

Kernberg, O. F.: Internal World and External Reality. Object Relations

Theory applied. Jason Aronson Inc. New York 1985. (Innere Welt und äußere Realität. Anwendungen der Objektbeziehungstheorie. Verlag Internationale Psychoanalyse. München, Wien 1988.)

Kessler, A. S.: Zur Entwicklung des Realitätsbegriffes bei Siegmund Freud. Königshausen u. Neumann. Würzburg 1989.

Kisker, K. P.: Erfahrungen und Methodisches zur Gruppenbildung im psychiatrischen Krankenhaus. Nervenarzt 31, 392-402 (1960).

Klein, M.: Über das Seelenleben des Kleinkindes. Einige theoretische Betrachtungen. Psyche 14, 284-316 (1960). (In: *Klein, M.*: Das Seelenleben des Kleinkindes. Klett-Cotta. Stuttgart 1983. S. 187-244.)

Kleining, G., Moore, H.: Soziale Selbsteinstufung (SSE). Ein Instrument zur Messung sozialer Schichten. Kölner Z. Soziol. Sozialpsychol. 20, 502-552 (1968).

Kroll, J., Carey, K., Sines, L., Roth, M.: Are there borderlines in Britain? Arch. gen. Psychiatr. 39, 60-63 (1982).

Lange, H., Voßberg, H.: Betroffen. Anstoß zum Leben mit Widersprüchen in der Psychiatrie. Psychiatrie-Verlag. Rehburg-Loccum 1984.

Langer, G., Schönbeck, G.: Klinische Pharmakologie der Antidepressiva. In: *Langer, G., Heimann, H.* (Hrsg.): Psychopharmaka. Grundlagen und Therapie. Springer. Wien, New York 1983. S. 96-111.

Lawrence, W. G.: Some Psychic and Political Dimensions of Work Experiences. The Tavistock Institute of Human Relations. London 1982.

Lazaridis, K.: Psychiatrische Erkrankungen bei ausländischen Männern. Hospitalisationsinzidenz. Medizin, Mensch, Gesellschaft 13, 21-28 (1988).

Lefkovitz, P. M.: Patient population and treatment programming. In: *Luber, R. F.* (Hrsg.): Partial Hospitalization: A Current Perspective. Plenum Press. New York, London 1979. S. 151-171.

Lennard, H. L., Gralnick, A.: The Psychiatric Hospital. Human Sciences Press, Inc. New York 1986. (Das psychiatrische Krankenhaus. Therapeutischer Prozeß. Kontext und Werte. Springer. Berlin, Heidelberg, New York, London, Paris, Tokyo 1988.)

Leuschner, W.: Psychiatrische Anstalten - ein institutionalisiertes Abwehrsystem. Psychiat. Praxis. Teil I: 12, 111-115 (1985). Teil II: 12, 149-153 (1985).

Lidz, T.: The Origin and Treatment of Schizophrenic Disorders. Basic Books, Inc. Publ. New York 1973.

Linn, L. S.: State hospital environment and rates of patient discharge. Arch. Gen. Psychiat. 23, 346-351 (1970).

Loewald, H. W.: Ego and reality. Int. J. Psychoanal. 32, 10-18 (1951). (Ich und Realität. In: *Loewald, H. W.*: Psychoanalyse. Aufsätze aus den Jahren 1951-1979. Klett-Cotta. Stuttgart 1986. S. 15-34.)

Lohmer, M.: Stationäre Psychotherapie bei Borderlinepatienten. Springer. Berlin, Heidelberg, New York, London, Paris, Tokyo 1988.

Luber, R. F. (Hrsg.): Partial Hospitalization - a Current Perspective. Plenum Press. New York, London 1979.

Luhmann, N.: Soziale Systeme. Grundriß einer allgemeinen Theorie. Suhrkamp. Frankfurt 1984.
LVR: Landschaftsverband Rheinland (Hrsg.): Zahlen, Fakten und Tendenzen 1985 (I) Köln.
Mahler, M. S., Pine, F., Bergman, A.: The Psychological Birth of the Human Infant. Basic Books, Inc., Publ. New York 1975. (Die psychische Geburt des Menschen. Symbiose und Individuation. Fischer. Frankfurt am Main 1978).
Main, T. F.: The hospital as a therapeutic institution. Bull. Menn. Clin. 10. 66-70 (1946).
Matakas, F.: Wochenbettpsychose. Stationäre Behandlung von Mutter und Kind. Spektrum 14, 148-150 (1985).
Matakas F.: Aufgaben und Stellenwert der Tagesklinik in der Gemeindepsychiatrie. In: *Krisor, M.* (Hrsg.): Gemeindepsychiatrisches Gespräch. Perimed. Erlangen 1987. S. 16-21.
Matakas, F.: Psychoanalyse in der Anstalt. Psyche 42, 132-158 (1988).
Matakas, F., Koester, H., Leidner, B.: Welche Behandlung für welche Alkoholiker? Eine Übersicht. Psychiatr. Praxis 5, 143-152 (1978).
Matakas, F., Schaible, D., Koester, H.: Therapie auf der Aufnahmestation eines psychiatrischen Landeskrankenhauses. Psychiatr. Praxis. 6, 72-81 (1979).
Matakas, F., Berger, H., Koester, H., Legnaro, A.: Alkoholismus als Karriere. Springer. Berlin, Heidelberg, New York, Tokyo 1984.
Matussek, N., Holsboer, F.: Affektive Psychosen. Biologischer Hintergrund. In: *Kisker, K. P., Lauter, H., Meyer, J.-E., Müller, C., Strömgren, E.* (Hrsg.): Psychiatrie der Gegenwart, Bd. 5. Springer. Berlin, Heidelberg, New York, London, Paris, Tokyo 1987. S. 203-240.
Maxmen, J. S., Tucker, G. J., LeBow, M. D.: Rational Hospital Psychiatry: The Reactive Environment. Brunner/Mazel Inc. New York 1974.
McGlashan, T. H.: The borderline syndrome. I. Testing three diagnostic systems. Arch. gen. Psychiatr. 40, 1311-1318 (1983).
McGrath, G., Tantam, D.: Long-stay patients in a psychiatric day hospital. A case note review. Brit. J. Psychiat. 150, 836-840 (1987).
McMillan, T. M., Aase, B. H.: Analysis of first 500 patients at San Diego day treatment center. In: *Epps, R. L., Hanes, L. D.* (Hrsg.): Day Care of Psycatric Patients. Charles C. Thomas Publ. Springfield 1964. S. 91-105.
Menninger, K.: Man against Himself. Hartcourt, Brace. New York 1938. (Selbstzerstörung. Psychoanalyse des Selbstmordes. Suhrkamp. Frankfurt am Main 1974.)
Mentzos, S.: Interpersonale and institutionalisierte Abwehr. Suhrkamp. Frankfurt am Main 1976.
Menzies, I. E. P.: Social Systems as a Defence Against Anxiety. The Tavistock Institute of Human Relations. London 1970.
Menzies Lyth, I.: Reflections on my work. In: *Menzies Lyth, I.*: Containing Anxiety in Institutions. Free Association Books. London 1988. S. 1-42.

Menzies Lyth, I.: A psychoanalytic perspective on social institutions. In: *Menzies Lyth, I.*: The Dynamics of the Social. Selected Essays. Free Association Books. London 1989. S. 26-44.

Miller, E. J., Gwynne, G. V.: A Life Apart. A Pilot Study of Residential Institutions for the Physically Handicapped and the Young Chronic Sick. Tavistock Publications. London 1972.

Milne, D.: A comparitive evaluation of two psychiatric day hospitals. Brit. J. Psychiat. 145, 533-537 (1984).

MIND, (Hrsg.): New Directions for Psychiatric Day Services. A report of a MIND Conference. Brighton 1980.

Modestin, J., Lerch, M.: Offene Tür auf einer psychiatrischen Aufnahmestation. Psychiatr. Praxis 14, 40-45 (1987).

Möller, H. J., Scharl, W., Zerssen, D. V.: Vorhersage des Therapieerfolges unter neuroleptischer Akutbehandlung: Ergebnisse einer empirischen Untersuchung an 243 stationär behandelten schizophrenen Patienten. Fortschr. Neurol. Psychiatr. 53, 370-383 (1965).

Moos, R. H.: Evaluating Treatment Environments. A Social Ecological Approach. John Wiley and Sons, Inc. New York, London, Sidney, Toronto 1974.

Oldham, J. M., Russakoff, L. M.: Dynamic Therapy in Brief Hospitalization. Jason Aronson. Northvale, New Jersey, London 1987.

Oxtoby, A., Jones, A., Robinson, M.: Is your "Double-Blind" design truly double-blind? Brit. J. Psychiat. 155, 700-701 (1989).

Ozarin, L. D.: Moral treatment and the mental hospital. Am. J. Psychiatr. 111, 371-378 (1954).

Pang, J.: Partial hospitalization. An alternative to inpatient care. Psychiatric Clinics of North America 8, 587-595 (1985).

Parsons, T.: Illness and the role of the physician: a sociological perspective. Am. J. Orthopsych. 21, 452-460 (1951).

Parsons, T.: The mental hospital as a type of organization. In: *Greenblatt, M., Levinson, D. J., Williams, R. H.* (Hrsg.): The Patient and the Mental Hospital. The Free Press of Glencoe. New York 1957. S. 108-129.

Parsons, T.: Social Structure and Personality. The Free Press. Macmillan Publishing Co., Inc. 1964. (Sozialstruktur und Persönlichkeit. Fachbuchhandlung für Pychologie. Verlagsabteilung. Frankfurt am Main 1981.)

Perrow, C.: Reality adjustment: a young institution settles for human care. Social Problems 14, 69-79 (1966).

Pomryn, B. A.: Techniques in group formation. In: *Jones*, M.: Social Psychiatry. A Study of Therapeutic Communities. Tavistock Publications. London 1952.

Presly, A. S.: Chronicity and the psychiatric day hospital: a two-year follow-up study. Health Bull. 43, 283-287 (1985).

Putten, van T., Crumpton E., Yale, C.: Drug refusal in schizophrenia and the wish to be crazy. Arch. Gen. Psychiat. 33, 1443-1446 (1976).

Racamier, P.-C.: Les Schizophrènes. Payot. Paris 1980. (Die Schizophrenen. Eine psychoanalytische Interpretation. Springer. Berlin, Heidelberg, New York 1982.)

Ramsay, R. A., Ananth, J., Engelsmann, F., Krakowski, A. J., Wittkower, E. D., Ghadirian, A. M.: Schizophrenia and psychosomatic illness. J. Psychosom. Res. 26, 33-42 (1982).

Rapaport, D.: On the psycho-analytic theory of affects. Int. J. Psycho-Anal. 34, 177-198 (1953).

Rapaport, D.: The theory of ego autonomy: a generalization. Bull. Menn. Clin. 22, 13-35 (1958).

Raport, R. N.: Community as Doctor. Tavistock Publications. London 1960. (Arno Press. New York 1980.)

Rappaport, M., Hopkins, H. K., Hall, K., Belleza, T., Silverman, J.: Are there schizophrenics for whom drugs may be unnecessary or contraindicated? Int. Pharmacopsychiat. 13, 100-111 (1978).

Reider, N.: A type of transference to institutions. Bull. Menn. Clin. 17, 58-63 (1953).

Reiss, D., Karson, C., Bigelow, L., Wyatt, R. J.: The interpersonal impact approach to patient assessment: specific links between psychotics' symptoms and staff's feelings. Psychiatry Res. 11, 237-250 (1984).

Rey, E.-R., Welz, R., Klug, J.: Die Anwendung von statistischen Methoden zur Analyse mehrdimensionaler Kontingenztafeln in der psychiatrischen Epidemiologie. In: *Häfner, H.* (Hrsg.): Psychiatrische Epidemiolgie. Geschichte, Einführung und ausgewählte Forschungsergebnisse. Springer. Berlin, Heidelberg, New York 1978. S. 221-234.

Rice, A. K.: The Enterprise and its Environment. Tavistock Publications. London 1963.

Rioch, M. J.: The A.K. Rice group relations conferences as a reflection of society. In: *Lawrence, W. G.* (Hrsg.): Exploring Individual and Organizational Boundaries. A Tavistock Open System Approach. John Wiley and Sons. Chichester, New York, Brisbane, Toronto. 1979. S. 53-68.

Robins, L. N., Helzer, J. E., Weissman, M. M., Orvaschel, H., Gruenberg, E., Burke, J. D., Regier, D. A.: Lifetime prevalence of specific psychiatric disorders in three sites. Arch. Gen. Psychiatry 41, 949-958 (1984).

Rockstroh, D.: Tagesklinik der Medizinischen Hochschule Hannover. Sozialpsychiatr. Inf. 14, 19-26 (1984).

Romney, D. M.: Factors influencing length of stay in psychiatric day care. Can. J. Psychiat. 29, 312-314 (1984).

Rosen, J. N.: Direct Psychoanalytic Psychiatry. Grune and Stratton Inc. New York 1962. (Psychotherapie der Psychosen. Hippokrates. Stuttgart 1964.)

Rosenfeld, H. A.: Psychotic States. A Psycho-Analytical Approach. The Hogarth Press. London 1965.

Rosie, J. S.: Partial hospitalization: a review of recent literature. Hosp. Comm. Psychiat. 38, 1291-1299 (1987).

Rowland, H.: Interaction processes in the state mental hospital. Psychiatry 1, 323-337 (1938).

Rowland, H.: Friendship patterns in the state mental hospital. A sociological approach. Psychiatry 2, 363-373 (1939).
Rubenstein, R., Lasswell, H. D.: The Sharing of Power in a Psychiatric Hospital. Yale University Press. New Haven, London 1966.
Sadovoy, J., Sover, D., Boock, H. E.: Negative responses of the borderline to inpatient treatment. Am. J. Psychoth. 33, 404-417 (1979).
Sadow, D., Goodman, D. M., Geller, M. C.: Demographic characteristics of the patient population in a veterans administration day hospital. Int. J. part. Hosp. 2, 283-300 (1984).
Schafer, R.: Aspects of Internalization. Int. Univ. Press, Inc. New York 1968.
Schepank, H., Tress, W. (Hrsg.): Die stationäre Psychotherapie und ihr Rahmen. Springer. Berlin, Heidelberg, New York, London, Paris, Tokyo 1988.
Scheuch, E. K.: Sozialprestige und soziale Schichtung. In: *Glass, D. W., König, R.* (Hrsg.): Soziale Schichtung und Mobilität. Kölner Z. Soziol. Sozialpsychol. Sonderheft 5, 65-103 (1965).
Schied, H. W., Rein, W., Straube, E., Jung, H., Breyer-Pfaff, U.: Prediction and evaluation criteria in perazine therapy of acute schizophrenics: psychopathological results. Pharmacopsychiatria. 16, 152-159 (1983).
Schlosser, J., Strehle-Jung, G.: Suizide während psychiatrischer Klinikbehandlung. Psychiatr. Praxis 9, 20 - 26 (1982).
Schneider, K.: Primäre und sekundäre Symptome bei der Schizophrenie. Fortschr. Neurol. Psychiatrie 25, 487 - 490 (1957).
Scull, A. T.: Decarceration. Community Treatment and the Deviant: a Radical View. Prentice-Hall, Inc., Englewood Cliffs. New Jersey 1977. (Die Anstalten öffnen? Decarceration der Irren und Häftlinge. Campus. Frankfurt/Main, New York 1980.)
Sczerba, H. J.: Einweisungsmodi in das psychiatrische Großkrankenhaus. Diss. Berlin 1985.
Searles, H. F.: Collected Papers on Schizophrenia and Related Subjects. The Hogarth Press. London 1965. (Der psychoanalytische Beitrag zur Schizophrenieforschung. Kindler. München 1974.)
Sechehaye, M.: Introduction à une psychothérapie des schizophrènes. Presses Universitaires de France. Paris 1954. (Eine Psychotherapie der Schizophrenen. Klett-Cotta. Stuttgart 1986.)
Selvini Palazzoli, M., Boscolo, L., Cecchin, G., Prata, G.: Paradosso e Controparadosso. Feltrinelli. Mailand 1975. (Paradoxon und Gegenparadoxon. Ein neues Therapiemodell für die Familie mit schizophrener Störung. Klett-Cotta. Stuttgart 1981.)
Simon, H.: Aktivere Krankenbehandlung in der Irrenanstalt. Walter de Gruyter und Co. Berlin 1929. (Psychiatrie Verlag. Bonn 1986.)
Smith, C. G., King, J. A.: Mental Hospitals. A Study in Organizational Effectiveness. Lexington Books. Lexington, Massachusetts, Toronto, London 1975.
Specht, E.-K.: Die psychoanalytische Theorie der Verliebtheit - und Platon. Psyche 31, 101-141 (1977).

Spengler, A., Hagenah, R., Friedrich, G.: Behandlungsindikationen bei psychiatrischen Notfällen. Psych. Praxis. 10, 200-208 (1983).
Spotnitz, H.: Modern Psychoanalysis of the Schizophrenic Patient. Theory of the Technique. Human Sciences Press. Inc. New York 1985.
Stadt Köln, der Oberstadtdirektor: Psychiatrische Versorung in Köln. Bestand und Bedarf. Köln 1987.
Stanton, A. H., Schwartz, M. S.: The Mental Hospital. A Study of Institutional Participation in Psychiatric Illness and Treatment. Basic Books, Inc. New York 1954.
Statisches Bundesamt Wiesbaden (Hrsg.): Statistisches Jahrbuch für die Bundesrepublik Deutschland. Kohlhammer. Stuttgart, Mainz 1987.
Steinhart, I., Bosch, G.: Die Tagesklinik als wesentlicher Bestandteil eines Versorgungssystems aus teilstationären und komplementären Diensten. In: *Bosch, G., Veltin, A.* (Hrsg.): Die Tagesklinik als Teil der psychiatrischen Versorgung. Rheinland-Verlag. Köln 1983. S. 167-183.
Steinhart, I., Bosch, G.: Dichte, Entwicklung und Verlauf institutioneller Protektion in einem gegliederten regionalen Versorgungsangebot. Spektrum 16, 147-154 (1987).
Sullivan, H. S.: The Interpersonal Theory of Psychiatry. W. W. Norton and Co., Inc. New York 1953. (Die interpersonale Theorie der Psychiatrie. Fischer. Frankfurt am Main 1980.)
Tausk, V.: Über die Entstehung des "Beeinflussungsapparates" in der Schizophrenie. Int. Z. ärztl. Psychoanal. 5, 1-33 (1919).
Tienari, P., Lahti, I., Sorri, A., Naarala, M., Moring, J., Wahlberg, K.-E.: Die finnische Adoptionsfamilienstudie über Schizophrenie: Mögliche Wechselwirkungen von genetischer Vulnerabilität und Familien-Milieu. In: *Böker, W., Brenner, H. D.* (Hrsg.): Schizophrenie als systemische Störung. Verlag Hans Huber. Bern, Stuttgart, Toronto 1989. S. 52-64.
Trimborn, W.: Die Zerstörung des therapeutischen Raumes. Das Dilemma stationärer Psychotherapie bei Borderline-Patienten. Psyche 37, 204-236 (1983).
Trojan, A.: Psychisch krank durch Etikettierung? Die Bedeutung des Labeling-Ansatzes für die Sozialpsychiatrie. Urban und Schwarzenberg. München, Wien, Baltimore 1978.
Ullmann, L. P.: Institution and Outcome. A Comparative Study of Psychiatric Hospitals. Pergamon Press. Oxford, London, Edinburgh, New York, Toronto, Sydney, Paris, Braunschweig 1967.
Valentin, E.: Soziale Schichtzugehörigkeit. In: *Schepank, H.*: Psychogene Erkrankungen der Stadtbevölkerung. Eine epidiomologisch-tiefenpsychologische Feldstudie in Mannheim. Springer. Berlin, Heidelberg, New York, London, Paris, Tokyo 1987. S. 131-135.
Vaughn, C., Leff, J.: The measurement of expressed emotions in the families of psychiatric patients. Br. J. soc. clin. Psychol. 15, 157-165 (1976).
Veltin, A.: Über Innovationshindernisse. Psychiatr. Praxis 14, 9-13 (1987).

Volk, W.: Reflexionen zu den Einstellungen und Wünschen des Klinikpersonals in der stationären Psychotherapie. Praxis Psychoth. Psychos. 25, 251-258 (1980).
Walker, G., Procter, H.: Brief therapeutic approaches and their value in contemporary day care. In: MIND (Hrsg.): New Directions for Psychiatric Day Services. Brighton 1980. S. 34-41.
Wallace, A. F. C., Rashkys, H. A.: The relation of staff consensus to patient disturbance on mental hospital wards. Am. Soc. Rev. 24, 829-835 (1959).
Weitbrecht, H. J.: Depressive und manische endogene Pychosen. In: *Kisker, K. P., Meyer, J.-E., Müller, M., Strömgen, E.* (Hrsg.): Pychiatrie der Gegenwart. Bd. II/1, Springer. Berlin, Heidelberg, New York 1972. S. 83-140.
Wendt, R. J., Mosher, L. R., Matthews, S. M., Menn, A. Z.: Comparison of two treatment environments for schizophrenia. In: *Gunderson, J. G., Will, O. A., Mosher, L. R.* (Hrsg.): Principles and Practice of Milieu Therapy. Jason Aronson, New York, London 1983. S. 17-33.
Whiteley, S.: Progress and reflection. In: *Hinshelwood R. D., Manning, N.* (Hrsg.): Therapeutic Communities: Reflections and Progress. Routledge and Kegan Paul. London, Boston, Henley 1979.
Zintl-Wiegand, A., Schmidt-Maushart, C., Leisner, R., Cooper, B.: Psychische Erkrankungen in Mannheimer Allgemeinpraxen. Eine klinische und epidemiologische Untersuchung. In: *Häfner, H.* (Hrsg.): Psychiatrische Epidemiologie. Geschichte, Einführung und ausgewählte Forschungsergebnisse. Springer. Berlin, Heidelberg, New York 1978. S. 111-134.
Zlatnikova, J.: 18. Jahr der Tagesklinikbehandlung im Psychiatrischen Landeskrankenhaus Winnenden. Sozialpsychiatr. Inf. 14, 46-49 (1984).
Zubin, J., Steinhauer, S. R., Day, R., Kammen, P. van: Schizophrenia at the crossroads: a blueprint for the 80s. Compr. Psychiatr. 26, 217-240 (1985).
Zwiebel, R.: Psychosomatische Tagesklinik. Bericht über ein Experiment. Lambertus. Freiburg im Breisgau 1987.

____*Psychiatrie*

____*Psychotherapie*

Stavros Mentzos
Psychodynamische Modelle in der Psychiatrie

1991. 141 Seiten, kartoniert DM 29,80
ISBN 3-525-45727-8

Die Psychoanalyse konnte bisher kein überschaubares, überzeugendes Konzept der Dynamik psychiatrischer Erkrankungen bieten. Besonders bei endogenen Psychosen und den sogenannten Persönlichkeitsstörungen stand der Beitrag der Tiefenpsychologie zur Diagnostik und Therapie unvermittelt und wenig nutzbar neben der biologischen Orientierung psychiatrischer Methoden.

Der Autor, ein Psychoanalytiker mit langjähriger Erfahrung in der psychiatrischen Klinik, zeigt, daß auch bei solchen Krankheitsbildern die psychodynamische Sicht Möglichkeiten zum Verständnis und zu sinnvoller Behandlung eröffnet. In einer Fülle kurzer klinischer Beispiele wird der Nutzen einer Integration psychotherapeutischen Vorgehens in das psychiatrische Handlungsfeld deutlich gemacht.

Vandenhoeck & Ruprecht

H. Friedrich /
W. Matzow (Hg.)

Dienstbare Medizin

**Ärzte betrachten ihr Fach
im Nationalsozialismus**

(Sammlung Vandenhoeck)
1992. 142 Seiten, Paperback
ca. DM 28,–.
ISBN 3-525-01415-5

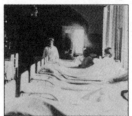

Kritische Untersuchungen über die Rolle der Medizin und der Ärzte in der Zeit des Nationalsozialismus kamen bisher meist von außen. Die Standesvertretungen und ärztlichen Meinungsführer fühlten sich kaum zu einer Aufarbeitung der Vergangenheit aufgefordert, in der gerade Ärzte Schlüsselstellungen ergriffen hatten; sie entschieden über Leben und Tod, über die Angst, die Verstümmelung und die Qual von Millionen Menschen.

Den Nimbus des Berufsstandes zu hüten und die personelle Kontinuität, so schien es, waren wichtigere Anliegen. Die ohnehin nur punktuelle juristische Suche nach Schuld wurde eher unterlaufen als unterstützt; die Empörung der Opfer und ihrer publizistischen Fürsprecher wurde ignoriert oder geschmäht.

In diesem Buch schreiben Ärzte über die NS-Vergangenheit ihres Faches und darüber, wie sie danach Arzt sein können in Deutschland. Es wird deutlich, daß es nicht damit getan sein kann, einige Scheusale zu identifizieren oder eine temporäre Perversion des Heilberufs. Nicht *Vergangenheit* muß bewältigt werden, sondern Gegenwart – mit dem Wissen, wozu Medizin fähig ist, im »Dritten Reich« oder in jeder anderen Gesellschaftsform.

V&R Vandenhoeck & Ruprecht